ロシア・ウクライナ戦争　近景と遠景

ロシア・ウクライナ戦争
近景と遠景

国末 憲人 *Norito Kunisue*

岩波書店

目次

写真はことわりのないものはすべて著者撮影・収集。

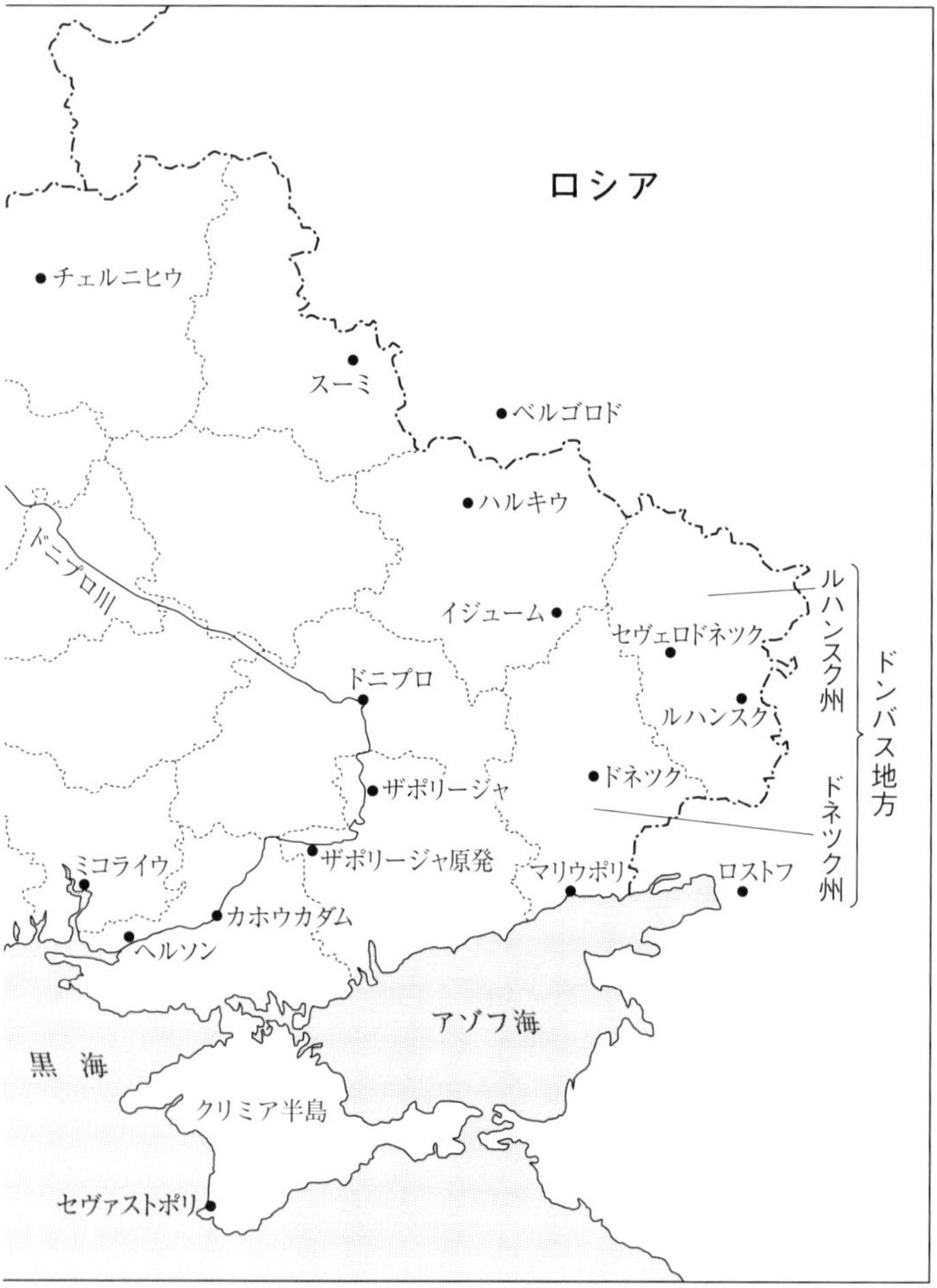
ロシア
チェルニヒウ
スーミ
ベルゴロド
ハルキウ
ドニプロ川
イジューム
セヴェロドネツク
ドニプロ
ルハンスク
ルハンスク州
ドンバス地方
ドネツク州
ドネツク
ザポリージャ
ザポリージャ原発
ミコライウ
マリウポリ
ロストフ
カホウカダム
ヘルソン
アゾフ海
黒海
クリミア半島
セヴァストポリ

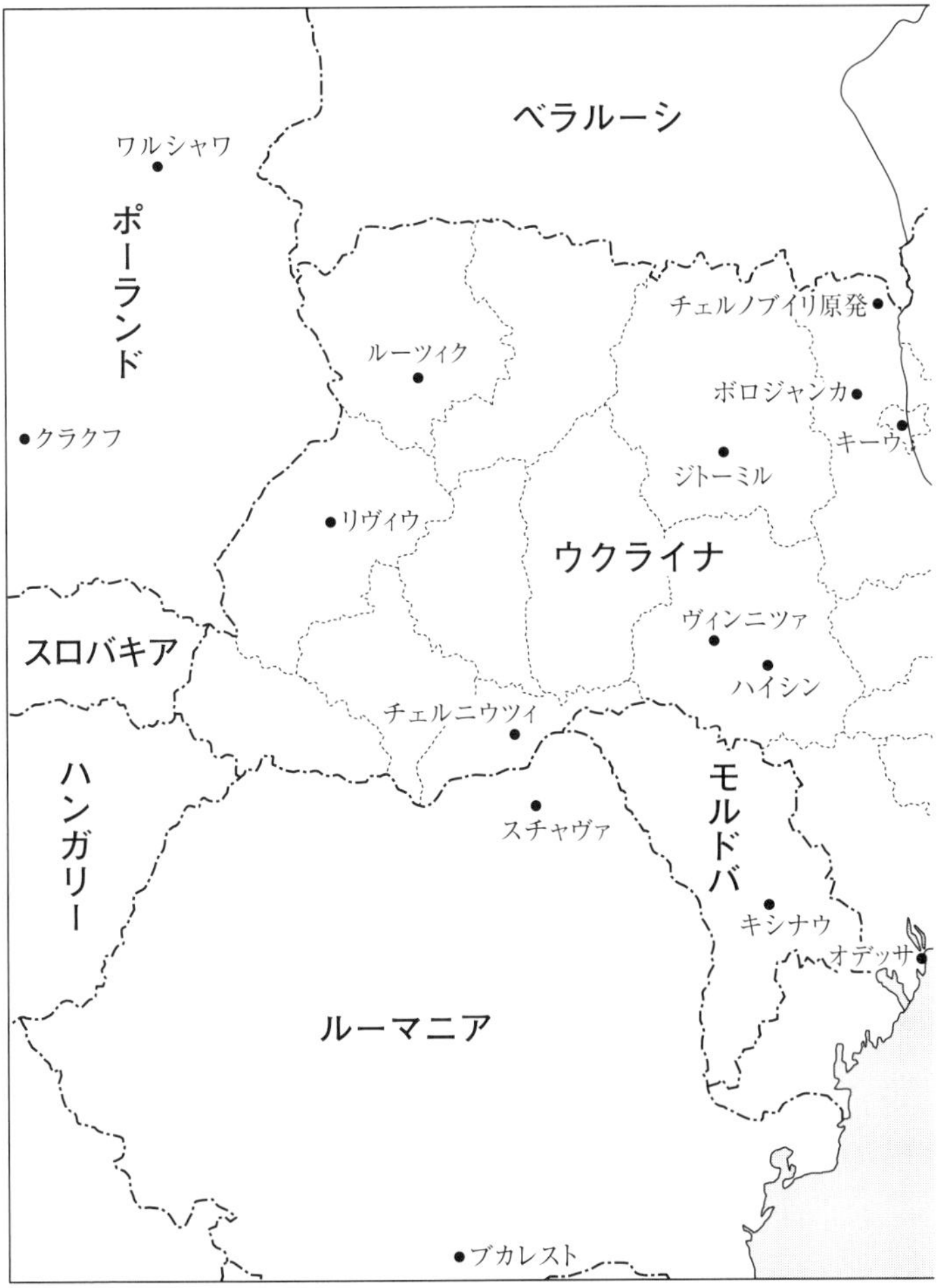
ベラルーシ
ワルシャワ
ポーランド
クラクフ
ルーツィク
リヴィウ
チェルノブイリ原発
ボロジャンカ
キーウ
ジトーミル
ウクライナ
ヴィンニツァ
ハイシン
スロバキア
チェルニウツィ
ハンガリー
スチャヴァ
モルドバ
キシナウ
オデッサ
ルーマニア
ブカレスト

ロシア軍の侵攻以降、ウクライナ社会ではロシア語からウクライナ語に切り替える傾向が強まっていることから、本書の人名表記もウクライナ語の呼称を原則とし、ロシア語話者の場合には一部ロシア語の呼称を採用した。ただ、多くの人がバイリンガルであること、普段は愛称で呼び合う場合が多いことなどもあり、厳密な運用にはなっていない。

呼称について、本書は基本的に「姓」ではなく「名」(ファーストネーム)を使った。実際にそう呼んでいたためでもあり、綴りが長い「姓」よりも短い「名」の方が読者の記憶に残りやすいと考えたからでもある。敬称は略した。年齢は取材時のもので、一つの目安として記した。

地名はウクライナ名を基本としたが、村の名前などは地元の呼称を優先した。なお、オデッサはウクライナ語だと「オデーサ」の表記が多いが、文学作品などを通じてなじみが深い「オデッサ」を今回は採った。また、原発事故で知られる「チェルノブイリ」も、ウクライナ名の「チョルノービリ」ではなく、日本でも定着している従来の表記のままとした。

序　章　子どもたちが描く黒い絵

私たちは戦争を、しばしばモノクロのイメージで記憶している。最後の戦争体験が一九四五年にさかのぼる日本の場合、それは当然かもしれない。太平洋戦争のころ、カラー写真はまだほとんど普及しておらず、伝えられる写真や映像は白黒ばかりだからである。では、近年戦争を経験した人の意識は、これと異なるだろうか。戦争を色鮮やかに記憶しているか。現実の戦場は、日常の世界と同じように青空が広がり、緑の大地に色とりどりの花が咲いている。にもかかわらず、ひとたび戦争が起きると、視覚はやはり、現実の彩りを感知しなくなる。第二次世界大戦と同様の単色のイメージに転化され、意識に刻まれる。

そう思わざるを得ない経験があった。

ウクライナ北東部のハルキウは、首都キーウに次ぐ国内第二の都市で、人口約一五〇万人を数える。ロシア革命以後一九三四年まではウクライナ・ソビエト社会主義共和国の首都でもあり、重工業都市として、また大学や研究所が集まる教育文化都市として栄えてきた。

まだロシア語でハリコフと呼ばれていたこの街を私が初めて訪ねたのは、二〇一五年三月のことである。ウクライナ東部ドンバス地方のドネツク州とルハンスク州でその前年から続いていた戦争の余波を取材するためだった。

ウクライナでは二〇一四年、欧米との連携強化や民主化を求める運動「マイダン革命」が起き、親ロ派のヤヌコヴィチ政権が倒された。ロシアはこれに対抗して、南部のクリミア半島を占領し、ドンバス地方の紛争に介入した。ドンバスではこの年、ロシア軍の後ろ盾を得て、親ロ派勢力が支配する自称「ドネツク人民共和国」「ルガンスク（ルハンスク）人民共和国」が生まれ、ウクライナ政府軍との間で事実上の戦争状態となった。当初はウクライナ軍が優勢で、両「共和国」は風前の灯と見られたが、ロシア軍が本格介入することによって形勢は逆転した。二〇一五年のこの時点で、一進一退の攻防が続きながらも、戦況は膠着状態の様相を見せ始めていた。

ハルキウは一見落ち着いた街だが、ドンバスから二〇〇キロ程度しか離れていない。戦争を逃れる人の多くがこの街に身を寄せていた。

ボランティア団体が開いた「スタンチヤ・ハルキウ（ハルキウ・ステーション）」という名の相談所を訪れた。ドンバスからの避難民を受け入れる施設だが、特に精神面のケアに力を入れていることで知られていた。戦場で市民が受けるダメージは肉体面にとどまらないが、多くの人は自らの深刻さを認識する余裕も、それを表現する手段も持ち合わせていない。子どもの場合はなおさら困難だった。

相談所にはカウンセラーや医師、学生ボランティアらが交代で詰め、避難民らと面談を重ねていた。その五〇人ほどのスタッフを率いる心理学者のオリガ・カディシェワ（五二）が、携帯に保存した画像を見せてくれた。そこに並んでいたのは、避難民の子どもが描いた絵だった。

おそらく畑だろう。下が黒く塗りつぶされ、その上に太陽らしき、しかし赤でも黄色でもなく黒い物体が浮かんでいる。白い画用紙に黒一色である。ドネツク州出身の九歳の男の子の作品だった。一体何だろうか。その子は「何か恐ろしいもの」と言ったきり、口をつぐんでしまったそうである。この子本人もその兄弟も、故郷を離れて以来、頻繁にお漏らしをするようになった。精神的に不安定であるのは明らかだという。

別の画像は、ルハンスク州出身の五歳の子が家を描いている場面の写真だった。色とりどりの鉛筆を広げているのに、画用紙のなかの色彩は、家の屋根の青、壁の茶色がわずかにあるだけである。地面も、空も、真っ黒だった。

「子どもたちは黒ばかり使うのです。太陽を描くときも、空を描くときも」

5歳の子の絵には黒ばかりが使われていた.

絵は、子どもたちが秘めた感情を発露する数少ない場の一つのはずである。彼らが描く単色の絵画に、心の暗部が隠されているに違いない。

「そう推測できるのですが、分析するだけの力が私たちには足りません。ノウハウを持つ日本の専門家が協力してくれないでしょうか」

避難民の子たちには、落ち着きのなさも顕著だという。夜眠れない。突然どもる。おもちゃを投げる。幼児退行の傾向もうかがえる。こうした子どもたちと接しつつ、オリガたちは日々、模索を続けているのだと話した。

暗澹たる気分で、私はハルキウを去った。このとき日本はまだ平成で、米国はバラク・オバマが大統領だった。

その後、私は同じ二〇一五年の五月に再びハルキウに入り、最前線を越えて親ロ派勢力支配下のドネツクまで往復して紛争現場を取材した。以後、ウクライナには何度か足を運んだものの、ハルキウに赴く機会を失っていた。


二〇二二年二月九日、私は約七年ぶりに、キーウから国内便でハルキウに向かっていた。すでにロシア軍がウクライナ国境に兵力を集め、大規模侵攻に踏み出す気配が濃厚だった。ドンバス紛争とは異なるレベルの戦争に、ウクライナは巻き込まれようとしていた。

「スタンチヤ・ハルキウ」で黒い絵を描いていた子どもたちはいま、何をしているだろうか。立派な少年少女に成長しただろうか。大規模侵攻が起きると、現在のハルキウの子どもたちはどんな絵を描くだろうか。


それから二週間あまり後の二月二四日、ロシアによるウクライナ侵略で始まった戦争は、本稿を執筆している二〇二三年夏現在も続いている。私はこの間、開戦直前のハルキウ行きを含めて六度、ウクライナに滞在した。そこで近距離から見た光景を記録するとともに、この戦争で問われた課題を遠距離から見つめ考察したのが、本書である。現地での動きに迫りつつも、思考はしばしば現在を離れ、かつてウクライナで私が取材した内容や、ウクライナ以外で積み重ねた経験に立ち返っている。そうすることで、ウクライナで起きつつあることを世界のなか、歴史のなかで位置づけるとともに、その営みに携わる自らの立ち位置も確認できると考えたからだった。

これは、ウクライナにとって苦しい戦争である。キーウ近郊ブチャで虐殺が起き、東部のマリウポリやバフムートでは激しい攻撃によって街が丸ごと廃虚となった。多くの人命が失われ、多数の難民が生まれ、インフラや環境が壊された。子どもの連れ去りやダムの破壊など、数多くの戦争犯罪行為の被害も受けた。

これらの出来事は一方で、ウクライナが自らの国家アイデンティティーを見いだし、これを支援する欧米が結束を回復し、ルールに基づく国際秩序の必要性を世界が再認識する過程とも重なっている。

正と負の両方の意味で、この戦争が始まった二〇二二年は大きな岐路として、ウクライナ史のみならず、世界の現代史に刻まれるだろう。第二次世界大戦後で最大規模となる戦争が起きた年としてにとどまらず、多くの国が安全保障観や平和観の転換を迫られた年としてであり、ソ連からロシアへと続いてきた一つの「帝国」の「終わりの始まり」を告げる年としてかもしれない。戦争に対して「正義」や「人権」を求める意識が高まりを見せた年としてでもあるだろう。

本書の第一章では、戦争前の訪問先ハルキウとロシア国境の村で、ウクライナとロシアとの複雑な関係と、大きく変貌しつつあったウクライナ人のロシア観を探った。ロシアのクリミア半島占領とドンバス紛争介入があった二〇一四年以来、ウクライナでは新たな国家意識が芽生えていた。それは、侵攻に立ち向かう軍の士気を支えることになった。

二月二四日のロシア軍侵攻を受けた第二章では、西部リヴィウから三月の戦況の行方を追いつつ、この戦争が進む方向を見定めようと試みた。このとき、ロシア軍の残虐行為はまだ表面化していないが、虐殺やジェノサイドの可能性を予測する声は以前から出ていた。その警告は結果的に生かされなかったのである。

第三章は、ロシア軍が撤退したキーウ周辺に入った記録である。同じキーウ郊外でも、ロシア軍の進撃を食い止めたイルピンと、そのロシア軍がとどまって虐殺を起こしたブチャとでは、戦争の様相が異なる。その実情を報告する。

第四章では、キーウ周辺の町や農村、北部の街チェルニヒウを訪ねつつ、住民の目で見たロシア軍の姿に関する証言を拾った。侵略者という点では同じロシア軍でも、時期によって、部隊によって、振る舞いは大きく異なっていた。

第五章では、ロシア軍に占領されたブチャで、人々はどう耐え、どう逃れ、どう殺されたかを、イワナフランカという一つの通りを通じて立体的に再現するよう試みた。ここで殺害された人々の無念と、生き残った人々の体験や思いは、多くの人々に共有されるよう望む。それは、ウクライナの人々がなぜ「平和」以上に「正義」を求めるのか、という第八章の問いかけに結びつく。

第六章は、ウクライナの民主化の現在地を探り、それがロシアに与えた影響を考える。曲がりなりにも民主主義が定着したウクライナは、プーチン政権にとって大きな脅威と映り、それが侵攻を後押ししたと思われる。そのようなロシアが今後たどるであろう過程も考察する。

第七章は、ロシア軍が続ける都市や民間施設への攻撃のむなしさを現場から伝える。全土が攻撃にさらされるウクライナに、銃後はない。それがウクライナ国内の一体感を形づくっている。ロシアはこのことに気づかず、愚かで危険な行為をやめようとしない。

第八章は、「平和」のみならず「正義」を追い求めるウクライナの人々が、国際弁護士たちの助けを得てロシア軍の戦争犯罪追及に乗り出す動きを追う。それは、第五章で描くイワナフランカの人々の再生に向けた一歩であると同時に、ウクライナと世界にとって新たな時代を切り開く端緒となるかもしれない。

新聞社で欧州報道を担当してきた私は、二〇〇九年以来二〇回近くウクライナを訪れ、その変化を追ってきた。今回の戦争を予測していたわけではないものの、欧州で歴史を揺るがす出来事があるとすればこの地域だろうという、漠たる予感を持ち合わせていたからである。また、三五年あまりの記者生活では、ルワンダ内戦、パレスチナ紛争、イラク戦争、ジョージア紛争、ナゴルノ・カラバフ紛争を取材し、戦争の現場を相対化する視点を自分なりに培ってきた。その経験を通じて今回の戦争を描いた本書が、世界と日本の将来に向けて何らかの糸口を提示できれば幸いである。

第一章　雪原の果てのロシア
――ストリレチャ、ハルキウ

最果ての村へ

ウクライナはロシアと、二〇〇〇キロにわたる国境で接している。ロシア軍の大規模侵攻があるとすると、どこからだろうか。

その現地を訪ね、何が起きつつあるのかを探れないかと考えた。恐らく、まだ何も起きていないだろう。ただ、起きる前のたたずまいを見ておくだけでも、行く価値がありそうに思えた。

最も可能性が高そうなのは、東側からの侵攻である。序章で述べた通り、東部ドンバス地方では紛争状態が八年間にわたって続いていた。ロシア軍がこの戦線を拡大し、兵站を確保しつつ支配地域を広げる戦略は、理にかなっているように見えた。一方で、すでに八年間にわたって両軍が対峙してきたことから、ウクライナ側は強固な防御態勢を敷いており、突破は容易でない。現実問題として、日々砲撃が続くこの地方に私がうかうかと近づくわけにもいかなかった。

ロシア軍は、その部隊をベラルーシ領内にも展開していた。ウクライナとベラルーシの国境には、チェルノブイリ原発事故で生じた広大な無人地帯が広がっている。人が少ないだけに、ウクライナ側の警備も手薄だろう。ここからロシア軍が南下すると、首都キーウに一気に迫ることができる。一方

で、ロシアが首都をいきなり攻略し、ゼレンスキー政権打倒を目指すとは、このときまだあまり想定されていなかった。ロシアとウクライナとの全面戦争になり、ロシアが受ける被害も決して少なくないと思われたからである。また、やはり取材の現実として、普段でも立ち入りが厳しく制限されているチェルノブイリの汚染区域に入るには、相当な準備が必要だった。

　私にとって訪ねることができそうなのはやはり、ハルキウ近辺だろうと思われた。ハルキウはロシア国境から四〇キロしかなく、住民のほとんどもロシア語話者であり、ロシア側に家族や親戚を持つ人も多い。ロシアにとっては、攻略しやすい街と映っているだろう。

　実際、ロシアがクリミア半島を占領しドンバスに介入した二〇一四年、ハルキウでも親ロ派住民らが州庁舎を占拠し、「ハリコフ人民共和国」の建国を宣言する出来事があった。このときはウクライナ政府によって翌日叛徒が鎮圧され、蜂起は失敗に終わったが、同じような試みをロシアが再び仕掛けてくる可能性は十分考えられた。

ここの国境からロシア側を眺めてみたら、進撃の準備を整えた戦車がずらりと並んでいた――。まさかそんなことはないだろうが、現地を訪ねると、少なくとも緊張感を肌で感じられるかもしれない。ロシア軍に蹂躙される前のハルキウの街の姿を、目に焼き付けてもおきたかった。

そう考えて二〇二二年二月九日、一面の銀世界のハルキウ国際空港に降り立った。現実の侵攻がその二週間あまり後に起きるとは、このとき知るよしもなかった。

私を国境に案内してくれたボリス・レディン

街の中心部にあるウクライナ公共放送ハルキウ支局を訪ねる。現地の事情を知る放送局のスタッフに話を聞くためだった。

プロデューサーの女性オレクサンドラ・ノボショル(二七)の説明によると、市民の間に大きな変化は見られないという。

「パニックが広がる様子はありません。みんな慣れているのです。戦争はすでに二〇一四年からずっと、ハルキウからさほど遠くないところで続いているのですから」

二〇一四年は、戦争の始まりであると同時に、ロシアとの関係も岐路を迎える年となった。それまで、人々は国境を自由に行き来していた。ロシアとウクライナとの違いを感じる人は少数だった。しかしそれ以後、往来はほぼ途絶えた。ロシアは敵国になったのである。

オレクサンドラによると、現在の戦争以上の「新たな戦争は起きない」と思う割合が、年配者になるほど高い。ウクライナとロシアとの一体感があったソ連時代の記憶が強く残るからだという。一方、若者たちはむしろ欧米に関心を抱き、ロシアに対して懐疑的な目を向けがちである。同じくプロデューサーの女性イリーナ・ペルヴィシェワ(三四)は言う。

「若者の間では、軍に志願してドンバスの戦場を経験した人も少なくありません。その場合、ロシアに対して親近感はとても抱けないですね」

彼女たちによると、このご時世だけに国境近辺は厳しく監視され、容易には近づけないという。ただ、手がかりを持ち合わせていそうな人を、支局長のスラヴァ・マヴリチェヴ(三四)が紹介してくれた。その人物、ボリス・レディン(五三)の本職は電気関係の技師だが、二〇一四年に親ロ派ヤヌコヴィチ政権を倒した民主化運動「マイダン革命」の地元組織創設に参加した人物だという。

街でボリスに会った。エネルギッシュで弁が立つ事情通である。彼によると、国境に近づくのは確かに容易でないが、可能性はあるという。

「裏道を通って行ってみましょう。正面から行くと、検問で怪しまれて捕まっちゃうから」

翌朝、降りしきる雪のなか、ボリスとともに車で出発した。目指すは、ロシア国境に接するストリレチャ村である。

八〇〇メートル先のロシア

ストリレチャ村は、多少起伏のある大地の中心に位置する農村である。一七世紀に開村し、一八四六年にはここに修道院がつくられた。この村の名が多少知られているのは、帝政ロシア期最大の画家イリヤ・レーピン(一八四四―一九三〇)が一八八六年に滞在し、この村の風景画三点を残したからである。レーピンは、ロシアからの移住者の子としてハルキウ南東の街チュグエフに生まれてこの地方になじみが深く、サンクトペテルブルクに拠点を置いた後もしばしば帰郷していた。修道院に暮らしていた親戚を訪ねて村に来て、絵画制作を依頼されたという。

ストリレチャ村．並木の向こうはロシア領．

ロシア革命後の一九二〇年代に修道院は閉鎖された。その建物を利用して一九三二年にハルキウ第一精神科病院がここに開院した。こんな最果ての村に大規模病院が立地したのは、ここがハルキウとロシア側の街ベルゴロドとの中間点にあたり、双方から患者を受け入れたからである。第二次大戦中の一九四一年に村はナチス・ドイツに占領され、四〇〇〇人以上の入院患者が殺害された。

戦後、病院は七五床で再開し、現在は一一〇〇床に達する。私が訪れたときの村の人口は約一六〇〇人で、農村としては規模が大きいが、その多くを精神科病院の患者とスタッフが占めている。学校、幼稚園、図書館、文化センターも備わっている。

ハルキウからやや東寄りに北上すると、その村に到達する。監視が厳しいその道を避け、ハルキウからはやや西よりの北方

ソ連時代のアパートが並ぶストリレチャ.

に伸びる大通りをまず進む。市街地を抜けると、塀に囲まれた大邸宅が道路沿いに姿を現す。政治家らの別邸だという。「ここは（第二代大統領）クチマの家、あっちは（マイダン革命で失脚した大統領）ヤヌコヴィチの家」と、ボリスが説明する。東部出身の主要政治家は、首都キーウのほかハルキウやドネツクといった東部の大都市にも別邸を構えることが多かった。

それにしても、このような別邸を構えた時代は、遠い昔のように思える。この街道はベルゴロドとハルキウを結ぶ幹線道路であり、国境から車で三〇分程度しかかからない。ロシア軍が攻めてくると、真っ先に戦車が到達するはずである。大統領たちが家を建てたころ、そんな想定はみじんもなかっただろう。ソ連が解体して間もないころであり、両国の間に生まれた国境をまだ実感できなかったのかもしれない。現実問題としての国境が人々の意識に立ち現れたのは、二〇一四年からだった。

ただ、ロシア軍が介入していたとはいえ、二〇一四年からのドンバス紛争は地域紛争にとどまっていた。ウクライナ国家の存亡がそこにかかっていると考える人は、多くなかっただろう。

街道を途中で右に折れ、雪に覆われた農道を東に進む。ハルキウを出て一時間ほど経った先に、ストリレチャ村が姿を現した。

米大統領バイデンはこの日、米国人に向けてウクライナからの退避を呼びかけていた。戦争が近いだろうと、世界が認識していた。しかし、静まりかえった村は、そのような懸念と無縁のように見えた。

雪でぬかるむ村の広場から北をうかがうと、雪原の八〇〇メートル先に並木が見える。そこがロシアとの国境である。並木の向こうには、手前となんら変わらず、やはり雪原が続いている。

ストリレチャ村にはソ連時代のアパートが並ぶ。住人に話を聞いてみた。反応はさまざまだが、さほどの深刻さがうかがえないのは共通していた。

「アパート五階にあるうちの窓からは、ロシア国内がよく見渡せる。でも、兵器なんか見当たらないよ。戦争なんて嘘っぱちだね」

精神科病院の看護師の女性スヴェトラーナ（四七）は、ロシア軍侵攻の可能性を信じようとしなかった。「米国の言うことより、ロシアの言うことの方が信頼できる」

年金生活者の女性リュボフ（七〇）も言う。

「ロシア側はずっと落ち着いている。戦争は全然心配していない。米国の言うことは信じられないよ」。一方で「もし戦争になったら、どこにも逃げるところがない。子どもたちの安全が心配だね」とも話した。

村人らによると、ソ連時代はもちろん、独立後もロシア側との行き来はしばらく自由だった。

「ベリー狩りやキノコ狩りで、よくロシア側に行ったものだよ。向こう側の松林では、キノコがたくさん採れるんだ」

二五年前からこの村で暮らしているという女性(七〇)はこう振り返った。しかし、二〇一四年のドンバス紛争以来、国境は越えられなくなったという。「戦争は心配しているけど、ロシア側からは何の音も聞こえてこないし」

村にはちょうど、週一度の行商が、ニシンの燻製やソーセージをトラックに載せて売りに来ていた。セルゲイ(五〇)と名乗るその男性は「戦争なんて起きないよ。私が保証しましょう」と自信たっぷりだった。

「戦争があると大騒ぎをしているのは、政治家ばかりだよ。彼らは、そうすることで利益を得ているんだから」

交通が途絶えた街道

この現実離れした静けさは何だろう。最果ての村だから、国際社会の緊張ぶりが届かないのかもしれない。とはいえ、緊張しているのは本来、この村の目の前のはずなのである。

楽観的ともいえる人々の意識について、この後会ったハルキウの弁護士で犯罪小説作家としても知られるオレクサンドル・チュマコフ(五六)は、こう説明した。

「私の周囲の人々も、戦争があるなどと誰も思っていません。私自身にはロシア南部のロストフで暮らす父がいるし、この地方の多くの人もロシア側に親戚がいる。そのような近い国同士が戦争をするなんて、信じたくないのです。ただ、ハルキウは戦略的な都市ですから、もしロシア軍が大侵攻に踏み切ったら、きっと狙ってくるでしょう」

ストリレチャ村で、村民とはやや異なる反応を見せたのがコンスタンチン・エルリフ（三四）だった。村の修道院を改修したハルキウ第一精神科病院の医師である。ハルキウ市内から毎日一時間以上かけてバスで通勤している彼を、街に戻る私たちが車で送っていくことになった。

「戦争は起きるかもしれない」と、彼は語った。

「ロシアとの戦争など、かつて想像もできなかったのは確かです。でも、二〇一四年に戦争が起きてからは、「次があってもおかしくない」と思い始めました」

やはり彼のなかでも、ロシアのドンバスへの介入が意識の分岐点となっているのである。

もしロシア軍が攻めてきたらどうするのか。

「成り行きに任せるしかないですよね」

コンスタンチンは率直だった。

「ドンバスでずっと戦争は続いているし、いまさら怖くない」

そう言った後、彼は小声で漏らした。

「でも、やっぱり怖い」

その後起きたロシア軍の侵攻に、この村ももちろん無縁ではいられなかった。村と精神科病院と医師コンスタンチンが侵攻後にたどった道は、第七章に譲る。

ハルキウに戻る途中、ボリスの提案で国境検問所を見に行くことにした。

「警備が厳しいかもしれないけど、行けるところまで行ってみよう」

ハルキウとベルゴロドを結ぶ幹線道路は、ストリレチャ村の数キロ西を走っている。ロシア―ウクライナ間の主要な交易路である。国境検問所は、この沿線のゴプトヴカ村近くに位置している。

国境に近づくと、長距離トラックが何キロもの行列をつくっていた。何らかの事情でこの日は国境が閉鎖され、ロシア側に抜けられなくなったからだという。ウクライナのナンバーのほか、ベラルーシやアゼルバイジャンの車も交じる。欧州東部の物流がここに集中している。このとき、両国の人の流れはほとんど止まっていたが、物資の輸送は続いていた。

ドライブインの経営者リュボフ.

国境は以前、ラッシュアワーのように往来が盛んだったという。ハルキウとベルゴロドは八〇キロ足らずしかなく、十分な通勤圏であり、両都市を毎日行き来する人も多かった。しかし、二〇一四年の両国関係悪化に伴い、車も激減した。特に、ロシアからウクライナに来る人がほとんどいなくなったという。

検問所手前の有料公衆トイレで用を足す。管理人によると、利用者は以前一日一〇〇〇人前後だったが、せいぜい二〇〇人程度にまで落ちたそうである。

国境は閉鎖されたままだった。もっとも、ロシアのビザを持っていないから、開いていても入ることはできない。その手前でＵターンし、一〇キロほど南に下った街道沿いのドライブインに立ち寄る。「団欒」という名で、私たちを運んでくれた運転手によると、かつて大いに繁盛したという。

「ロシアからもみんな、ここまで酒を飲みに来たものです。ロシア国内だと監視や規制が厳しくて、落ち着いて酔えないですからね。ここで飲みながら自由に話をしていたのですが」

しかし、いま店は閑古鳥が鳴いている。平日の午後四時、客は誰もいない。

「ここは本当ににぎわっていたんですよ。懸命に仕事をしてきたのに、もう悔しくて」

経営者の女性リュボフ（六〇）はため息をついた。

リュボフは二〇〇二年に店を開いた。ここはちょうど、モスクワからクリミア半島に行くルートの中間にあたり、夏のバカンスで半島に向かうロシア人の家族連れが休憩に立ち寄った。二〇一二年にウクライナとポーランドの共催でサッカー欧州選手権が開かれた際は、客足がさらに伸びた。その勢いをかって、彼女は隣にホテルを建てた。しかし、その二年後に人の流れがぴたりと止まった。ドンバスの紛争で、ロシア―ウクライナ間の行き来が途絶えたからである。

「まるで、一九九〇年代に戻ったみたいでしたよ」

一九九〇年代は、ソ連崩壊後の経済危機のなかで多くの人々が貧困にあえいだ時期にあたる。リュボフのもとには、ロシア軍侵攻の噂が聞こえてくる。

「でも、私たちには何の打つ手もない。もう二一世紀なのに、戦争だなんて」

もし侵攻が起きたら、ロシア軍の戦車は国境からなだれ込み、ハルキウに向けて、この街道を進撃するだろう。彼女の不安は無理もない。一方で、それを現実の世界のこととはまだ、受け止められないようでもあった。

「ロシア系」を手放す人々

ストリレチャ村に案内してくれたボリスは、二〇一四年の「マイダン革命」を受けた民主化運動団体「すべては勝利のために」をハルキウで創設した一人である。国境地帯から市内に戻ると、私を前に熱弁を振るった。

「ロシア軍侵攻の噂は市民を結束させることにつながりました。私たちが死にものぐるいで戦えば、敗れることはありません。かえって、戦いがいがあるってものです」

市民集会やメディアでも反ロシアの訴えを続ける。あまりの熱心さから行政側には煙たがられていると、自ら認める。その語り口には、スラブ流のブラックユーモアが入り交じる。

「ロシア侵攻にとりわけ強く抗議している人々は、実はロシアとの間の密輸業者なのです。だって、ハルキウがロシアに占領されたら、国境がなくなって、密輸も意味を持たなくなりますからね」

ハルキウの市民にとって、ロシアとはどのような存在なのだろうか。彼によると、地元の意識は複雑だという。

「ロシアが好きか嫌いかとハルキウ市民に尋ねたら、みんな好きだと言うでしょう」

多くの市民にとって母語はロシア語で、ロシア側に親戚や家族を持つ。
「一方で、ロシアに編入されたいかと尋ねたら、みんな拒否します。私たちにとってロシアは、乳牛のようなもの。家族の仲間で、ミルクを出してくれるありがたい存在だが、家のなかに上がり込まれたら困る」

ウクライナに関しては、いくつかのステレオタイプの分類が、これまで世界でまかり通ってきた。一つは、「親ロ派」と「親欧米派」の分類である。実際、ソ連時代になじんだ年配者にはロシアに親しみを抱く人が多く、一方で若者たちにはむしろ欧米志向が強い。気をつけなければならないのは、「親ロ」の度合いがひとくくりにまとめられないほど多様なことである。ロシア併合を望む人は、クリミア半島やドンバスにはいると思われるものの、ウクライナ政府管理下の地域では極めてまれである。特に、二〇一四年のロシアによるクリミア占領とドンバス軍事介入以降、プーチン政権に対する市民の反発は強い。そのなかで併合を求める人は、ロシアとの利権を抱える人か、内通者だと見なされがちである。「親ロ派」と呼ばれる人の大多数は、ロシアに親近感や郷愁を抱きながらも、ロシアの政治、特にプーチン政権からは距離を置く態度を取っている。

有力政治家のなかには、親プーチンの傾向を隠さない人物がいる。その代表的な存在は、ハルキウ出身の元最高会議（国会）議員エフゲニー・ムラエフである。英外務省はこの前月にあたる一月二二日、ロシアがウクライナのゼレンスキー政権を転覆させ、傀儡政権を樹立しようと試みている、との声明を発表して警戒を呼びかけたが、その際に「首班と目されている」と名指ししたのが、このムラエフだった。

ハルキウの真ん中には、欧州有数の広さを誇る自由広場がある。ここを通りかかると、ちょうどムラエフの支援集会が開かれていた。彼が所有するテレビ局の放送が当局によって禁止され、これに抗議する集まりだったが、参加者が高齢者ばかりで、半端ないソ連感である。公共放送プロデューサーのオレクサンドラ・ノボショルに尋ねたら、ほとんどは動員された人々だろうとのことだった。逆に見ると、その程度の人物しか、ロシアに通じそうな政治家はいないともいえる。

もう一つ頻繁に言及される分類は、「ロシア人」と「ウクライナ人」、または「ロシア系」と「ウクライナ系」の区別である。しばしばそれは、ロシア語話者とウクライナ語話者の対立として描かれる。

確かに、ウクライナ国内ではウクライナ語とロシア語の二言語が広く話され、ほとんどの人はいずれかを母語とする。一般的に東部はロシア語、西部はウクライナ語が優勢である。都会ではロシア語、田舎ではウクライナ語が使われる傾向も強い。首都キーウや東部のハルキウ、ドネツク、南部のオデッサといった都会で話されるのは一般的にロシア語だが、西部のリヴィウはウクライナ語圏である。キーウでも、郊外の農村部に出るとウクライナ語の方を多く耳にする。

ただ、実際にはほとんどのウクライナ人が両言語を解する。片方がロシア語を、片方がウクライナ語を話し続けても、会話は概ね成立する。同じ家族で母語が違う場合も珍しくない。ボリスはこう語る。

「言語による争いがあるというのは、つくり話ですね。私たちはみんなバイリンガルだし、何語を話そうが気にしない」

面倒なのは、このロシア語母語話者とウクライナ語母語話者が、ロシア人とウクライナ人、またはロシア系とウクライナ系の分類とは、まったく異なることである。

ユダヤ人やボシュニャク人といった宗教アイデンティティーに基づく例を除いて、多くの民族は、その母語でアイデンティティーが定められがちである。しかし、ウクライナの統計上でロシア人とウクライナ人、ロシア系とウクライナ系を区別するのは、言語ではない。本人がどちらに帰属すると考えるかによって決まる。つまり、ロシア系になるかウクライナ系になるかは、各人の意思次第なのである。

実際には、ウクライナ語話者でロシア系を自認する人はほとんどいないが、ロシア語話者で自らをウクライナ系と位置づける人物は多い。

ウクライナではかつて、東部の住民を中心に二割近くが自らを「ロシア系」と位置づけていたが、その割合は年々減少した。ウクライナ経済政治研究センター（ラズムコフセンター）の二〇一七年の調査によると、自らを「ウクライナ系」と位置づける人は九二％に達した[1]。一つには、「ロシア系」自認の住民を多数抱えるクリミア半島が二〇一四年、ロシアに占領され、ウクライナの統計対象から外れたからでもあるが、クリミア占領やドンバス介入といったプーチン政権の暴挙に嫌気が差して、それまで「ロシア系」と答えていた人が「ウクライナ系」に鞍替えした面も大きい。

ハルキウに行く前に首都キーウで会った著名な政治学者ウォロディミル・フェセンコ（六三）によると、なかでも世論に大きな影響を与えたのは、ウクライナ国内で二〇一四年にロシアが展開した破壊工作、いわゆる「ロシアの春」と呼ばれる作戦だった。その狙いは、ウクライナを分割し、ロシア語中心の東部や南部にロシアの制度を導入して新国家「ノヴォロシア」をつくることにあった。ロシアはこの目的のために、ハルキウやオデッサなどロシア語話者が多い都市で、親ロ派住民を使って暴動や騒乱を起こした。しかし、市民の広い支持は得られず、多くの街では程なく治安当局に鎮圧された。

「二〇一四年以降のロシアの脅威は、国民の統合に結びつきました。ロシアが内戦を起こそうとしたことによって、私たちはかえって「言葉は違っても同じウクライナ人だ」との結束を固めたのです。ロシア語を母語とする人の多くもいまは、ウクライナ人としてのアイデンティティーを抱いています」と、彼は分析した。

かくして、ウクライナで「ロシア系」は次第に消えつつある。しかし、それはロシアがプロパガンダで主張するように、ロシア系が多数派ウクライナ系に迫害されてのことではない。ロシア系は自らの意思で、その肩書を手放しているのである。

住民のほとんどがロシア語を母語とするハルキウも、例外ではない。「ロシアに家に上がり込まれたら困る」というボリスの冗談めかした言葉は、多くの市民の意識に共通しているだろう。彼自身、いまはウクライナ語を学習中である。

「テレビに出演するときはウクライナ語で政治を語ります。政治用語はウクライナ語が多いので、その方が楽なのです。ただ、日常生活はロシア語だから、普段はなかなかウクライナ語が出てこないんだよね」

ボリスがこのときに語って、随分後になって私が思い出したもう一つの言葉があった。戦争は怖いかと尋ねた際、「いいえ全然」と否定した彼が、やはり半分冗談のように漏らした一言だった。

「本当に怖いのは、「戦争」ではなく「ロシア」ですよ」

戦争への市民の備えは進んでいる。いざ攻め込んでこられても、戦う覚悟はできている。しかし、やってきたロシア軍に街の占領を許したら、何が起きるか。人権の蹂躙、暴力、処刑、レイプ、財産の剝奪、子どもの連れ去りではないか――。それは、決して単なる恐れおののきや杞憂にとどまらない。ロシアが占領したクリミア半島やドンバスでの人権侵害を、ハルキウ市民は伝え聞いている。

「「ロシア系を差別から救う」との口実を掲げてやってきたロシア軍が、現地で何をしているか。ロシア流の占領統治を繰り広げ、その実態をプロパガンダで覆い隠すのです」

ボリスの言葉「怖いのは戦争でなくロシア」を、このとき私は聞き流し、気にも留めなかった。彼の見通しが正しかったと思い知らされるのは、後にブチャ虐殺の被害を目の当たりにしたときだった。

一五〇万都市ハルキウの市内は、一見平穏なものの、緊張感も漂っているように思えた。ウクライナ大統領ウォロディミル・ゼレンスキーがその前月の一月、米紙のインタビュー[2]で「ロシア軍はまずハルキウを占領した後、全土への攻撃に入るだろう」との予想を述べたことから、危機が現実のものとして受け止められたのである。

迫り来るロシア軍に対し、ウクライナ軍はどう向き合うのか。街を実際に守れるのか。

ウクライナ軍はかつて、弱い軍隊の代名詞のように言われていた。ソ連崩壊後の経済苦境を反映して装備を調えられず、兵役の義務が一時廃止されて人員も大幅に減った。二〇一四年、戦わずしてクリミア半島の占領をロシアに許してしまったのは、作戦能力の低さを示した典型例である。その後のドンバス紛争でも、自称「ドネツク人民共和国」「ルガンスク人民共和国」の民兵らを相手に戦っているうちは優勢だったが、ロシアが事実上本格的に介入すると一気に押し返されてしまった。

その後、ポロシェンコ政権が軍の改革に努め、体勢を立て直した。とはいえ、米国に次いで世界第二といわれる軍事力を誇るロシアと比較すると、劣勢は否めない。ロシアが本気で侵攻すると、ひとたまりもないだろう。ウクライナは軍事費でロシアの一〇分の一以下、兵力や装備でも数分の一しかない。

領土防衛隊軍曹のミハイル・ソコロフ.

軍事力の劣勢は、市民も重々承知のことである。一方で、ロシア軍の思うままに街を蹂躙されるのを潔しとしない人は、ウクライナ軍の義勇兵部隊「領土防衛隊」に参加している。ウクライナに義勇兵部隊はドンバス紛争当初から存在したが、領土防衛隊はこれらを改組して、この年の正月に発足したばかりだった。ウクライナ各地に拠点があり、軍の指揮の下で後方支援などを担当する。その活動は、予備役と一般の市民らが担う。

ハルキウ州の領土防衛隊で義勇兵の訓練を統括する下士官と面会できることになり、郊外の駐屯地に出かけていった。雪のなか、がっしりとした男性が門前まで出てきた。軍曹のミハイル・ソコロフ（五六）と名乗る。本職は弁護士だが、二〇一四年以降軍務に携わっている。

領土防衛隊への参加者は、前年の義勇兵部隊時代の数倍に達するという。契約は人それぞれで、平日は普通に仕事に行って週末だけ訓練に参加する人も少なくない。彼らは、ミハイルの下で銃の扱い方や救護法、サバイバル術を学ぶ。

「まったく経験のない人でも、一週間で十分武器を手にできるよう、訓練します。なんなら熊を連れてきてもらっても、銃を使えるようきちんとしつけますよ」

彼は笑う。

「私たちにとって、戦争はすでに二〇一四年から続いています。いまに始まったことではないですからね」

ミハイルの勇ましい話を聞きつつ、失礼ながら私は、太平洋戦争でＢ29爆撃機を竹槍で落とそうとした日本を思い浮かべた。空と陸から一斉に攻めてくるロシア軍を前に、素人部隊に何ができるだろうか。戦車に蹴散らされるのが関の山ではないか。侵略軍を許さないという矜持には敬意を示しつつ、いかに士気が高かろうとも、現実の世界では通用しないのでないだろうか。

後に私は、この懸念がまったくの誤りだったと知る。彼らは、竹槍部隊などではなかった。高い士気だけでなく、技術も戦術も備え、ロシア戦車部隊を逆に蹴散らしたのである。

これまでとは違う戦争

ハルキウ市民の意識のなかで、戦争は二〇二二年でなく、二〇一四年に始まったと受け止められているのは、先に述べた通りである。ただ、二〇二二年二月二四日からの戦争は、それまでの戦争とは根本的に異なる性格を有していたのも、また確かだった。

私は、紛争のさなかのドンバスを訪れたことがある。親ロ派勢力でつくる「ドネツク人民共和国」「ルガンスク人民共和国」が独立を宣言した翌年にあたる二〇一五年五月、ウクライナ政府の許可を得て、事実上ロシア側が支配するドネツクに入ったのだった。ロシア側とウクライナ側との境界線を、ひやひやしながら車で越えた。

現地では、いわゆる「ドネツク人民共和国」の最高会議(ソビエト)議長ボリス・リトヴィノフ(六二)にインタビューをし、ウクライナ軍側からの砲撃で被害を受けた市内の建物を見て回った。いま振り返ると、ドンバスでの紛争が多数の犠牲者を出しつつも、今回のロシア軍侵攻とはまったく違う性質も持っていたと思える経験が、二度あった。

一度は、ドネツク中心部の中級ホテルに泊まったときのことである。欧州安全保障協力機構(OSCE)の停戦監視団も同じホテルに宿を取り、食堂でサッカーをテレビ観戦しながら大騒ぎをしていた。その夜午後一〇時過ぎ、部屋に戻ったら、窓の外でボンという音が数回響くのに気がついた。これは砲撃音である。かなり近い。郊外の最前線でどちらかが撃っているのだろう。

六分後、またボンボンボンボンと三回砲撃音が聞こえた。身構えるものの、どこにも逃げる場所がない。

しばらくするとまた音が響く。結局いつまでも止まらず、ばかばかしくなって数えるのをやめた。連日こんな感じで砲撃が続いているのだろう。みんな慣れっこになっているようで、避難の案内もない。花火大会の真下にいるかのような気分で、いつの間にか寝入ってしまった。

後でＯＳＣＥ停戦監視団の報告を見た。監視団はドネツク駅を拠点に、毎日時間を決めて砲撃音をカウントしているが、この日五月六日は、午後の四時間半の間に一二五回、[3] 翌七日は午後の四時間半あまりの間に五七三回の[4]「爆発音」が記録されていた。つまり、ロシア側、ウクライナ側双方が連日何百発も撃ち合っているのである。

それだけ見ると、大激戦である。ケガ人が何人か出てもおかしくない。しかし、ウクライナ人に言わせると、これはある種の見せかけなのだという。ロシア軍が撃つときは、ウクライナ政府部隊に時間と場所を連絡し、相手が避難できるよう配慮する。ウクライナ政府軍も同じように振る舞う。ケガ人や死者が出るものの、本格的な衝突に発展しないよう気を使う。いわば、「戦争をしているふり」を両軍が演じている、というのである。

これは、戦争の重要な側面を示している。戦争は、相手を倒すことだけに目的があるわけではない。相手といかに真剣に戦っているかを自陣営に見せることもまた、重要な目的なのである。ロシア側もウクライナ側も、内向きの姿を懸命に取り繕っているのだった。

もう一度は、取材を終えてドネツクからウクライナ政府軍支配側へと境界を越え、車で戻る途中の出来事である。途中の街イジュームの検問に差しかかり、旅券を見せてチェックを受けたら、担当官から「ハルキウまで兵士を乗せてってくれないか」と頼まれた。引き受けると、屈強な二人の男が後部座席に乗り込んできた。

軍医のニコライ(三五)、士官学校生のヴィタリ(二二)と名乗る。「対テロリスト作戦」(ATO)と名づけられた任務に携わり、ロシア側と戦っていた。休暇をもらい、一〇〇〇キロ離れた二人の故郷西ウクライナのルーツィクまで帰省するという。予算不足で旅費はもらえず、「自力で帰れと言われた」。だから、こうしてヒッチハイクを重ねるのである。

二人が勤務していたのは、ロシア軍と向き合う最前線のアルテモフスクだった。この街は翌二〇一六年、ロシア革命前の名称「バフムート」に戻され、今回の戦争では最激戦地として知られることになる。

このとき、アルテモフスクの戦線はしばらく前から膠着状態に陥っていた。陣地では互いに銃を構え、相手の動きを見張っているが、戦闘が常にあるわけではない。息抜きのため、任務の合間にときどき街に出る余裕がある。すると、やはり息抜きで街に出てくるロシア兵と鉢合わせする。もちろん、そこで取っ組み合うようなヤボな行動には走らない。互いに知らんぷりをして食事を済ませ、陣地に戻って再び対峙する。

「街に出たら軍服を脱ぐのが決まりなんだ。ところが、ロシア兵は軍服姿でぶらぶらしている。ルール違反はやめてほしいね」

ニコライは多少冗談めかして語った。

もちろん戦闘になるときもあり、実際二人が出発する前日にもロシア軍側からの攻撃があり、死者が出たという。だから笑い事では済まされない一方で、これらのエピソードは、「牧歌的」と表現すると言い過ぎであるものの、どこか人間的で手づくりの雰囲気を漂わせていた。言い方を変えると、戦争のなかで、ある種のルールが機能しているとも言える。めったやたらに殺し合うのでなく、相手を殺さないよう、自分たちも殺されないよう、牽制と配慮を含みつつ戦争を続ける。硬直化した戦場で、しばしば見られる現象である。

ドンバスでの紛争は、ウクライナの民主化運動「マイダン革命」直後の二〇一四年四月に勃発した。七月には、ドネツク州上空を通過していたマレーシア航空一七便が、ロシア軍とみられる地対空ミサイルに撃墜され、二九八人の犠牲者を出した。しかし、九月に形式的とはいえ「ミンスク合意」によって停戦に至り、その後曲折を繰り返しながらも、開戦一年後のこの時点では沈静化の様相を見せていた。ロシア側の意思さえあれば、その先に紛争の収束の形が見えてきてもおかしくなかった。

だが、二月二四日に始まるロシア軍大規模侵攻で、このような相互の配慮はあり得ない。ロシアは、もっと本気で、もっとヤボな形で、凶暴性を顕わにしつつ攻めてくるだろう(5)。ウクライナにとって、この戦争は国家存亡を賭けた戦いとなるはずである。それはまた、ロシアの今後も大きく変えるに違いない。

死ぬときは美しいままで

二〇二二年二月一二日、ハルキウ訪問を終えた私は、キーウに移った。ハルキウと同様に、ウクライナの首都もざっと見る限り、戦争の緊迫感が強いとはいえない。市民生活は普段通り静かに営まれ

物資を車に積み込んだサーシャ.

ている。

その一方で、市民の間では少しずつ、ロシアから遠い国内西部の街や国外などに退避する動きが出ていた。

二月一四日、「侵攻が近い」との噂が突然広がり、市民の不安が急に高まった。

「一六日に攻撃が始まるらしい」

「政府に関係する人はロシア軍に逮捕される」

情報を求めて友人同士で連絡を取り合う動きが活発になった。新型コロナ感染を理由に、勤務先を休む人も急増した。実際には田舎に逃げたのだろうといわれた。

キーウの中心部に暮らすウクライナ公共放送職員の女性サーシャ・マレヴィチ(二九)は、侵攻が取りざたされた前年一二月から友人と二人で、避難の準備を進めてきた。さまざまな可能性を想定し、首都攻撃の場合は車で西部の都市リヴィウに逃げ、場合によっては国外にも出る計画を立てた。宿泊先も確保した。

普段は、いつ攻撃が始まっても即座に避難できるよう、物資などを自家用車に積んだまま通勤する。その車のなかを見せてもらった。三日分の食料、寝袋や防寒具、救急箱、浄水タブレット、手動のあかりと、災害対応並みの装備である。現金はもちろん、現金が使えなくなって物々交換社会に陥った場合にも備え、宝飾品をそろえた。

通信手段が途絶えた場合も想定して、トランシーバーも購入した。市内の友人四人がそれぞれ持っており、いざというときに連絡を取り合うという。

「愛用の煙草を明日買ったら、もう万全です」と話した。

勤め先は公的機関で、だからロシア軍の標的となりかねない。最悪の場合の覚悟はできているという。

「明日は美容院とネイルサロンに行きます。だって殺されるときは美しいままでいたいですから」

一方で最近はダイエットを諦め、好物のスシやケーキなどで毎日美食の夕べを過ごす。

「今晩が最後の晩餐になるかもしれませんからね」

攻撃は、軍隊の侵攻だけで始まるとは限らない。サイバー攻撃を受け、ネットが遮断される可能性もありうる。市民への情報提供が途絶えるとパニックにつながりかねず、フェイクニュースも拡散しやすくなる。

日本だとＮＨＫにあたるウクライナ公共放送は、攻撃を受けた場合に備えて職員の避難計画を立てるとともに、西部の街リヴィウにバックアップ拠点を準備した。当初、拠点は中東部のドニプロに置く計画だったが、キーウよりもさらにドンバスに近いために攻撃を直接受ける恐れが拭えず、変更したのだという。

会長のミコラ・チェルノティッキー（三八）に会った。北東部スーミの支局長を務めた際に局内改革を進めて名を上げ、若くして会長に推挙された。

「クリミア半島を占領した際に、ロシアはまずテレビを止め、次にネットも止めて情報を管理しました。大規模侵攻が起きても再び同じ失敗を繰り返さないために、クリミアを経験したスタッフから聞き取りをしたうえで、人工衛星やウェブ、電話線を利用して市民に最新情報を届けるシステムを構築しました」

彼はこう説明した。

ロシア軍が侵攻した場合のウクライナ取材で、報道に携わる私たちが不安を抱いたのは、情報と通信が途絶えることだった。現場を見て、話を聞くだけなら、度胸と個人の能力で何とかなる。しかし、それを報道とは呼ばない。ニュースの流れを把握したうえで出来事の重要性を位置づけ、外部に発信してこそ、報道機関としての役割が果たせる。しかし、外部からニュースが入らず、現場の取材結果を送信する手段も奪われてしまわないか。実際、この直前の二〇二二年一月、カザフスタンで騒乱が起きた際にはインターネットが遮断され、情報通信に大きな支障が出ていた。

二〇〇三年のイラク戦争の際、電話回線も携帯電話も機能しないバグダッドまで私は衛星電話を担いでいき、ニュースを探ったり記事を送ったりした。それを再び繰り返すのだろうか。

ロシア軍の侵攻が起きて間もない三月一日には、公共放送の本部の隣に立つ放送塔が実際にミサイル攻撃を受け、五人が死亡した。しかし、懸念したような情報遮断は起きず、ニュースにもネットにも大きな影響が出なかった。その背景には、ミコラらの綿密な備えがあった。ウクライナ公共放送はその後も絶えることなくニュースと情報を届け、市民生活を支え続けた。

データと図表を駆使し、ときにはプレゼンテーションソフトも用意して明快に構想を説明する欧米諸国の政府や公共機関のデジタル幹部に比べ、ウクライナでは軍の指導者もテレビ局幹部も、訥々と語るばかりで、アナログ感が拭えない。それが私の目には、何だか頼りなく、用意が足りないように見えた。しかし、彼らはその陰で準備をしっかりと進めていたのである。

二月一八日、私はキーウのボリスピリ国際空港からウクライナを出国した。ロンドン行きのウクライナ国際航空便は、強風のためガトウィック空港着陸寸前で復行し、結局パリのシャルル・ドゴール空港に降りた。パリで一泊した私は、翌日電車でロンドンの自宅に戻るはめになった。

私は、また近いうちにウクライナを訪ねるつもりだった。確かに、その機会は一カ月もしないうちにやってきた。ただ、すでにそのとき、この国はそれまでとまったく異なる局面にさらされていたのである。

侵攻

その二日後の二一日、ロシア大統領ウラジーミル・プーチンは、親ロ派がウクライナ東部で支配する自称「ドネツク人民共和国」と「ルガンスク人民共和国」の独立を承認する大統領令に署名した。ロシアがウクライナ国境に兵力を集め、いつ侵攻するかと世界がはらはら見守っていただけに、この対応には多少の意外感が伴っていた。

果たして、これでいったん矛を収めるのだろうか、それとも本格的な攻撃に向けた布石なのか。

二三日、私は英王立国際問題研究所の特別研究員オリシア・ルツェヴィチ(四七)に連絡を取った。ウクライナ西部リヴィウ出身の政治学者の彼女とは、その月の初めにも一度、インタビューをしていた。

彼女の見方は「ウクライナ侵略に向けたさらなる一歩だ」と明確だった。

「軍事侵攻と独立承認をロシアがてんびんにかけて後者を選んだ、と考えるべきではありません。ロシアは、ウクライナの不安定化と征服に向けたシナリオを描いています。今回起きたのは、その過程の一段階に過ぎません。ロシアは独立承認によって、ウクライナに侵攻する足がかりを得たのであり、事態は新局面に移ったのです」

彼女の予想が正しいとわかったのは、その翌日だった。

二〇二二年二月二四日、ロシア軍がウクライナに向けて一斉に侵攻を始めた。

プーチンがテレビ演説で表明したのは、ウクライナ東部での「特別軍事作戦」の実施だった。しかし、実際には首都キーウやハルキウをはじめとするウクライナ全土で、主要都市の軍事関連施設がミサイル攻撃にさらされた。

国境に展開していたロシア地上部隊も、大都市を目指して進撃した。ベラルーシ領内に控えていた部隊は、チェルノブイリ立ち入り制限区域を通ってキーウを目指した。ロシアの真の意図は、ドンバスでの戦線拡大ではなく、ウクライナのゼレンスキー政権を転覆させることにあると、多くの人々は悟った。

ロシア西部の街ベルゴロド付近にいた部隊は、ハルキウに向けて進撃した。これは後に判明したことだが、私が訪れたストリレチャ村は侵攻初日の二四日に早くも占領された。国境からわずか八〇〇メートルしかないのだから、当然といえば当然である。ロシア軍侵攻を信じなかった村人たちは、その後過酷な運命をたどることになる。

ロシア軍侵攻の一九年あまり前にあたる二〇〇二年一二月、私はフセイン政権下のイラクにいた。当時の米ブッシュ政権はこの国に大量破壊兵器開発の疑いを抱き、侵攻の構えを見せていた。しかし、現地では誰も、攻撃の可能性を本気に受け止めていなかった。バグダッド中心部の市場や飲食店は、普段通り多数の市民でにぎわっていた。

取材先で一緒になったイラク情報省の役人が暇つぶしに話しかけてきたので、「戦争が近いと言われているぞ」と冷やかしたことがある。彼はぼやいた。

「米国が盛んにそう言っているらしいけど、私たちにはピンと来ないし、何の準備もできていない。あちら様は何だかすっかり準備ができているみたいだけど(6)」

イラク戦争が勃発したのは、それから三カ月あまり後の二〇〇三年三月二〇日だった。米英が一方的に攻撃を始めたのである。それから三週間も経たない四月九日にバグダッドは陥落し、フセイン政権は崩壊した。

思い返すと当然のことなのだが、そのときは愚かにも気づかなかった。イラク人の見立てをいくら集めても、戦争が起きるかどうかはわからない。戦争を始めるのは、イラク人ではないからである。

同様に、今回戦争を起こすのも、ウクライナ人ではない。ストリレチャ村の人々がいかに戦争を信じなくても、戦争は起きるのである。

村の人々は、ロシア軍の兵士らを、どのような思いで見つめただろうか。ベルゴロドに集結していた戦車はきっと、かつて行楽客であふれた街道を、ハルキウに向けて進撃しただろう。道路沿いのカフェ「団欒」の経営者リュボフは、その光景をどんな気持ちで眺めただろうか。

この侵攻は、欧州の一角で起きた一紛争にとどまらない性格を帯びていた。主権の尊重や国際法順守といった原則に基づく国際秩序が揺らぎ、力まかせの攻撃や侵略がまかり通る世界へと移行する恐れが生じたからである。

米ソが対立した冷戦は一九八九年に終結し、その二年後にソ連は崩壊した。力の均衡が崩れるなかで、共存の枠組みとして定着したのが、現在の国際秩序である。そこでは、ソ連なきあとに一強となった米国でさえ、必ずしも好き勝手には振る舞えなかった。このルール自体が、自由や民主主義といった米国の理念と結びついており、米国自身がそれを世界に広めようとしてきたからである。二〇〇三年に単独行動でイラク戦争に走った際も、米国は国際社会の意向を、完全に無視はできなかった。コンセンサスを得ようと苦心の外交を繰り広げ、開戦後は自らの立場の弁明に追われたのだった。

何よりロシアも、こうした秩序の恩恵を大いに受けてきた国に他ならない。冷戦終結後の一九九〇年代、深刻な経済危機と、旧ソ連が掲げてきた価値観の崩壊に見舞われた際は、欧米が差し伸べた支援の手に頼りつつ、立て直しを図った。

しかし、ロシアはいま、そんな恩義を忘れたかのように振る舞う。大国を自任する国家に当然求められる節度も、国際法も、ウクライナの主権も顧みることなく、武力行使に走る。これは、国連憲章が禁じたあからさまな侵略戦争であり、国際社会への挑戦と受け止められても仕方なかった。

　強大な軍事力を持つ国が、自らの意に沿わない小国に攻め入り、国土を侵害する――。ロシア軍侵攻は、その悪しき先例なのである。ロシアと同様に強権政治を推し進める中国には、多くの誤ったメッセージを伝えるだろう。もちろん、中国がロシアをまねて、台湾周辺や南シナ海で直ちに軍事行動を起こすほど、物事は単純でない。ただ、ロシアの振る舞いとそれに対する国際社会の反応を、中国はじっと見つめている。武力を使う口実やタイミングはどうあるべきか。国際社会からの非難や制裁を免れる道はあるか。国家の戦略上多くのことを学べる例であり、周辺諸国との対立が高まる場合に応用できるのである。それは、周辺諸国との対立を抱えるインドやトルコなど地域大国にとっても同様である。

　この流れが加速すると、弱肉強食の寒々とした風景が、その先に待ち構えている。そのとき、厳しい立場に置かれるのは日本に他ならない。単に軍事大国である中国やロシアとの間に領土問題を抱えているからにとどまらず、武力を背景としない外交を通じて国際社会で築いた日本の地位も脅かされるだろうからである。

（1）　Разумков Центр, ОСНОВНІ ЗАСАДИ ТА ШЛЯХИ ФОРМУВАННЯ СПІЛЬНОЇ ІДЕНТИЧНОСТІ ГРОМАДЯН УКРАЇНИ, Інформаційно-аналітичні матеріали, до Круглого столу, 12 квітня 2017р. https://razumkov.org.ua/images/Material_Confer

ence/2017_04_12_ident/2017-Identi-3.pdf

（2） Lally Weymouth, "Volodymyr Zelensky: 'Everyone will lose' if Russia invades Ukraine", *The Washington Post*, 2022. 01. 20, https://www.washingtonpost.com/outlook/2022/01/20/ukraine-russia-zelensky-interview/

（3） OSCE Daily Report, "Latest from OSCE Special Monitoring Mission to Ukraine（SMM）, based on information received as of 19:30（Kyiv time）, 6 May 2015", 2015. 05. 07, https://www.osce.org/ukraine-smm/155756

（4） OSCE Daily Report, "Latest from OSCE Special Monitoring Mission to Ukraine（SMM）, based on information received as of 19:30（Kyiv time）, 7 May 2015", 2015. 05. 08, https://www.osce.org/ukraine-smm/156046

（5） 渡部（二〇〇三年二月）は、ロシアのこの手法が「国際法、人命の尊重などの基本的価値観…を無視して目的を達成する」ことにあるとして、中国人民解放軍の戦い方「超限戦」になぞらえている。

（6） 国末（二〇〇七）

第二章　ジェノサイドの警告――リヴィウ

ウクライナ全土制圧計画

ウクライナへの大規模侵攻を、ロシアはいつ、どのようにして決めたのだろうか。ロシア軍はその前年の春からウクライナ国境に演習名目で部隊を集めていたが、侵攻のそぶりをちらつかせることでウクライナや欧米と駆け引きをし、譲歩を引き出そうとしているかのように見えた。しかし、実際にはその前からウクライナ全土の征服も視野に入れた計画を練り、綿密に準備を進めていたことが、次第に明らかになってきた。

一八三一年に創立され、安全保障分野のシンクタンクとしては世界最古の歴史を誇る英王立防衛安全保障研究所（ＲＵＳＩ）は、ウクライナ諜報部員らへの聞き取りなどに基づき、その過程を詳細に検証した特別報告書「ウクライナ破壊の陰謀」を、侵攻直前の二月一五日に発表した。ここでは、ざっと以下のような調査結果と分析が示されていた。

▩プーチン政権の大統領府副長官ドミトリー・コザクを議長とする調整会合は、一年以上にわたり、対ウクライナの予定表を精査してきた。

■対ウクライナ計画に基づき、ロシアは二〇二一年春に国境での兵力増強を始めた。その冬には、ウクライナ国内でエネルギー価格が上昇するよう操作し、政府への市民の不満が高まるよう仕向けた。

■ウクライナの政界や政府機関にはロシアの諜報員が多数紛れ込んでいる。

■ロシアは二〇二二年一月、サイバー攻撃によってウクライナの自動車保険リストを入手し、抵抗運動を指導しそうな人物の住所を特定した。

■ロシアは攻撃で、まずレーダー基地や空港を破壊し、反撃能力を奪おうとするだろう。

■キーウ包囲戦となった場合、ロシアはチェチェン紛争のような行き過ぎた攻撃に走るかもしれない。

■もしウクライナが崩壊すると、ジョージアやモルドバ、バルカン半島でもロシアは同じ手法を使うだろう[1]。

特別報告書を執筆した一人は、この研究所の陸戦担当主任研究員ジャック・ワトリング（二八）である。若手ながら、ジャーナリストとして戦場で活動した後に英政策史の研究で博士号を取得し、対ロ抑止などを専門としていた。旧ソ連全般の軍事事情に詳しい彼には、二〇二〇年にナゴルノ・カラバフ紛争を取材した際にインタビューをしたことがあった。再び連絡を取り、侵攻翌日の二月二五日に話を聞いた。

彼によると、プーチン政権内でウクライナ問題を長年担当していたのは、大統領補佐官のウラジスラフ・スルコフだった。世論操作による大衆の誘導など、通常戦力とは異なる不正規戦争に関心を抱く「政治技術者」である。[2] ただ、目立った成果を上げられず、プーチンに更迭され、その後を継いだのが、同様に不正規戦争の専門家としてその実践のノウハウを身につけたコザクだった。現ウクライナ中部キロヴォフラード州の村に生まれ、レニングラード（現サンクトペテルブルク）に出て検事や副市長を務め、プーチンと個人的に親密な関係を築いた人物である。クレムリンの多くの人物は出身母体を持つのに対し、コザクは一種の一匹狼であり、プーチン自身のために働く人物だった。この人事はつまり、ウクライナ問題の扱いをプーチン自身が掌握したことを意味していたという。

その後、コザクらは一年以上にわたって準備と検証を重ね、欧米がどう反応するかも調べた。その結果、軍事面、外交面、経済面でウクライナに圧力をかけつつ、占領に向けた準備を進めるという、極めて体系的な計画が誕生した。

それは、三段階の計画だった。

▼**第一段階**

交渉によってウクライナ政府から主権の一部を奪う試み。具体的には、侵攻をちらつかせつつ、（ウクライナ東部ドンバス地方の紛争の停戦や和解プロセスを定めた）「ミンスク合意」を、ロシアに都合のいい形でウクライナに受け入れさせようとした。しかし、それは結局失敗に終わった。

▼**第二段階**

ウクライナのゼレンスキー政権を転覆させ、傀儡政権を樹立する。

▼第三段階

ロシアが自らウクライナを占領する。

「ロシアはここ数カ月間、ウクライナに圧力をかけ続けてきましたが、譲歩を引き出すことはできませんでした。ロシアはまた、首都キーウなどで反政府運動を仕掛けましたが、ウクライナ政府は挑発に乗らず、適切な対応で切り抜けました。だからロシアは、第三段階の「侵攻」に踏み切ったのです。キーウと、ドニプロ川以東の主要都市を占拠し、そこに占領軍政権を樹立する計画です。占領統治の責任者に地元の人を据え、ロシアの情報機関がこれを支えるのです」

ジャックはこう説明した。このときはまだ、侵攻が始まったばかりだったが、状況をどう見るか。

「ロシア軍は攻撃開始後最初の二四時間で、ウクライナに多数の弾道ミサイルを撃ち込みました。標的は、軍司令部やレーダーから空港にまで至りました。なかでも、レーダーが機能しなくなったのは、ウクライナにとって厳しい」

次に来るのはキーウ包囲か。

「キーウ郊外にロシア軍が拠点を築ければ、応援部隊が次々と来て、首都突入となるでしょう。三日間前後は通常兵器による衝突が続き、その後は市街戦に移ると思います」

ロシアはすでに、占領への抵抗運動を組織しそうな人物を捜し出したというが。

「ウクライナで市民運動が盛んなことは、ロシア側もよく認識しています。リストアップされたなかには、二〇一四年の民主化運動「マイダン革命」を率いた人々がいます。ロシアの特殊部隊や占領当局は、その人物や団体を標的と定め、自動車保険リストから住所を特定したのでした」

「彼らは「消される」恐れがありますし、本人が見つからない場合は、しばしば家族が標的になります。だから、家族は国外に逃がさなければなりません」

処刑リストでもつくっているのか。

「その通りです。それがロシアの狙いです」

ロシア軍の侵攻前から、ウクライナでは処刑リストの存在がささやかれていた。ウクライナ政府と直接関係ない人でも、民主化運動にかかわったり、欧米と何らかのつながりを持ったりした人は、真っ先に殺害される。そのような噂は、インテリや富裕層の女性らに国外避難を促すことになった。

このあとウクライナはどうなるか。

「どこまで抵抗できるか次第です。戦闘が長引けば、多くのウクライナ市民が犠牲になりますが、その代償はロシア市民にも重くのしかかり、「この戦争は失敗だった」という意識がロシアでも広がるでしょう。逆にロシアがウクライナの制度と社会を押しつぶすことになれば、ウクライナは分裂します」

「ロシアは、世論調査や社会調査をウクライナ国内で実施し、得られたデータをもとに、この計画を立案しました。ただ、世論は急速に変化する。ロシアが思い描いたようには、物事は進まないかもしれません」

この戦争によって国際関係は変わるか。

「変わります。私たちは、ロシアが国際社会の一角を担ってほしいと、ずっと願ってきました。二

○一四年以降、その可能性は次第に薄れたものの、ロシアが普通の国として振る舞う余地はまだ残っていました。いま、その関係は断たれ、欧米とロシアの間にいた国々はどちらかを選ばざるを得なくなったのです」

ただ、多くの国はこのときまだ、ロシアの公然たる侵略行為をあっけにとられて眺めている段階だった。侵攻後のロシア軍が何をしていたかが明るみに出るまで、「普通の国としての振る舞い」への期待は、完全には途絶えなかったのである。

足踏みするロシア軍

ウクライナの北部、東部、南部から一斉に侵攻したロシア軍は当初、破竹の勢いで進んだ。

クリミア半島から南部に入った部隊は、早くも二月中にヘルソン州のほぼ全域とザポリージャ州の南半分を制圧した。ここにある欧州最大のザポリージャ原発も支配下に置いた。ドニプロ川西岸にあるヘルソン州都のヘルソン市も三月初めまでに制圧され、クリミア半島とドンバス以外ではロシアに占領された最初の州都となった。ロシア軍は隣州の州都ミコライウ、さらには南部の中心都市オデッサへの進軍もうかがう勢いだった。

東部からの部隊は、ドネツク州内でウクライナ政府の統治下にあった工業都市マリウポリを狙い、南部からの部隊と連携して挟み撃ちにする形で包囲した。

北東部からの部隊は、主要都市ハルキウに迫るとともに、ハルキウ州各地に広く展開した。北部のスーミ州、チェルニヒウ州にも部隊が入り、両州の州都スーミとチェルニヒウは激しい攻撃を受けた。

ただ、攻防の焦点は次第に、ウクライナ全土の戦況よりも、首都キーウの陥落如何に移っていった。ロシア空挺部隊は侵攻当日の二月二四日、キーウ北西郊外のホストメリにある貨物空港「アントノフ空港」を急襲した。この空港の格納庫に駐機されていた世界最大の航空機「アントノフ225ムリーヤ」は破壊された。これと呼応する形で、ウクライナ北方のベラルーシ領から進軍したロシア地上軍は、やはり二四日にチェルノブイリ原発を掌握し、さらに南下した。二七日には、ホストメリの南隣にあたるブチャに到達し、この地を占領した。[3] ウクライナ側も激しく抵抗し、キーウ周辺で戦闘も起きた。ウクライナ大統領のゼレンスキーはこの間の二五日夕、逃亡せずに首都に踏みとどまる決意を、SNSを通じて内外に示した。[4] ただ、市民はキーウから、ウクライナ西部や国外に相次いで避難した。

ウクライナとロシアの代表団が、ベラルーシとウクライナとの国境地帯にある検問施設で直接交渉を持ったのは、このような状況下の二月二八日である。停戦を目指してのことだったが、両者の立場には大きな隔たりがあった。この直接交渉は、三月三日と七日にベラルーシとウクライナの国境で、一〇日にトルコ南部アンタルヤで、さらにオンライン会議も交えて続き、三月二九日にはイスタンブールで両国交渉団が向き合った。

このときまで、ロシアのウクライナ侵攻は「普通の侵略戦争」だった。侵略戦争が国連憲章に違反し、世界の秩序を危機におとしこむ暴挙であるのは当然だが、ウクライナにとっても欧米にとってもロシアはまだ、交渉可能な相手と見なされていたのである。ロシアがその地位を失うのは、占領地でどんな振る舞いをしていたかが、キーウ近郊からの撤退によって明らかになる四月のことである。その後、二〇二三年夏の本稿執筆の時点に至るまで、交渉は再開されていない。

当初押されまくっていたように見えたウクライナ軍は、実は持ちこたえていた。それが次第に明らかになってきたのは、三月に入ってからである。

ベラルーシ国境からキーウに向かう街道では二月末から三月初めにかけて、六四キロにわたるロシア軍車両の行列が、衛星画像から確認された。キーウ攻撃をにらんだ装甲車両や燃料、物資の運搬車両だとみられた。数日後、その車列がどうも動いていないようだ、との情報が流れ始めた。正面でウクライナ軍に行く手を阻まれているのか、車両にトラブルがあったのか、途中で攻撃を受けたのか。何らかの理由で進軍が足踏みをしているようだった。

キーウ近郊のブチャまで南下したロシア軍を押しとどめたのは、その南隣の街イルピンの軍や領土防衛隊である。両者の間では激しい砲撃戦となり、これを取材していた欧米のメディアの間にも犠牲者が出た。

キーウには、ベラルーシからチェルノブイリを通ってドニプロ川右岸を南下するロシア部隊とは別に、チェルニヒウからドニプロ川左岸を南下する地上部隊も迫っていた。曲がりくねった田舎道が続く右岸とは異なり、左岸は高速道路で首都まで一直線である。その部隊は小雪の舞う三月一〇日、キーウ東郊の街ブロヴァリの手前にあるスキビン村付近に差しかかったところで、待ち伏せをしていたウクライナ軍の一斉攻撃を受けた。ロシア軍の部隊は総崩れとなり、撤退を余儀なくされた。その場面をドローンが撮影しており、次々と戦車が爆破される映像は世界に伝わった。

全般的にロシア軍の見通しは甘く、自らが解放軍としてウクライナ人から歓迎されると楽観していた節がうかがえる。未熟な兵士も多く、目的も行き先も理解せずに連れてこられた若者も混じっていたとみられる。

逆にウクライナ軍側は士気が高く、義勇兵部隊である領土防衛隊にも参加希望者が多数集まっていた。各自治体の行政幹部にはロシア側に内通した人物が混じり、その工作を通じて街が陥落する例は見られたものの、住民が諸手を挙げてロシア軍を迎える状態にはならなかった。

三月半ば以降、キーウ周辺の戦況は膠着化し、動きが乏しくなった。ウクライナ軍は、ブチャの南側にあたるイルピンで持ちこたえ、一方ロシア軍はブチャ以北から西部の農村地帯にかけての村々を広く占領した。その一帯で虐殺が展開されたのだが、それが明らかになるのは四月にロシア軍が撤退して以降である。情報が外に漏れなくなったキーウ周辺に代わって、三月後半にメディアの注目を集めたのは、東部ドネツク州の都市マリウポリだった。ロシア軍が包囲するこの街では、子どもや妊婦が相次いで犠牲になり、その情報が漏れ伝わることによって人道危機が叫ばれた。

東部で戦闘に携わっていたウクライナ軍の幹部に話を聞く機会を得たのは、このころだった。ドンバスの戦場で大隊長を務めていたアレクサンドル・ポルチャネンコ（三六）である。戦場で負傷し、ウクライナ西部の病院に収容されている際に、オンラインでのインタビューに応じた。

キーウで代々軍人を務めた家系の出身で、祖父はソ連軍の軍人としてアフガニスタンの戦争に参加した。自らも自然と軍人への道を歩んだ。

「でも、まさかロシアと戦うなんて、想像もしませんでした。互いに親戚もいるロシアは、兄弟のような存在だったのに。ロシアのプロパガンダのせいで、私たちは違う世界に生きることになりました」

「ただ、迷いはありません。ロシアとは、もうすでに多くの戦闘を経験しています。いや、本当はロシアというより、モスクワの政権との戦いですが」

彼は二〇一四年以来、東部の最前線に立ち続けてきた。二〇一六年に一度負傷し、その後戦線に復帰したという。

二月二四日のロシア軍侵攻を受けて、彼は約四五〇人の部隊を率いて、南東部ヴォルノヴァーハでの戦闘に携わった。三日後、ビルのなかで機器を点検していたところ、敵軍装甲車両からの砲撃を間近に受けた。外傷はなかったが、頭部を強打し、中部ドニプロの病院に搬送された。その後、西部の病院に移って療養を続けている。頭部の痛みは最近和らぎ、退院が近いという。

「死ぬことより、ロシアの捕虜になることの方が怖い」と、アレクサンドルは語る。退院後は、負傷の際に失われた装備を整え、前線に復帰する。

「回復したら、すぐにでも軍に戻りたい。我が国の人々とその希望を背負っていますからね」

外国人記者に対する外向けの顔ではあるだろうが、言葉の端々に士気の高さと誇りがうかがえる。それは、侵略戦争に対する戦いの使命が明確であるからだと思えた。

「難民危機」との違い

三月上旬にロンドンで雑事を済ませた私は、三月半ばに再びウクライナ入りする計画を立てた。新聞社の同僚らは当時、地上攻撃を受ける可能性が低い西部リヴィウに陣取り、オンラインなどで取材を続けながらウクライナ情勢を報じていた。ひとまずそこへの合流を目指す。侵攻を受けてウクライナへの航空便はすべて止まり、隣国から陸路で入る以外にない。

リヴィウは、西の隣国ポーランドとの国境に近く、その首都ワルシャワか南部の中心都市クラクフから目指すのが常道である。ただ、ポーランド最東端の街プシェミシルとリヴィウの間の国境越えに関する情報は錯綜していた。大渋滞になっているとの予想もあった。

そこで、新たな入国ルートを開拓する意味からも、ウクライナの南側ルーマニアから入ってみることにした。これを機に、国境に集まるウクライナ難民の状況も取材しようと考えた。ロンドンからブカレスト経由でルーマニア北部の街スチャヴァに着いたのは三月一四日である。

ロシア軍の侵攻はウクライナの国土を戦場にしたのだから、多数の難民や国内避難民（IDP）を生んだのは当然である。このころ、ウクライナから国外に逃れようとする難民は、三〇〇万人に達しようとしていた。それにしては不思議なことに、難民をめぐるトラブルがほとんど聞こえてこなかった。

欧州で難民というと、二〇一五年に起きた「欧州難民危機」の記憶がまだ残る。エーゲ海や地中海を渡って欧州大陸に上陸したシリア難民ら一〇〇万人あまりが、バルカン半島などを徒歩で北上し、ドイツなどをめざした。その途中に位置するハンガリー政府はこれを押し返そうと試み、難民との間でトラブルが相次いだ。ハンガリー側への入国を拒まれた難民らは、セルビア北部の国境地帯に多数滞留した。難民を受け入れた国々でも、その是非をめぐって論争が起き、移民排斥を主張する右翼ポピュリスト勢力の台頭を招いた。

ウクライナの場合、侵攻から一年あまりを経た二〇二三年四月時点で、その数は八〇〇万人にも達した。「欧州難民危機」の何倍もの人数であるにもかかわらず、なぜ混乱が少ないのか。

【二】行き先が明確

スチャヴァ郊外で、ウクライナ難民を受け入れているマンダキ・ホテルを訪ねた。隣接する結婚式場を難民に開放し、マットを敷いて一七〇人分の雑魚寝スペースをつくっている。ウクライナから到着した人々は、ここで約二〇〇人のボランティアの手助けを受けつつ休息し、次の目的地に向かう。

中東部クリヴィー＝リフからバスで逃れてきた通信社勤務の女性エリザベト（三二）は、このあと空港でマドリード行きの便に乗ると話した。スペイン北西部のサンティアゴ・デ・コンポステーラ近くに住む同郷出身の友人のもとに身を寄せるという。

スチャヴァから車で四〇分ほど北上すると、国境の町シレトに着く。ここではルーマニアの消防隊が四〇二床の難民キャンプを設営していた。しかし、訪ねてみると難民は一人もいない。

「みんな今朝出ていきました」と広報責任者のダニエル・ダン（三九）が説明した。

「大部分の難民はここで、仮眠を取ったり、友人や家族の迎えを待ったりするだけです。せいぜい一泊すると、みんな次の目的地に向かいますから、駅か空港に私たちが送り届けます。イタリアやスペイン、ブルガリアとかに行く人が多いですね」

友人や知人、親戚等、頼るべき人と明確な目的地を持っているのは、スチャヴァで会ったエリザベトの例も、この後に出会った難民たちも同じだった。欧州各国では、ウクライナ移民による大規模なコミュニティーが侵攻前から形成されており、その人数は総計一五〇万人ともいわれる。

つまり、難民の多くは、行く場所がなくて国を離れるのではない。行く場所があって国を離れているのである。この点、具体的な当てのないまま欧州に上陸した「欧州難民危機」のシリア難民らとは大きく異なる。

後に話を聞いた米サザンメソジスト大学教授で「人の移動」研究の大御所ジェームズ・ホリフィールドによると、そもそもウクライナ難民を二〇一五年の難民と比較すること自体が間違っているという。

「欧州各国が今回置かれた立場を二〇一五年になぞらえると、（トラブルが起きた）ドイツやハンガリーではなく、むしろトルコにあたります。トルコは地政学的に、シリアやアフガニスタン、イラクなどでの出来事と大いに関係していますし、実際に三〇〇万人以上の難民を受け入れてきました。すなわち、ポーランドにとってのウクライナ人は、トルコにとってのシリア人なのです。何百万人ものシリア人を受け入れやすいのは文化的に近いトルコであり、同様に何百万人ものウクライナ人を受け入れやすいのは欧州なのです」

【二】女性、子ども、富裕層

シレトの国境では、検問から町に向かう道路際に、まるで神社の参道のように屋台が並ぶ。キリスト教団体やNGOが支援のために用意し、飲み物や食事を無料で振る舞う。

「侵攻当初は何もなくて、飲料水や食料を用意するのが大変だったのです。いまはすっかり整備されました」と、NGO「自由への闘い」のスタッフ、ダニエル・グラディナリウ（四四）が話した。

ルーマニア国境の避難民.

もっとも、ルーマニア側に入国してくる難民の姿はいま、ごくまばらである。検問所を抜けると、待ち構えた消防隊員らに先導され、屋台に立ち寄ろうともせずさっさと通り過ぎていく。

ロシア軍の侵攻を受けて、ゼレンスキーは戒厳令と総動員令に署名し、一八歳から六〇歳までの男性の出国を原則的に禁止した。国境を越えて出国するのは、だから基本的に女性か子どもばかりである。これも、男性の若者が多かった「欧州難民危機」とは大きく異なる。女性や子どもだと、欧州のボランティア家庭にとっても受け入れやすい。

また、都市住民やインテリ、富裕層が目立つのも特徴だという。この国境で見る限りでも、身なりはみんな整って、「難民」の言葉からイメージされる悲壮さには乏しい。高級車を運転してくる人も少なくない。まるで、バカンスに出かける家族連れのように見える。

農村部や低所得者層の人々は、多少の攻撃を受けても地元にとどまる傾向が強く、避難しても国内の親戚や友人を頼る場合が多い。一方で、都市生活者の間では「ロシア軍が来ると、欧米に関係を持つ人物は処刑される」との噂が広がったことも、国外退避を後押ししたのだろう。

教授は語る。

「女性や子どもの場合、受け入れる側も自宅に難民を招きやすいし、「欧州難民危機」の際にはなかった地域社会での受け入れ態勢も整えられました。ロシア軍の侵攻前からポーランドには五〇万人以上のウクライナ人が住んでおり、文化の面でも、家庭の面でも、シリア人受け入れとはまったく違う状況にありました」

ウクライナ難民の多くは高等教育を受け、自らの職を持ち、英語を話す。シリア難民に比べ、滞在先の社会への順応性も高いと予想された。

【三】ビザなし入国

教授によると、シリア人とウクライナ人の決定的な違いは法的地位にある。シリア人が基本的には不法移民として欧州に入域したのに対し、ウクライナ人は欧州各国の多くにビザがなくとも入国が可能である。

「すなわち、比較的容易に母国を離れられるし、状況が改善されればすぐに帰国もできる」法的な地位は、ウクライナ人と、ウクライナに暮らす非ウクライナ人との違いも際立たせた。

ソ連時代のつながりもあって、ウクライナにはアフリカやイスラム諸国、インドなどからの留学生がいた。彼らは、ウクライナのビザだけを持って空路入国し、勉学に励んでいた。侵攻を受けて空路はすべて閉鎖され、避難するには隣国に陸路で入らざるを得なくなったが、隣国のビザの用意は彼らにない。こうした学生らが国境までやってきて、ビザがないので越えられず、立ち往生するケースが見られた。

最終的に留学生の出身国と当該隣国とが話し合って問題は決着を見たが、これを人種差別と受け止める言説が相次いだ。実際にはビザの問題だったのである。

【四】受け入れ側の違い

二〇一五年と二〇二二年では難民側の性格が異なると同時に、受け入れる欧州各国の受け止め方も異なっていた。ロシア軍の侵攻が欧州自身にとっても「安全保障上の危機」と位置づけられたからである。

「だから、いわゆる難民も地政学的な課題と受け止められました。このような側面は、二〇一五年にはありません。シリアやアフガニスタン、イラクよりも、ウクライナの方が欧州にとって近いし、紛争の影響もずっと深刻です。だからこそ、旧東欧諸国は国境を開き、一〇〇万人単位の難民を受け入れたのです」

教授はこう説明した。

ネクスト・ジェノサイド

ルーマニア側の検問手前で車を降りた私は、スーツケースを引きずって両国の検問間の無人地帯を渡り、ウクライナに入国した。ひとまず、近くの都市チェルニウツィまで出なければならない。しかし、交通手段の見当がつかず、検問所で尋ねても埒があかない。迎えの車を待つ家族連れから「一緒に行きますか」と声をかけてもらい、荷物も大きいし悪いなと思っていたら、路線バスが突然走ってきた。慌てて追いかけて乗り込む。他に乗客はなく、運転手とも言葉が通じず、一人ボケっと車窓を眺める。戦争中の国とは思えないのどかさである。

この南西部チェルニウツィ州への攻撃はほとんどなく、二〇分ほどで着いた州都チェルニウツィにも緊張感は乏しい。商店は軒並み開き、人通りもそれなりに賑やかで、普通の市民生活が営まれている。実際、侵攻以降も経済活動が途絶えなかったこの街は、他の街に代わるビジネス拠点として期待されていると聞いた。

チェルニウツィからは車を手配しており、約五時間後にリヴィウに到着した。すでに夕闇が迫っていた。

リヴィウを訪れるのは二度目である。前回の二〇一六年、この街に初めて降り立ったのは、ウクライナ独立記念日の八月二四日だった。世界遺産に登録された古い街並みを、民族衣装で着飾った人々

2016 年，独立記念日でにぎわうリヴィウの街．

が埋めていた。市役所前の広場に屋台が並び、歌やパフォーマンスの見せ物も出て、街中が大にぎわいだった。

いま、その華やぎはない。通常の市民生活は続いているものの、日に一、二回は攻撃を知らせる警報が鳴り響き、ときにはミサイルも飛来する。男性たちの多くは戦場に行き、女性たちの多くは国外に避難した。店の多くも閉まり、寂しさが募る。

前回のリヴィウ訪問は、ホロコーストをテーマとしてその前年から続けてきた企画取材の一環だった。

きっかけは、二〇一五年九月の米ニューヨーク・タイムズ紙に掲載された「次のジェノサイド」と題する論考である[5]。ホロコーストの歴史から次に起こりうる虐殺を予測するとともに、「どんなメカニズムが虐殺を招くのか」「過去の経験から引き出せる教訓は何か」を問いかけていた。筆者は、中東欧史が専門の米イェール大学教授ティモシー・スナイダーである。ホロコーストの背景を追った『ブラッドランド』『ブラックアース』を相次いで出版し、議論を呼んでいた。

私はかつて、ルワンダ大虐殺やイラク戦争を取材し、同様の問題意識を抱いていた。翌二〇一六年二月、大統領選の取材で米国に出かけたのを機に、米東海岸ニューヘイヴンのイェール大学研究室に教授を訪ねた。

「食糧確保の道が閉ざされ、ドイツ人の生存が脅かされる。そんな妄想にヒトラーはとらわれていました。だから、多くのユダヤ人が暮らす東方に侵攻し、肥沃な大地を手に入れようとしたのです」

ホロコーストは一般的に「ドイツで起きた出来事」と思われている。彼によると、これが大きな間違いだという。ドイツのユダヤ人には、強制収容所から生還した人も少なくない。ホロコーストで虐殺された六〇〇万人近いユダヤ人の約九七%は、実はドイツ以外に暮らしていた。犠牲者はウクライナやポーランドに集中する。

「アウシュヴィッツだけを見ていると、ホロコーストを見誤ります」

彼はこうも話した。一〇〇万余人の犠牲者を出した現ポーランド南部クラクフ近郊のアウシュヴィッツ強制収容所が、ホロコースト史の最重要施設であることに、疑う余地はない。ただ、この施設で

イェール大学教授ティモシー・スナイダー.

虐殺が本格化したのは一九四三年から四四年にかけてであり、四一年にすでに始まっていたホロコーストの原点を探るにはアウシュヴィッツ以前を把握する必要がある、という。その舞台は、アウシュヴィッツより東に広がる肥沃な土地「黒い大地」(ブラックアース)に散らばっている。

ナチス・ドイツは一九四二年から四三年にかけて、ユダヤ人絶滅計画「ラインハルト作戦」に基づき、いずれも現在の

ポーランド東部にあたるソビブル、ベウジェツ、トレブリンカに「絶滅収容所」を建設した。アウシュヴィッツ強制収容所が殺害施設と強制労働施設を兼ねていたのに対し、これら三カ所の絶滅収容所は前者に特化したものだった。欧州各国から列車で連れてこられたユダヤ人は、即座にガス室に送られた。施設の大部分が保存されて後世に伝えられたアウシュヴィッツとは異なり、絶滅収容所はいずれも証拠隠滅のため徹底的に破壊され、痕跡がほとんど残っていない。

次の大虐殺を見定めるには、過去の大虐殺を振り返らなければなるまい。ホロコーストの原点であるその場に立つことで、これからの虐殺を防ぐヒントを得られないか。こう考えた私は、二〇一六年四月と八月にわけて、三カ所の絶滅収容所と、ポーランド東部ルブリン郊外のマイダネク強制収容所、キーウ近郊にあるホロコースト初期の虐殺現場バビ・ヤールを訪ねた。ちなみに、マイダネク強制収容所はアウシュヴィッツ強制収容所に似た大規模施設で、当時のガス室がそのまま残っている[6]。ベウジェツやソビブルなどの絶滅収容所では排ガスが使われたが、アウシュヴィッツやマイダネクでは殺鼠剤型の毒ガス「チクロンB」が使われた。この毒ガスに含まれるシアン化水素(青酸ガス)は、鉄分と反応すると青くなる。青く染まったマイダネクのガス室の白壁には鬼気迫るものがあった。

ベウジェツ収容所跡につくられたモニュメント.

三大絶滅収容所のうち、ソビブルとトレブリンカが閉鎖されたのは、ナチス将校らの世話や遺体処理のために収容所内で働かされたユダヤ人らが暴動を起こしたからだった。脱走したユダヤ人数百人のうち、追っ手を逃れたそれぞれ数十人が生き延びて戦後を迎え、絶滅収容所の実態を後世に伝えた。暴動が起きなかったベウジェッツ絶滅収容所での生存者は、偶然逃亡できた二人だけだという。

ベウジェッツは、現在のポーランド東端に位置している。この絶滅収容所に連れてこられた多くは、現在の国境の向こう側に位置するリヴィウのユダヤ人たちだった。私はその痕跡を探ろうとして、前回この街を訪れたのだった。

マイダネク強制収容所に残るガス室.

ただ、このときの取材成果は乏しかった。リヴィウ市内にユダヤ人協会があると聞いて探し回ったが、事務所はすでに跡形もなく、近所の人々にも心当たりはなかった。ようやく探り当てたユダヤ教のラビ(宗教指導者)は、ウクライナの他の街から戦後に移り住んだ人物で、昔のことは知らなかった。リヴィウのユダヤ人コミュニティーは消え去ったように見えた。

一九四一年にナチス・ドイツが入ったとき、リヴィウのユダヤ人人口は一三万五〇〇〇人だったという。ナチスから街が解放されたときには、一六八九人しか残っていなかった。(7) それからすでに七十余年が経ち、その間にはソ連によるユダヤ人抑圧もあった。関係者が見つからないのは当然だろう。

ホロコーストとソ連

ナチス・ドイツを虐殺に駆り立てたのは「生き残ることへの危機感」だったと、ティモシー・スナイダーは考えていた。

「私たちはホロコーストを理念、思想、意図といった面から分析するあまり、物質的な面から分析する営みをおろそかにしてきました。しかし、ヒトラーが重視したのは物質面、すなわち限られた資源、土地、食糧をめぐる戦いです。「ドイツ人の絶え間ない闘争をユダヤ人の倫理観や法感覚が妨げている」との考えが、ヒトラーの反ユダヤ主義の基本でした」

「多くのユダヤ人が暮らすウクライナや東欧にドイツが進出したのは、何としてでも豊かな土地を征服し、食糧を確保したいという思いからです。生き残りの危機が迫っていると信じ込むようなパニックに陥ったことに、ドイツの問題があった。この種の精神状態に加え、国家が消滅した環境、特定の集団を攻撃する思想が重なったとき、虐殺が起きるといえます」

公権力が崩壊し、ある種の無法地帯が生じてこそ、虐殺の条件が整うと、彼は語る。これは、スナイダー理論の根幹を成す着想である。国家が存在し、諸制度が機能している間は、虐殺に対してさまざまな制御が働く。その国家が失われ、無政府状態となったとき、危機が訪れる。私が邦訳の巻末解説を担当した彼の著書『暴政――二〇世紀の歴史に学ぶ二〇のレッスン』で彼は「私たちが品位を保つ助けとなっているのは組織や制度なのです」と述べると同時に、「革命家というのはときとして、一緒くたにして組織や制度を現実に破壊しようとするものなのです」とこれらの脆弱性を指摘し、その保護に全力を尽くすべきだと主張した(8)。

「ドイツで国家の力が強大化したからホロコーストが起きたと考えるのは誤りです。一九三八年から三九年にかけてのドイツは、当時のソ連ほど強圧的ではありませんでした。ナチス・ドイツが虐殺を本格化させるのは、国境を越えて外に出た後です。そこに広がっていたのは、バルト三国やポーランドの国家をソ連が破壊した後の無法地帯でした。だからこそ、ユダヤ人虐殺が可能になった。国家の有無がホロコーストの決め手となった。つまり、直接ホロコーストの責任を負うわけではないにしても、ソ連が演じた役割は大きい」

ルワンダやスーダンで起きた虐殺も、国家の崩壊なしには考えられないと、彼は語った。

ならば、次の大虐殺はどこで起きるのか。

「大躍進や文化大革命で多数の犠牲を出した経験がある中国は、ナチス・ドイツが一九三〇年代に悩んだ「生存圏」に似た問題を抱えています。ただ、ロシアの行動には、もっと懸念を抱きます。ウクライナに関しても、ロシアは主権国家をないがしろにする態度を取っています」

二〇一六年の時点で、スナイダーはこう述べていた。しかし、私たちはその警告を生かすことなく、二〇二二年を迎えるのである。

二〇一六年、私はリヴィウから首都キーウに回り、郊外のバビ・ヤールを訪ねた。ホロコーストに

バビ・ヤールを案内するガイドのエレーナ.

は「ガス室」のイメージが付きまとうが、実際には犠牲者六〇〇万人の約半数が収容所内でなく、屋外で殺害された。その最大規模のものが一九四一年九月二九日と三〇日に起きた「バビ・ヤールの虐殺」である。キーウを占領したナチス・ドイツが市内のユダヤ人を小峡谷バビ・ヤールに集め、一斉射撃で皆殺しにした。犠牲者は推計三万三七七一人に及ぶ。絶滅収容所からアウシュヴィッツへと続くホロコースト史の初期にあたる出来事だった。

この谷では以後もユダヤ人虐殺が続き、犠牲者の総計は一〇万人になるという。

しかし、バビ・ヤールはその後、峡谷ではなく市街地に囲まれた森となった。森の浅いところは、どの大都市にもある市民の憩いの場である。お年寄りが散歩し、日だまりでカップルが語らう。事件の犠牲者を追悼する碑や像が、敷地内にいくつか立つ。

明るい公園の裏に、暗い茂みが広がっている。分け入ると、いくつかの切り立った谷が走る。その一つの前で、案内を頼んだガイドのエレーナ・ツァロフスカヤ(六三)が説明した。

「連行されたユダヤ人は皆、裸にされ、谷に落とされました。ナチスは向こう側から機関銃で撃ったのです」

エレーナはユダヤ人で、その父母は避難していて虐殺を免れたという。目の前の谷が本当の現場なのか、彼女は確証が持てないという。その後、地形が変わったからである。戦後、もとあった谷の大部分は埋められたが、キーウの都市化が進んだことだけが理由ではない。

「虐殺を人々の記憶から消し去りたいと願ったソ連は、ここに粘土を運び込み、人工的な地滑りを起こし、谷を埋めて公園をつくりました」

ソ連はなぜ、そのようなことをしたのか。

「ソ連にもユダヤ人を迫害した歴史があり、「ユダヤ人すなわち被害者」の面を強調されたくなかったのです」

声を上げる人がいないわけではなかった。二〇世紀を代表するソ連の作曲家ドミトリー・ショスタコーヴィチは、虐殺を題材にした交響曲第一三番「バビ・ヤール」を一九六二年に発表し、物議を醸した。一九六六年には作家アナトリー・クズネツォフが生存者の証言を記録小説にまとめ、邦訳もされた(9)。

だが、ソ連はこの谷を、ユダヤ人虐殺の場所としてでなく、兵士を英雄視する対独戦争の激戦地として位置づけ、一九七六年に巨大な記念碑を建てた。バビ・ヤールがホロコーストの現場として広く認知されたのは、一九九一年のウクライナ独立とソ連崩壊後のことである。

キーウにあるモヒラ・アカデミー国立大学ユダヤセンター所長のレオニード・フィンベルク(六八)は、二〇一六年の取材の際にこう語っていた。

「ホロコーストについて、ソ連は戦後、ほとんど触れようとしませんでした。特にスターリン時代はその傾向が顕著だった。戦争の犠牲者はユダヤ人ではなくソ連人だと位置づけたかったからです」

戦後、米国との対立のなかで自らを正当化する必要に迫られたソ連にとって、ホロコーストへの言及には、ドイツ占領下のソ連国民がナチスに協力した歴史を掘り返される危うさが伴っていた。

「ヒトラーと同様、スターリンにとっても、一人ひとりの命など、どうでもよかったのです」

レオニードは当時から、ウクライナの状況に危惧を抱いていた。ロシアで、自らの都合のいいように歴史を変えようとする傾向が再び顕著になった、と思ったからである。

当時すでに、ロシアのプロパガンダは、ウクライナの占領地で威力を発揮していた。私はその二年前の二〇一四年にロシア占領後間もないクリミア半島を、二〇一五年には東部ドネツクを訪れたが、現地で目にしたのは「ファシストが攻めてくる」「ロシアに守ってもらわないと」などと扇動に踊らされる親ロ派市民の姿だった。ロシアはその後、今回の侵攻で新たに占領した地でも、住民の恐怖感につけ込むデマを流し続けることになるが、それは二〇二二年に始まった訳ではなかったのである。

私が今回リヴィウに滞在している間、キーウ郊外ブチャではすでに虐殺が進行していた。この戦争の性格を劇的に転換し、欧米各国の安全保障観や平和意識を根本的に揺さぶる出来事だった。ただ、このとき世界はまだ、それを知らないでいた。私たちは「ブチャ前」の世界にいたのである。

防弾チョッキを探せ

人影がまばらなリヴィウで、人数が異様に増えた職種がある。言うまでもなく、世界中から集まったジャーナリストたちだった。ロシア軍がキーウに迫るなかで、各国大手メディアの多くはこの街を拠点とした。ウクライナ政府の一部も退避して来た。市内中心部のビアホールを改修して、記者クラブにあたる「メディアセンター」が設けられ、閣僚や政府高官らが連日のように記者会見を開いた。私たちジャーナリストは、こうした会見に出席して情勢を探るとともに、キーウ方面から出て来た人をつかまえてインタビューしたり、現地へのオンライン取材をしたりの日々を過ごした。

私がリヴィウに入って間もない三月二〇日、ウクライナの欧州大西洋統合担当副首相オリハ・ステファニシナ(三六)がリヴィウのメディアセンターで会見した。ウクライナの閣僚や政府高官には、欧米に留学して流暢な英語となめらかな論理展開、そつない身のこなしを習得した人物が少なくないが、彼女はその典型例である。「私たちは、欧州の人々の暮らしや安全、民主主義を守る最前線に立っています」と自国の立場を説明し、「この戦いは、欧州連合(ＥＵ)の加盟の仕組みを変えるでしょう。私たちは、誰かが招いてくれるまで座って待つつもりはありません」と述べた。彼女が見越した通り、ウクライナは六月に異例の速さで「ＥＵ加盟候補国」の地位を獲得し、欧州との連携に向けた一歩を踏み出すことになる。

副首相オリハ・ステファニシナ.

短い会見が終わった後、帰り支度を始めた彼女に問いかけてみた。日本に何を期待するか。答えはやはり明快だった。

「戦争反対と対ロ制裁を呼びかける国際的な連携を強めるうえで、主要七カ国(Ｇ７)の一員として、日本は極めて重要な役割を担っています。自らを先例として、他のアジア諸国を牽引するリーダーとして振る舞ってほしい。対ロ制裁への参加を他のアジア諸国に呼びかけてほしい」

対ロ制裁網に加わる韓国の姿勢も評価するとともに、「中国も同様の姿勢を取るよう望む」と述べた。

この発言を記事にして日本に送ったところ、彼女の呼びかけには賛否両論の反応が集まった。対ロ制裁をためらう国が多い他のアジア諸国に対し、日本は参加を働きかけるべきだという声があると同時に、日本はこの戦争に深入りすべきでない、との意見もあった。まだロシア軍の蛮行が知られないころだったからだろう。日本でもウクライナ支援の世論が高まるのは、ブチャの惨状が明らかになってからである。

酒類の販売と提供は禁止されていた.

リヴィウは決して、安全な街だったわけではない。警報は毎日のように鳴り、ミサイルも飛来し、施設に被害を与え、ときには死者も出した。ただ、ロシア国境から遠いこの街は、警報から着弾までも時間があり、他の都市に比べ人間的な生活が可能だった。

実は、私たちが最も苦しんだのは酒が飲めないことだった。娯楽に乏しい戦時の取材では、酒でも飲まなければやっていられない。しかし、ウクライナ当局はこのころ、酒類の販売と提供を全土で禁止していた。攻撃があった際の避難に支障が出ることや治安対策のためだと思われるが、戦時に飲酒するのは不謹慎、との意識もあっただろう。

ところが、市内の鯉料理の店をたまたま訪れると、客がみんなビールを飲んでいた。酒があるのか。女主人のナタリヤが苦笑しながらカウンターの奥を見せてくれる。缶ビールのほか、床にワインやスピリッツも並んでいる。かくして、しばらくこの店で鯉ばかり食べた。そのうち、旧市街の有名なバーベキュー店でもワインが出るとの情報を入手し、こちらにも通うようになった。罰金を払っても営業した方が利益になるからか、あるいは制度の例外があるのか、からくりはよくわからなかった。

この間、私はキーウ入りをにらんだ準備を続けていた。

ロシア軍が迫ったキーウからは、ジャーナリストの多くも退避していたが、戦争慣れした一部の外国メディアの記者は残り、取材を続けていた。日本のフリージャーナリストのなかにも、残留したり途中から入ったりした人がいた。ただ、私たちは、新聞社という組織ジャーナリズムの一員である。いくら使命感を抱いていても、勝手に入るわけにはいかない。

最も懸念したのは、キーウで市街戦に巻き込まれる可能性だった。もちろん戦場だから一〇〇%安全はあり得ないが、どさくさのなかでロシア軍に拘束されたりすると、極めて面倒なことになる。自分の身が危機にさらされるだけでなく、危機管理態勢の不備を問う声が上がりかねなかった。イラク戦争でバグダッドが陥落した後の二〇〇四年、イラクを訪れた日本人の市民運動家ら三人が武装勢力に一時誘拐された際、日本では「自己責任」を問うバッシングが吹き荒れた。その記憶は国内メディアの間で依然尾を引いており、冒険を忌避する土壌となっている。米英仏など主要国の政府や世論には、戦場で活動するジャーナリストを支援する土壌が根づいているが、日本社会にそのような意識は薄い。

実際にはイラク戦争以後二〇年近くの間、日本のメディアも戦場取材を続けていた。ただ、地域紛争への日本の世論の関心は薄く、注目の度合いも高くない。しかし、今回の戦争は、冷戦後最大級の規模と影響力を持ち、日本の関心も極めて高かった。だからこそ現地を取材する意義がある一方で、トラブルが起きたときにはバッシングを受ける可能性もあった。

私は二〇一五年にドネツクを訪れた際に、最前線を見に行こうとしてロシア軍にスパイと疑われ、短時間拘束された。そのときは身元を調べられただけで解放されたが、同行していた親ロ派の通訳は「これが、ロシアの正規軍だったからよかった。もし、統制がとれていないドネツク人民共和国の民兵だったら、何をしでかすかわからなかった」と言った。当時まだ、ロシア軍は規律が保たれていると思われていたが、今回はどうも怪しい。

どこまでリスクを冒せるか、明確に線引きをし、組織内のコンセンサスを得る必要がある。拘束される可能性を極力排除するには、キーウ周辺からのロシア軍の撤退が不可欠の条件だと思えた。逆に言うと、ロシア軍が居座っている限り、取材をできる可能性は極めて薄い。

果たしてロシア軍は撤退するのか。当時、その兆候はまったく見えず、近い将来に起きうる見通しもなかった。私の準備も無駄骨に終わる恐れが拭えない。ただ、いつ突然その機会が訪れないとも限らない。

リヴィウで日々のニュースを押さえつつ、私は準備リストをつくり、一つひとつつぶす作業を始めた。

▼交通手段

リヴィウとキーウの間は、直線で五〇〇キロ近くある。ロシア軍侵攻後の二月から三月にかけてキーウに入ったジャーナリストらの多くは、借り上げた車でこの間を移動していた。私も当然、車を確保すべきだと初めは考えた。リヴィウで手配できれば、キーウ到着後も新たな移動手段を探さなくて済む。ただ、橋が落とされたりがれきが積もったりで、道路状態はひどいと聞いた。途中の街ジトーミルがたびたびミサイル攻撃にさらされていること、ジトーミルとキーウとの間のマカリウで激しい戦闘が起きたことも、懸念材料だった。キーウで突発的な出来事があった場合、地理に疎いリヴィウの運転手が対応できるのか、との不安もあった。

「鉄道を使え」と助言をくれたのは、ルーマニアからウクライナに入国する際に検問所で偶然一緒になった自称「米国の民間レスキュー企業のスタッフ」である。ウクライナ国内に取り残された米国人を救出するのが任務だと話した。「キーウから出るときは大勢の人を連れているからバスしかないが、キーウに入るときは鉄道がいい。安全だし運行もしっかりしている」。そう語りながら、彼は小さなリュック一つを担いで、国境から飄々と姿を消した。いかにも手慣れており、米政府関係者かあるいはスパイだったのかもしれない。

後から思うと鉄道を使うなんて当然なのだが、当時取材には車で行くものとの先入観を私たちは抱いていた。「鉄道は難民が脱出するための交通手段」との思い込みもあった。調べてみると、鉄道は意外にトラブルが少ない。四月以降、ジャーナリストも各国首脳もみんな鉄道を使うようになったが、それはこうした情報が広がってのことだった。

▼フィクサー

紛争地で現地の案内役兼通訳兼取材コーディネーターを務める助手が、「フィクサー」と呼ばれる人物である。軍や行政当局、治安当局と緊密に連絡を取りつつ情報を収集し、取材手段を確保するだけでなく、危険のありかも探る。フィクサー同士の連絡網も構築されており、安全確保のためにもその存在抜きに取材は難しかった。

そのうち、以前から多少の面識があった軍事通訳の女性ラリーサ・クラマレンコがリヴィウに来ているとわかった。本業はキーウの英会話学校の経営者だが、ウクライナ軍に広い人脈を持ち、取材に臨む際の気迫あふれる姿は通訳仲間の間で有名だった。彼女は、侵攻前にキーウに滞在していた日本のテレビ局の取材陣をポーランドに送り出した後、キーウに戻りかねていたのである。同行を打診すると喜んで応じた。ただ、彼女自身も、いつキーウ入りの条件が整うか、わからないでいた。

▼宿泊先

キーウにとどまる外国のジャーナリストの多くは、中心部の外務省隣にあるインターコンチネンタル・ホテルに滞在していた。停戦などの交渉ルートを確保するため、多くの戦争で相手国の外務省は攻撃の目標から外される。メディアが多数いることはロシア側も把握しているだろうから、そのホテルを狙うとは考えにくかった。

インターコンチネンタル・ホテルは、もちろん戦時だから空室だらけのはずだが、公式には「満室」を掲げ、新規宿泊客を受け付けていなかった。怪しい人物が入り込むのを恐れてのことだろう。幸い、ホテルのマネジャーと懇意だったラリーサの手配で、部屋を確保できる見通しとなった。

▼車

鉄道でキーウに着いた後の移動には車が必要である。戦場では通常、建物のがれきや装甲車両の残骸で道路のあちこちが封鎖される。橋もだいたい落ちている。そのような状況で前進するには、車高があるSUVが不可欠だと、イラク戦争の取材経験から承知していた。ラリーサのキーウでの知人にSUVを持つ人物がおり、この問題は早く解決した。

▼防弾チョッキとヘルメット

最も苦労したのは、防弾チョッキとヘルメットの手配だった。ウクライナ当局は、キーウでの取材に着用を義務づけていた。安全面からも、これなくしてキーウで取材に出かけるわけにはいかなかった。しかし、以前用意したチョッキとヘルメットは、侵攻前後にキーウから引き揚げた同僚の記者たちが現地に残したままだった。

手ぶらで入って現地で調達するには、リスクが高すぎる。リヴィウで探したものの、各国のジャーナリストの間で取り合いになり、めどが立たなかった。「余ったチョッキを業者が売り出すらしい」「チェコのNGOが持ち込むそうだ」。さまざまな噂に振り回され、無駄足ばかり踏んだ。ロンドンで

コソニ村のハンガリー・ウクライナ国境.

も前もって注文しておいたものの、欧州全体で在庫が尽きており、入荷は一カ月先だと言われた。中東での入手方法も探ったが、通常の四倍ほどの値段に高騰しており、手が出せないでいた。

列車はキーウへ

三月二九日、防弾チョッキとヘルメットが届いたと、ロンドンから連絡があった。一カ月前に注文しておいたものが、やっと入荷したのである。これを手にすべく、私はその日朝リヴィウを発ち、難民たちに交じってコルチョーバ検問所からポーランドに出国した。車でクラクフに出て、夜遅くロンドンに着いた。

「キーウ北西郊外の激戦地ブチャからロシア軍が撤退した」との情報が流れたのは、それから間もない四月一日だった。翌二日、ウクライナ当局は首都周辺のキーウ州を全面解放したと表明した。キーウで地上戦に巻き込まれる可能性が突然遠のいたのである。機は熟した。私は防弾チョッキとヘルメットを抱え、再びウクライナを目指すことにした。

ただ、すぐさまキーウに突入できるわけではない。新聞社という組織ジャーナリズムの一員として、危険を伴う仕事には、内部のコンセンサスが欠かせない。危機管理の不備を後から問われないためにも、本社をどう説得するのかが、実は最大の課題だった。

そのための取材計画を、私はＡ４用紙七枚にまとめ、四月三日に本社に提出した。想定される危険を列挙し、それぞれのリスク評価と想定される対処法を示し、説得を試みた。旅程、取材の可能性、安全確保の見通し、滞在と移動の手段を示し、キーウ周辺での地上戦の可能性が薄らいだという全体状況を解説しつつ、キーウに再び危険が迫った場合に脱出するためのシミュレーションも記した。程なく、この取材計画に対する承認が下りた。折しも、ベネズエラなど危険地での取材経験がある同僚のフォトグラファー竹花徹朗が、三日にポーランドからリヴィウに着く予定になっていた。キーウ入りへの同行を持ちかけると、彼は即座に同意した。

リヴィウ駅に入線するキーウ行き列車.

四日、私はハンガリー東部から、ウクライナ領内のコソニ村へと再入国した。農村地帯に位置するこの小さな国境は、地元の農家が主に利用する。存在自体があまり知られていないためか、国境での待ち時間もほとんどなかった。ブダペストから車で送ってもらった私は、防弾チョッキ入りの二つのスーツケースをごろごろ引きずって、両国の検問所間を歩いた。地元のおじさんおばさんらが、自転車でひょいひょいと追い抜いていく。初春ののどかな一日。迎えに来てくれたラリーサとウクライナ側で合流し、まだ銀世界のカルパチア山脈を越えて車でリヴィウに向かった。

列車ダイヤを調べると、当初考えていた五日深夜の夜行列車の前に、昼間に出るキーウ行きが一本あるとわかった。午前一一時二六分発午後五時二一分キーウ着のインターシティー七五〇便である。これを使うと、予定より半日早く現地に入ることができる。ラリーサ、竹花、私の三席も確保できた。

翌日、ウクライナの東部やキーウ周辺から逃れてきた避難民でごった返すリヴィウ駅に、列車はやや遅れて一一時三八分に入線した。二等車の六人がけコンパートメントに乗り込んだものの、なかなか出発しない。戦争は続いているから、安全確認に手間取っていたのかもしれない。

二〇〇三年四月、イラク戦争で陥落したばかりのバグダッドに、アンマンから砂漠を横断して車で入ったときのことを、私はぼんやりと思い出した。私はその二カ月足らず前までバグダッドに滞在し、貧しいながらも落ち着いたその街を割と気に入っていた。しかし、戦争を経験したバグダッドはわずかな間にまったく違う街へと変貌し、無秩序ですさんでいた。キーウもそうなっていないだろうか。しかし、リヴィウでその姿を想像するのは難しかった。

リヴィウ駅のホームを列車が滑り出したのは、午後二時五八分だった。大幅な遅れで、とてもその日の夕方になど着けそうにない。ただ、何とか出発できただけでも、この企てはすでに成功したように思えた。

（1）　Watling, Reynolds, 2022. 02. 15
（2）　ロシアの政治技術者については Krastev, Holmes（2019）及び保坂（二〇二三）。
（3）　ブチャは、チェルノブイリからキーウに向かう主要街道沿いには位置していない。侵攻直後、ウクライナ軍はイルピン川の水量を調整する水門を破壊し、街道沿いの村々を水没させてロシア軍の進軍を阻もうとした。このため、街道を進めなくなったロシア軍は迂回して、ブチャに向かった可能性がある。高野裕介「わざと洪水、首都進軍阻む」『朝日新聞』二〇二二年六月一〇日。
（4）　ＮＨＫスペシャル「ウクライナ大統領府　軍事侵攻・緊迫の72時間」（初回放送日二〇二三年二月二六日）は、ウクライナの政権中枢であった葛藤と逡巡を、大統領夫人オレナ・ゼレンスカを含む多数の政権幹部のインタビューから掘り起こしている。
（5）　Timothy Snyder, "The Next Genocide", *The New York Times*, 2015. 09. 13
（6）　アウシュヴィッツ強制収容所にもガス室はあるが、戦後の復元である。
（7）　野村（二〇二二）
（8）　Snyder（2017）
（9）　ア・クズネツォーフ（一九六七）およびA・アナトーリ（クズネツォフ）（一九七三）。同書の最初の邦訳であるア・クズネツォーフ（一九六七）の訳者草鹿外吉が同書に記したところによると、同書の原本は一九六六年八月から一〇月にかけて、雑誌『ユーノスチ』に三回連載されたもの。その後、クズネツォフは一九六九年に英国に亡命した。A・アナトーリ（クズネツォフ）（一九七三）は、一九七〇年に出版された英語完全版を原本としている。同書の訳者平田恩が後書きに記したところによると、草鹿訳の原本はソ連の大幅な検閲を受け、本文の四分の一が削除された。

第三章　抵抗の街、虐殺の街――イルピン、ブチャ

穴が開いたマンション

旧ソ連の鉄道の旅というと、平原に夕日が落ちる雄大な風景を想像するかもしれない。実際には多くの場合、線路際に延々と植えられた防風林が視界を遮る。リヴィウを出て東に向かう列車から、防風林ばかり眺めているうちに、やがて日は暮れた。

ロシア軍の攻撃を警戒してのことだろうか、列車はキーウまでノンストップであるものの、何度も途中で速度を落とし、停車し、足踏みを続けた。キーウに到着したのは午後一一時三五分である。予定到着時刻から六時間以上遅れていた。

寒々としたホームに降り、荷物を抱えて階段を上がる。灯火制限で薄暗いコンコースを抜け、駅前広場に出ようとして、警備の警察官に制止された。午後九時を過ぎたので夜間外出禁止令に触れるのである。迎えに来るはずの運転手もいない。

仕方なく、私たちは他の乗客たちとともに、駅で一夜を明かすはめになった。待合室のベンチに場所を確保し、コートにくるまったものの、寒くてとても眠れない。がたがた震えながら、うたた寝を繰り返す。勇んでキーウ入りしたものの、何とも締まらない出だしである。

4月6日，キーウの朝.

翌四月六日午前六時、夜間外出禁止がようやく解けた。動き始めたタクシーを捕まえ、ラリーサは自宅に、私たち二人はホテルに向かう。三時間ほど仮眠した後、午前一一時に再び合流し、キーウ市内に取材に出ることにした。

キーウ駅からインターコンチネンタル・ホテルまでは、車で一〇分かそこらである。キーウ大学横、オペラ座前、世界遺産聖ソフィア寺院脇と、普段だと比較的人通りの多い街路をたどる。しかし、朝早いとはいえ、人影も車の姿もまったくない。ぱっと見た限りで街並みに攻撃被害を受けた様子はうかがえず、さしたる変化もないが、人だけが消え失せてゴーストタウンと化している。ふと、新型コロナウイルスの感染拡大でロックダウンとなり、やはり人の姿が消えた二〇二〇年のロンドンの光景を思い出した。

午前一一時、手配していた車に乗り、ラリーサも合流してキーウ市内に出る。侵攻初期にミサイル攻撃を受けて大破したというマンションに、ひとまず向かう。昼近くになった街は、人通りや車の行き来が多少なりとも復活している。街の中心部の商業地域は閑散としているものの、住宅街に近づくほど生活感が匂う。スーパーマーケットなど一部の店も普段通り開いている。

戦争になると治安が崩壊し、略奪や放火、破壊行為などが起きるのではないか。ロシア軍の侵攻前、ウクライナ人のなかにもそう心配する声があった。実際、イラク戦争のとき、陥落したバグダッドで生じたのはそのような状態だっただけに、私自身も多少危惧していた。

しかし、キーウで起きたのは、まったく逆の現象だった。治安が悪化しなかっただけではない。犯罪は姿を消し、残った人々の間で助け合い、協力し合う、災害ユートピアに近い状況が出現していた。これは、イラクとウクライナとの社会の違いもさることながら、ウクライナでは権力が崩壊しなかった面も大きく作用しただろう。イラクでは米軍の侵攻によってフセイン政権が崩れ去り、幹部がこぞって逃亡したことで、治安を維持する統治機構が消滅した。もともとくたびれた独裁状態に置かれていただけに、秩序からの人々の離散は早かった。これとは異なり、ウクライナのゼレンスキー政権は侵攻に対しても逃げず、踏みとどまり、敵に立ち向かった。権力と社会の乖離が、ここでは起きなかったのである。

当該のマンションは、南西部の住宅街ソロミアンスキー地区の大通り沿いにあった。二七階建てで、その上階の一部がぼっこりえぐれ、大穴が開いている。ロシア軍侵攻の三日目にあたる二月二六日に攻撃を受けた。ロケット弾とみられる軌跡がこのマンションに一直線にぶつかる瞬間は偶然撮影されており、その動画は世界中で報じられた。ロシア軍が軍事施設だけでなく民間施設も攻撃した例とみなされ、付近の住民たちもそう信じているが、ウクライナ軍の迎撃が外れたことによる被害だったと

自宅から街を見下ろすコンスタンチン．

の説もある。

ロケット弾らしき物体は、その一九階と二〇階に命中した。一つ上の二一階も含めた一角が壊された。

ちょうどエレベーターの修理が終わりかけていたのでしばらく待っていると、住民の一人が戻ってきた。破壊された二一階のフラットに住んでいたという。その内部を見せてもらう。穴が開いている一九階から二一階までエレベーターは止まらないので、二二階で降りて階段を下る。

その３ＬＤＫのフラットに足を踏み入れると、突然正面に視界が開けた。壁が抜け落ち、強風がびゅうびゅう吹き込む。眼下に、キーウ市街を一望する。風に巻き込まれて転落するのでは、との恐怖感に襲われる。

「どうです、なかなかいい眺めでしょう」

このフラットの住人、建設会社の社長コンスタンチン・リシュク（四二）が、自嘲気味に話した。彼はその三カ月前、近くの２ＬＤＫマンションから引っ越してきたばかりだった。一人娘が九歳になり、子ども部屋を与えたいと考えたからである。

当日朝八時過ぎ、妻は台所で朝食の準備をしていた。コンスタンチン本人は隣の居間のソファに座って、ニュースを見ようとテレビの電源を入れた。突然、大音響とともに二人とも二メートルほど吹き飛ばされ、周囲に白いほこりが立ちこめた。目の前の壁が崩れ、居間が吹きさらしになっていると気付いたのは、ほこりがおさまってからである。ロシア軍の攻撃だとすぐにわかったという。

子ども部屋は崩れ落ちたが、娘は廊下にいて無事だった。一家で階段を下りて避難した。娘はそれから数日間にわたり、ショック状態が続いたという。

ロケット弾が直撃した二〇階と一九階にも、幸い犠牲者は出なかった。

マンションは、被害を受けた場所からその後も少しずつ崩れ続けている。ほとんどの住人は親戚や知人を頼って国内外に移住した。コンスタンチンも家族を国外に避難させ、自らは近くの両親のもとに住まいを定めた。

「生まれ育ったこの地区を気に入っているから、いまさら逃げようとは思いません。早く戦争が終わってほしいが、お隣の国は予測が不可能なだけに、どうなるやら」

彼に連れられて、その一つ下の二〇階も訪ねた。こちらはロケット弾が突っ込んだところだけに、さらに損傷が激しい。外に向かって大きく穴が開いているだけでなく、内部も崩れ、部屋が原形を残していない。作業員が入り、がれきの撤去に勤しんでいた。

なぜこのマンションが攻撃されたのだろう。

「ここが標的になるなんて、何かの間違いではないか」とコンスタンチンはいぶかしむ。

「二〇年ほど前までは、近くに軍施設があった。ロシア軍が古い地図に基づいて攻撃したのかもしれない」

このマンションの五階にあるジムに週三日通っていた幼稚園の音楽教師オレーナ・パヴロウスカ

（五七）も、同じ見方を語った。「すでに移転した軍事関連施設がまだ残っていると、ロシア軍が勘違いしたのではないか」。また、ここから近いジュリャーヌイ国際空港を狙った攻撃がそれたのかも、とも思う。彼女は二月二六日の当日、近くにある自宅の窓から外を眺めていて、マンションから黒煙が立ち上るのを見た。ロシア軍の攻撃だと悟り、恐怖感が湧いてきた。同居する母（八七）も怖がったという。

日常と非日常のキーウ

しかし、マンションの周囲に漂う雰囲気は少しちぐはぐだった。建物自体は戦争の痕跡をさらしているのに対し、隣のビルに入居するスーパーは大勢の買い物客でにぎわっているのである。

そのスーパー「ノーヴス」は、近年キーウ周辺のあちこちに店舗を広げているチェーンの一店である。やや高級な食材と酒を数多くそろえ、都市住民に人気が高い。マンションが被弾した当日だけ休業したが、それ以外はキーウが攻撃にさらされた間も、一貫して開業しているという。

店内を見る限り、鮮魚や乳製品の入荷がやや少ないものの、他の品ぞろえは通常通りのようである。三月に私もリヴィウで入手に苦労した酒類の販売が、四月に入って解禁されたこともあり、多くの買い物客を集めている。店員の一人は「牛乳などが多少品薄ですが、市民の要望にはおおむね応えられています」と話した。

キーウ市内を見渡しても、攻撃で被害を受けた建物はごく一部に過ぎない。大部分は被害を免れ、街並みは侵攻前とほぼ変わらない。ウクライナ当局が四月二日、首都周辺のキーウ州全域を解放したと宣言して以来、避難していた市民が次々とここに、帰還し始めた。国連難民高等弁務官事務所（ＵＮＨＣＲ）によると、ウクライナから周辺各国に流出した難民はこの日四月六日時点で四三〇万人を超えていたが、一方でその難民が一斉に帰国する現象もすでに起きていた。私たちも乗ってきたキーウ行きの列車は連日満席だという。

これに合わせて商店が開き、飲食店も営業を再開した。早くも復興ムードが広がっている。キーウ市長のヴィタリ・クリチコはこの日、「危険はまだ去っていない」とＳＮＳで発信し、拙速に帰郷しないよう呼びかけたが、あまり効果はないようだった。

キーウでは、戦争の被害と復興とが、絡みながらも同時進行している。いくつかの建物が攻撃の被害を受け、犠牲者も出た。その悲惨さをしかし覆い隠すかのように、普通の生活が始まっている。この奇妙な共存は、キーウに限らない。ウクライナ全体がそのような二重状態にある。負と正、脆弱さと強靱さ、涙と賑わい、非日常と日常の、いずれか片方だけを見ても、ウクライナを理解したことにはならない。いずれの片方だけを語っても、ウクライナを伝えたことにはならない。

このあと、キーウ市内で最大級の被害となった市内北部ポジール地区のショッピングモール「レトロビル」に向かった。ここは専門店や飲食店、レジャー施設が同居する郊外型の大規模施設で、三月二〇日夜にミサイル攻撃を受けた。スポーツジムのプールにミサイルが着弾したという。

広々とした駐車場の真ん中に、一一階建てのモールがそびえ立つ。その全体が恐らく炎に包まれたのだろう。ビルはすべてのガラス窓が崩れ落ち、焼け焦げて廃虚と化している。周辺のマンションのガラスも軒並み割れている。

　内部に入ると、あちこちで天井が落ち、家具がひっくり返っていた。がれきの搬出と片付けが始まっている。建物の管理を担うウクライナ軍の責任者アナトリー（四八）が言う。

「ロシア軍の侵攻後、モールは閉鎖されていたので、大惨事だけは避けられました。もし開店していたら、もっと多くの犠牲が出たでしょう」

　この攻撃で少なくとも八人が死亡したと伝えられているが、彼によると、警備員ら十数人が行方不明になり、まだ見つからない遺体もあるという。

廃虚となったショッピングモール．

　一方、ショッピングモール裏の駐車場には、やや違う風景があった。被害を受けて焦げた軍用車両や装甲車両が並んでいる。モール攻撃の際に巻き込まれたウクライナ軍の車両かと思いきや、ロシア軍のものらしい。

　キーウ北西郊ブチャ近辺の戦闘で破壊され、放置されていた車両を、ウクライナ軍がここに運んできた。その場にいた軍の責任者は「屋外の戦争博物館として公開します」と言う。確かに、一部には説明板も設けられている。ロシア軍がキーウ周辺から撤退してまだ数日しか経っておらず、キーウにはミサイル攻撃がなお続く。この状況下で、もう博物館をつくるのか。ここでも、非日常と日常が交差していた。

焼け焦げた装甲車両の内部には、黒い塊が残っていた。

「この車両を操縦していたロシア兵の頭蓋骨です」

責任者が説明した。

「彼らはキーウに到達できると考えていたようですが、体の一部だけ来ることができたのです」

冗談にしては残酷すぎて、ちょっと笑えなかった。


キーウは、官公庁や企業が集まる中心部こそ人気がなく閑散としているものの、郊外に行くほど生活が戻っているようだった。市内西部の住宅街にある市場ドニプロ・マーケットは普段通り営業し、買い物客で賑わっていた。ここでマッシュルームを販売するニーナ（六九）は、ロシア軍が迫る間は休業していたが、三日前に営業を再開した。「この間ずっと家で寝ていたよ。怖かったけど、なるようにしかならない」。鮮魚商のリュドミラ（四二）は「最近は客が増えてきた。近くのマンションの住民たちが来てくれる」と喜んでいた。懸念は魚の値段の高騰だという。ウクライナ南東部のアゾフ海沿いの養殖場から魚を仕入れてきたが、この地方はロシア軍に占領され、その影響を受けかねないと話した。

フセイン政権崩壊直後のバグダッドに、このような日常風景はあまり見当たらなかった。砂塵が舞う廃虚を、男たちが茫然とさまよい歩く。治安が崩壊し、略奪と放火が横行する。イラクは戦争によって、それまでとはまったく違う国となった。独裁の下で苦しく貧しいながら安定していた社会を、混乱と無秩序とテロが支配する社会へと変えた。

ウクライナは、そうではない。どこまで意識しているのかはわからないが、人々は淡々と、戦争前の姿を取り戻そうとしている。非日常的な世界のなかで、日常を再構築する営みである。それは、少なくともキーウを見る限り、成果を収めているように思えた。

イルピン川を越えて

四月六日、七日とキーウ周辺で取材をしつつ、激戦地だった北西郊外のイルピンとブチャに行く方法を、私たちは探った。

戦闘の最前線となったイルピンと、その北側にあってロシア軍に一カ月あまり占領されたブチャで、大変なことが起きたようだと、すでに伝え聞いていた。ブチャでロシア軍に虐殺された市民の遺体の映像も、流れてきていた。ただ、情報が錯綜し、どこで何がどうなっているのか、判然としない。また、イルピンやブチャへの入域は厳しく制限されており、途中にいくつも設けられたウクライナ軍の検問を抜けられそうになかった。公表された映像の多くは、二、三日前にウクライナ軍が実施したプレスツアーに基づくとみられたが、次のツアーがいつあるのかもわからない。迂回路を探るジャーナリストもいたようだが、周囲は地雷だらけであり、そこまで冒険をするわけにもいかない。

ラリーサが軍と交渉し、イルピンとブチャに行く少人数のツアーを四月八日に組んでくれることになった。ちなみに、ウクライナ軍のプレスツアーは記者を連れて行くものの、現地での取材は多くの

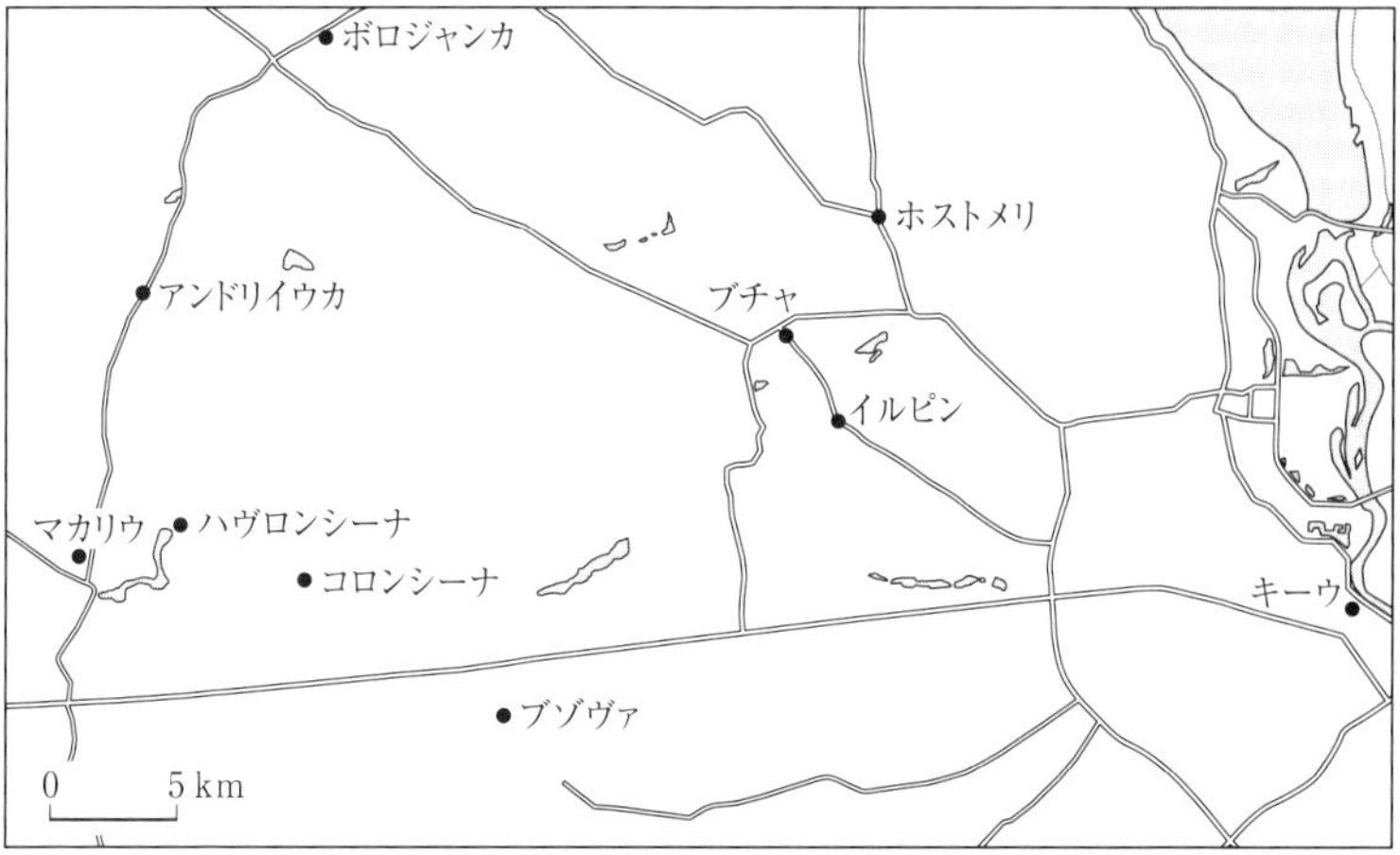

場合自由である。時間的な制約はあるが、地元の市民に直接話を聞ける。その後の記事に関する検閲や介入もない。

当日朝、キーウ市内西部ジトーミルスカ地区の集合場所に、防弾チョッキとヘルメットを着込んで行った。予定時間の午前一〇時半をだいぶ回って、他の参加者の女性二人がやってきた。一人はフランスの週刊誌『ルポワン』の記者で作家としても知られるアンヌ・ニヴァ、もう一人はウクライナ人のジャーナリストである。私たち三人とともに軍車両に乗り込み、北西に向かった。

イルピンとブチャは、キーウ市民にとって人気の高いベッドタウンである。ソ連時代は郊外型の農村だったが、近年急速に開発が進んだ。森と湖に囲まれて自然が豊かなうえ、小洒落たブティックやレストランも多く、キーウの通勤圏にしては別天地感が漂う。高収入の若い夫婦が子育てのためにキーウから移り住むケースが多いという。キーウを東京になぞらえると、イルピンやブチャは武蔵小杉とか国立とかだろうか。都市としてキーウに似た規模の大阪だと、生駒や雲雀丘花屋敷のイメージかもしれない。

キーウ市内とイルピン、ブチャの間は、八キロほど続く深い松林で隔てられている。行き方は通常二つあり、キーウ西部から真っすぐ北西にイルピンに至る道と、キーウ北部からブチャとホストメリに行く道で、いずれも松林のなかを延々と車で走る。このときは、後者の道をたどった。

すでに松林に、戦争の傷痕は明らかだった。ガソリンスタンドが攻撃を受け、黒焦げになった姿をさらしている。ぺしゃんこになった車が、路上のあちこちに放置されている。松林を抜け、ホストメリの一部を成す集落ホレンカに出る。そこはすでに、キーウとは別の世界だった。道から見える店舗や家屋のほぼすべてが破壊されている。塀や壁には無数の弾痕が残り、道路際の看板も折れ曲がる。日常を取り戻す余地のなさそうな、非日常的な廃虚。ここが戦場だったのだと実感する[1]。

ホレンカを抜けると、大河ドニプロ川の支流イルピン川に行き当たる。普段なら高速で通り抜ける片側二車線の橋は、途中でぽっきり折れている。河原に設けられた仮橋をそろそろと渡り、ブチャ市の一角をかすめて、イルピン市内に入る。

最初に差しかかる市北東部の住宅街には、松林に囲まれた高級マンションが林立する。しかし、小さな湖二つを挟んで向かい側のブチャから、ロシア軍からの攻撃を受けたのだろう。ほぼ全棟が激しく壊され、燃えた跡もある。ここはキーウ周辺で最も激しく破壊された場所の一つであり、後にはキーウ詣での各国首脳が訪れる定番の視察先となった。

イルピンは、人口約六万人の街である。その中心街も、ところどころ家屋が破壊されている。ミサイルかロケット砲をランダムに撃ち込んだように見える。

市役所を訪ね、市長のオレクサンドル・マルクシン（四一）に会った。私たちが見てきた北東部の被害に彼は触れて「ことさらひどい。もはや再建できないレベルです」と語った。

ロシア軍が侵攻を始めた二月二四日、市長は市役所で緊急会合を開き、対応を決めた。女性や子どもら九割以上の市民を、鉄道やバスで次々と退避させた。一方で、フェイスブックを通じて市民から義勇兵を募集し、市外からの助けも借りて、街の出入り口に塹壕やバリケードを設けた。

結局そこが、ロシアとウクライナの最前線になった。二月末から三月初めにかけて、イルピン周辺は激しい戦闘に巻き込まれた。

ロシア軍から投降を求めるメッセージを市長が受け取ったのは、二月末ごろだったという。もし受け入れていたら、市内全域が占領されていただろう。しかし、彼はメッセージの全文を市民に公開することで、拒否する姿勢を公然と示した。

「自由を失ってはならないと考えました。子どもたちの将来を彼らに委ねるわけにはいきません」

市内中心部にある市長の自宅が攻撃を受けたのは、それから間もない三月三日午前五時ごろだった。ミサイル二発が撃ち込まれ、家屋は大破した。家族は市外に避難しており、自身も友人宅に滞在していて無事だった。協力を拒んだことに対するロシア軍の報復だったと、彼は確信している。

市長の自宅に案内してもらった。前庭に駐車した車が焼け焦げている。平屋の住宅は屋根が吹き飛び、壁も崩れたままだった。周囲の住宅に被害は見られず、確かに、この家をあえて狙ったように見える。

市長はこの家で幼少期を過ごしたという。

「両親との思い出が詰まった場所だけに悲しい。ただ、命が助かっただけでも幸運でした。家はいつか建て直しますが、街の復興が一段落してからですね」

ロシア軍によって、イルピンの街は三割程度を占領された。

「占領地域では、民間人の乗った車が銃撃を受け、子どもも殺されました。ロシア兵によるレイプの報告もありました。軍が認めた市民の犠牲者は約二〇〇人ですが、私たちは三〇〇人前後だと考えています」

しかし、その他の地域へのロシア軍の侵入は許さず、押し返した。

「ウクライナ軍や情報機関の支援も得て、私たちは攻撃に耐えて、自らの力で街を守りました。もしここが陥落していたら、ロシア軍はそのままキーウに攻め入っていたに違いありません。私たちこそが首都を守ったのです。国土防衛に必死だった私たちと、何の目標も持ち合わせないロシア軍とは、最初から意識が違っていました」

色彩なき街

イルピン攻略に失敗したロシア軍は、自軍兵士の遺体をその場に残したまま、北隣のブチャに退却した。これが、イルピンとブチャの運命をわけることになった。

ロシア軍が戻っていったブチャで、残忍な虐殺が繰り広げられていたと、このとき私たちはすでに伝え聞いていた。ウクライナ当局はこの日までに、ブチャの犠牲者が三四〇人に達すると発表していた。その数は最終的に四〇〇人を超えることになる。ブチャの人口はイルピンより少ない三万六〇〇〇人程度であり、多くの市民が避難していたことを考えると、死亡率は異様に高い。

ブチャはロシア軍が占領していた街である。とすると、ウクライナ軍による反撃に人々は巻き込まれたのか。しかし、そうではなかった。

ブチャの「駅前通り」の風景.

イルピンとブチャは、イルピン川の支流ブチャ川を隔てて向かい合う。イルピンの中心街から真っすぐ北に向かうと、やがて視界が開け、道沿いに郊外型の店舗やガソリンスタンドが並ぶ緩やかな下り坂に差しかかる。降りきったところに、草木に覆われた小川が流れ、そこが市境である。
この近辺は、やはり被害が激しい場所の一つである。道端に装甲車両が転がり、周囲の家並みは攻撃を受けて原形をとどめていない。
ブチャ市に入り、緩やかな坂を上がりきると、信号のない十字路がある。このときはまだ気づかなかったが、ここを横切る街路こそが、ロシア軍撤退後に多数の遺体が放置されて「死の通り」と呼ばれたヤブロンスカ通りである。沿道に店舗や住宅は乏しく、戦争がなくてもやや寂しく、場末感が漂っている。

私たちの車はそのまま直進し、「駅前通り」に入る。正面はウクライナ鉄道のブチャ駅だが、街路はすぐに行き止まりとなった。破壊されて焼け焦げた装甲車両が山をなして、車では抜けられないのである。

そこには、まるで航空機が墜落したかのような光景が広がっていた。バラバラになった装甲車両の部品が、垂れ下がった電線と絡み、行く手を阻む。周囲の民家は原形をとどめていない。黒く焦げた地面と、赤茶けた車体が、次第に本降りになってきた雨空と合わせて、色彩に乏しい世界を形づくっていた。

「これらはすべて、ロシア軍の車両です。我が軍の攻撃を受けて、打ち捨てられました」

案内役のウクライナ軍の責任者が説明した。

ベラルーシ領から首都キーウを目指して侵攻したロシア軍の部隊は、チェルノブイリ原発の近くを通って南下し、二七日にはブチャに達していた。ここから、小川を越えてイルピンに進撃しようとして、ウクライナ側の激しい抵抗に遭って立ち往生したのである。

「ただ、この通りで戦闘が繰り広げられたことで、ブチャの市民は逃げ場を失いました」

軍の責任者は続けた。この通りが閉鎖されたために、ブチャの住民たちは車でイルピンに退避する道を奪われた。ロシア軍も先に進めなくなり、一カ月あまりにわたるブチャの恐怖の占領期間が始まった。

「駅前通り」沿いには、小さな幼稚園らしき施設があり、庭先に三輪車や車の乗用玩具がいくつか転がっている。ここで遊んでいた子どもたちは無事だっただろうか。いまどこにいるのだろうか。

ウクライナ軍のこの日のツアーはここまでだった。降りしきる雨のなか、私たちはキーウに引き返した。

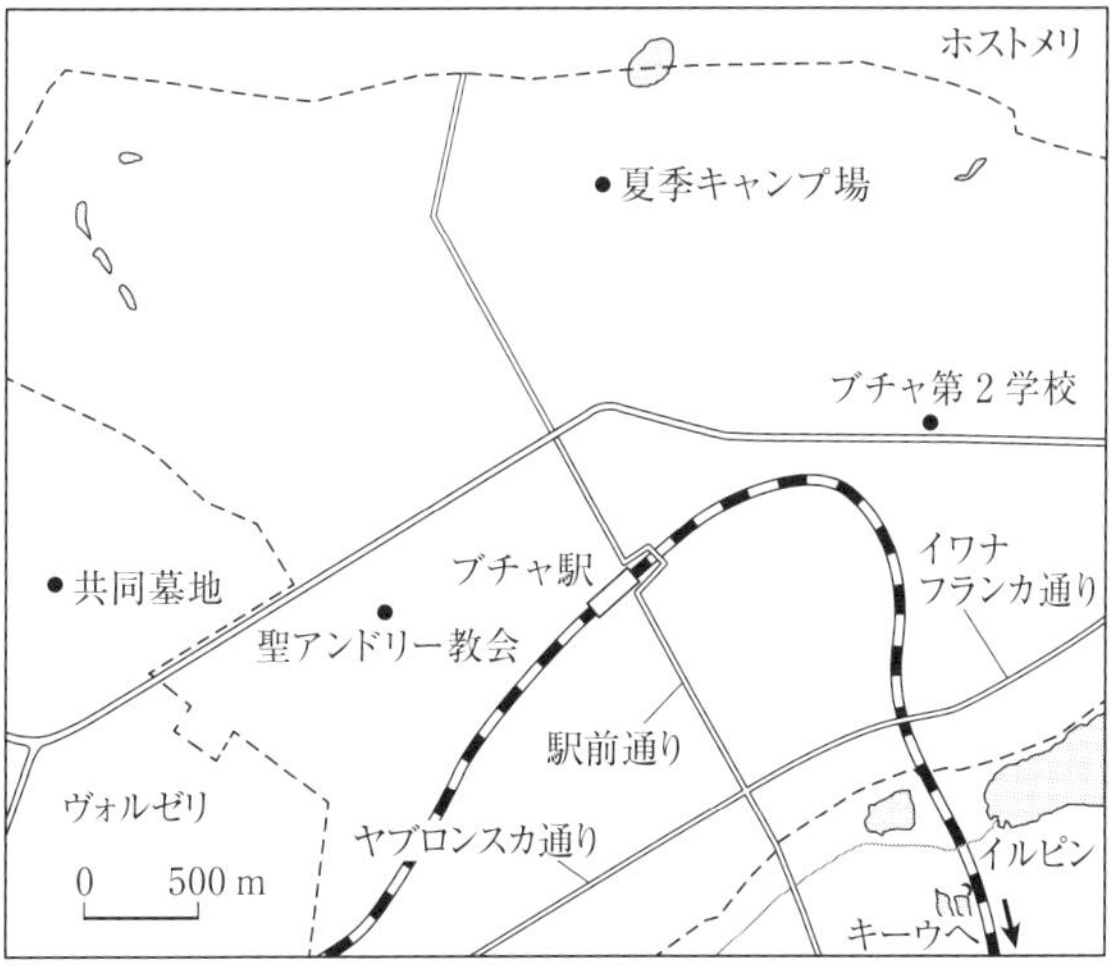

このとき私は、まだイルピンとブチャの区別をつけられないでいた。マンションや店舗が攻撃によって被害を受け、軍や民間の車両が路上で焼け焦げている状況は、どちらも変わらない。どちらの街も同じ戦場であり、同じ苦しみと同じ課題を有しているのだと、思い込んでいた。

私たちがこの日見たブチャの「駅前通り」は、市内でイルピンに最も近い地域、つまり戦闘の最前線だった。だからこそ、戦車が派手に壊され、周囲の民家も大きな被害を受けていたのである。ただ、それは後から思うと、ブチャのごく一部の姿でしかなかった。

イルピンとブチャがまったく異なる被害を受け、小さな川を挟んで決定的に違う運命をたどったのだと私が理解したのは、もう少し先の話である。イルピンはまさに最前線の戦場であり、ロシア軍の侵攻に対して耐え抜き、その代償として多数の人命と多くの市民の生活が奪われたのは、これまで見た通りだった。ブチャは、そうではない。ロシア軍に早々と占領されたこの街で、人々は戦闘によって死んだのではなく、戦闘の後に到来した世界のなかで虐殺されたのだった。戦闘が終わって訪れたのは、平和ではなかったのである。それは、この戦争の性格を決定づけた要素であり、世界の人々の価値観を揺さぶることになった。

ブチャで実際に何が起きたのか。多数の遺体が路上に転がるヤブロンスカ通りの映像が、すでに流れ始めていた。後ろ手に縛られた遺体もあり、抵抗できないまま処刑されたと疑われた。その実像に迫るために、私たちはブチャを再び訪ねなければならなかった。

虐殺の現場を歩く

私たちがブチャを再訪したのは、四日後の四月一二日だった。翌一三日と合わせて、二日間かけて現地で聞き取りを続けた。そのころはもう、ウクライナ軍のプレスツアーに入らなくても、軍発行の記者証を提示すれば現地に入ることが可能になっていた。

この一二日には、ブチャ市長のアナトリー・フェドルクがキーウ市内で記者会見し、確認された遺体が少なくとも四〇三体に達したと明らかにしていた。行方不明者は一六人、レイプされた女性が二五人確認されているという。この街は次第に、世界の注目を集め始めていた。

私たちはまず、ブチャの共同墓地に向かった。町外れに位置しており、行政上は隣のヴォルゼリ市域にあたる。墓地用に整備された区画とは別に、道路脇にまで真新しい墓があふれていた。埋葬のための敷地が足りないからだという。

この国の墓の多くには、十字架と、故人を顕彰する大型の石板が立つ。しかし、戦時でもあり石板は後回しになるのだろう。道路際の真新しい墓は、十字架のみである。建立して間もないものには、長径が一メートル以上もある楕円形の花輪が数基、立てかけられている。ウクライナ正教会に火葬はなく、基本的にすべて土葬である。まだ十字架もない場所には、人の大きさに合わせた長方形の墓穴だけが掘られ、入る人を待つ。

共同墓地の道路脇につくられた真新しい墓.

花輪の横で、埋葬を終えたばかりの一団がいた。故人はアンドリー・マトヴィチュク(三七)だという。埋葬に立ち会った友人のアンドリー・ホミャク(三八)によると、故人はウクライナ軍の元狙撃手で、近年は警備員のキャップとしてブチャのショッピングモールに勤めていた。ブチャが占領されて翌々日にあたる三月一日、同じマンションの知人に「友人のところに行く」と言って自転車で出て行った。その後、三月三日に一度彼から電話で連絡があったのが、最後の消息となった。
ロシア軍がブチャに到達したのは、二月二七日と見られている。ただ、この時点ではまだ、市内全域を占領していたわけではなかった。米ニューヨーク・タイムズが入手したブチャの監視カメラ映像によると、三月三日午前一一時三五分の時点の小雪が舞う街頭で、じゃれ合う子ども二人を連れて買い物に出かける家族連れの姿が映っている。そのわずか四〇分後に、続々とやって来るロシア軍の兵士と装甲車両が、同じカメラに映し出される(2)。同紙によると、「死の通り」と呼ばれることになるヤブロンスカ通りをロシア軍が支配したのも、この日だという。

これは後から私が知ったことだが、アンドリー・マトヴィチュクはその通りにいたのである。彼の遺体が発見されたのは、ロシア軍が処刑場として使っていたヤブロンスカ通り一四四番地の雑居ビルの庭だった。後の証言や監視カメラの映像から、ここにはすでに三月四日、彼を含め八人の遺体があったとわかった(3)。

ただ、それが明らかになるのは、ロシア軍が撤退した後の四月である。

「彼の体は後ろ手に縛られていた」

アンドリー・ホミャクは語る。その状態だと、恐らく逃げられない状態で処刑されたと推測できる。ニューヨーク・タイムズによると、ブチャで手足を縛られていた遺体は少なくとも一五体に及ぶ(4)。

共同墓地の近くの空き地は、廃車置き場になっていた。並べられた車は焼け焦げ、弾痕が生々しい。ロシア軍によって攻撃を受けた車両で、運転手や乗客の多くは亡くなったと思われる。

その前を通りかかると、見覚えのある紺ずくめの一団がいた。一〇年あまり前にフランスに勤務した際、事件の現場でしばしば遭遇した憲兵隊の制服である。ちょうどこの日、フランス国家憲兵隊犯罪調査研究所の専門家一八人がブチャに入り、殺害の証拠集めに乗り出したのだった。車両の検証作業が始まっていた。

車両を一つひとつ見て回り、「ＤＮＡ検査が必要だな」などとつぶやいている。その活動について尋ねようと試みたが、「ウクライナ側に聞いてくれ」と素っ気ない。調査を始めただけに、この段階ではコメントが難しいのだろう。このフランスの調査団はウクライナ政府の要請に基づくものだが、ウクライナ司法当局や国際刑事裁判所（ＩＣＣ）と緊密に連携しており、調査結果を提供することで戦争犯罪の追及に寄与するのだという。

私たちはこの後、共同墓地とは反対側の町外れにあたるイワナフランカ通りを訪ねた。「死の通り」ヤブロンスカ通りと同様に、ここでも多数の市民が殺された情報があったからである。ただ、遺体が路上に転がる映像で欧米に衝撃を与えたヤブロンスカ通りとは異なり、ここを訪れるメディアは多くなかった。何人がどう殺されたのかもはっきりしなかった。

ブチャは富裕層に人気の新興都市だが、イワナフランカ通り周辺はソ連時代の農村の趣が残る地域である。通りの西の端、一番地近くから眺めた風景は、殺伐として「荒野」と呼ぶにふさわしい。通りの両側の家は、屋根を吹き飛ばされ、壁を壊され、廃虚と化した。ロシア軍の装甲車両の残骸や弾薬、装備品が路上に散らばり、駐車車両は焼けただれている。赤茶けた景色のなかを、恐らく飼い主を失ったのだろう、猫数匹が徘徊し、黒いウサギが跳びはねている。そのうちの猫二匹が、私たちの前でいきなり交尾を始めた。通訳のラリーサが引き離そうとしたが、くっついたままである。

住民らによると、占領当初この地区にやってきたロシア軍部隊の対応は、比較的穏やかだった。しかし、その次に来た部隊は粗暴で、頻繁に発砲したという。

一方で、ロシア軍は住民をロシア人とウクライナ人にわけ、後者を標的にしたのではないかと、近くの路地に暮らす元看護師のスヴェトラーナ・ルデンコ(七〇)は疑っていた。彼女はロシア出身で、ロシアの旅券を持っている。家に押し入ってきたロシア兵に対し、旅券を見せてロシア語で話しかけると、危害を加えられなかった。「一方で、ウクライナ語を話す人々は「バンデラ主義者だ」と言われて軒並み殺されると聞いた」と語る。バンデラとは二〇世紀前半のウクライナ民族主義指導者ステパン・バンデラを指す。一時はナチス・ドイツと協力して対ソ連闘争を展開したことから、ロシアは目の敵にしていた。

ロシア人住民は不問にし、ウクライナ人住民を攻撃するロシア軍の姿勢がもし本当なら、それは特定の集団を標的にした民族浄化、あるいはジェノサイドにあたらないだろうか。

このころ、ウクライナ大統領ゼレンスキーや米大統領バイデンは、ロシア軍の侵攻をしきりに「ジェノサイド」と呼んでいた。ただ、ロシア軍の行為が実際に「ジェノサイド」にあたるかどうかは、その後も議論が続いている。ジェノサイド条約は、国や人種、民族、宗教に基づく「集団」の全部または一部を破壊する意図による行為を「ジェノサイド」と定義している。犠牲者の人数は関係ないが、容易には適用されない概念でもある。「民族浄化」の用語が広がるきっかけとなった一九九〇年代の旧ユーゴスラビア紛争でも、数々の虐殺のなかで「ジェノサイド」と認定されたのは、ボスニア・ヘルツェゴビナ東部で一九九五年七月に起きた「スレブレニツァ虐殺」のみとなっている。

では、ブチャでの虐殺が「ジェノサイド」にあたるのか。軽々しく断定したり、安易にレッテルを貼ったりするべきではないが、その可能性は常に検証すべきであろう。ウクライナの市民を「ロシア人」と「ウクライナ人」にあえて峻別し、後者を弾圧する姿勢は、そう受け止められてもおかしくない要素を備えている。

イワナフランカ通りから南に入った街路で暮らす電気技師ミーシャ・クズミンコ（三九）も、「ロシア人」と見なされて助かったとみられる一人だった。押し入ってきたロシア兵に屋内を調べられたうえで「おまえはバンデラ主義者か」と問い詰められた。老いた母が「ロシアに親戚がいる」と言うと、兵士らは「わかった。民間人に危害は与えない」と応じたという。

ミーシャは兵士とロシア語で話したが、彼のパソコンを調べた兵士は、そこにウクライナ語の文書があるのを見つけた。これは何かと問い詰める兵士に対し、ミーシャは「ウクライナ語は公用語なので、文書をつくるのに必要だ」と説明した。兵士は驚いた様子だったという。

ウクライナで、ウクライナ語母語の話者とロシア語母語の話者は、西部と東部、田舎と都会で大きくわかれる。ただ、その分布は混在しており、両者が一つの家庭を営む例も多く、そもそもほとんどの人はバイリンガルである。一方、ロシアのプロパガンダは、ウクライナでの「ウクライナ人」と「ロシア人」を明確に異なる存在と位置づけ、「ウクライナではウクライナ民族主義者が少数派のロシア人を弾圧している」などと対立を煽りがちだった。だから、このロシア兵も「ウクライナ語を操るロシア人」に思いが至らなかったのではないか。

イワナフランカ通り周辺で話を聞きつつ、それがどのような意味を持つのか、私はまだ認識していなかった。それが次第に明確になるのは、次のウクライナ訪問でこの地区の住民に集中的に取材をしてからである。その詳細は第五章に譲りたい。

遺体収容

翌四月一三日、遺体の収容作業があると聞き、ブチャの中心部に近い聖アンドリー教会を訪ねた。この街で最も大きなウクライナ正教の教会である。

白亜の教会の前に、空き地が広がっている。ここに、虐殺された人々が仮埋葬されている。

遺体が放置されたヤブロンスカ通りの光景の映像は世界に衝撃を与えたが、ブチャでの虐殺はもちろん、この通りに限らない。犠牲者の数は四〇〇人を超え、多くは路上や裏庭、家屋内に、置き去りにされた。一時は、市内のあちこちに遺体が転がる状態だったのである。腐敗しにくい冬だったとはいえ、そのままにすると野犬の餌食になりかねず、衛生上も問題が多い。そこで、地元の市民がロシア軍と交渉し、路上の遺体を収容することにした。そのまま墓地に運んでも埋葬の人手がないし、遺族の了解を得ずに作業を進めるわけにもいかないため、遺体をポリ袋に包んで、この教会の庭にひとまず仮埋葬した。

聖アンドリー教会前の仮埋葬所.

教会の司祭アンドリー・ハラビン(四九)は、市民や医師らとともに、自ら遺体の収容作業に携わった一人である。「みんな民間人でした。後ろ手に縛られて後頭部を撃たれた遺体もありました」と語った。

この日は、これらの遺体を掘り起こし、捜査当局が検視して死因を探る。戦争犯罪を今後追及するうえで、不可欠の作業である。遺体はその後、遺族に引き渡されるという。四月八日にも同様の作業があり、一三七体がすでに収容されていた。この日は数十体の収容を見込んでいた。

スコップを持ったボランティアの男性五人が集まった。捜査当局者とメディアが取り囲んで見守るなか、庭の地面を掘り進める。黒いポリ袋に包まれた遺体が、次々と姿を現した。

遺体が路上に転がるこれまでのブチャのイメージは衝撃的だったが、何十体もの遺体が浅い土のなかから次々と掘り起こされる光景もまた、非現実的だった。

司祭のアンドリー・ハラビン.

夫を失ったユリヤ.

現場には、報道陣に交じって、地元の人らしき一人の女性がいた。ユリヤ(三四)という名である。病院の警備員だった夫オレクサンドル(四二)がここに仮埋葬されているはずだと話した。

ロシア軍の侵攻を受けて、ブチャに暮らしていた一家のうち、ユリヤと子どもたちは西部チェルニウツィに避難した。

「夫にも来るように言ったのですが、

残ったのです」

後にユリヤが聞いた話では、三月三日、オレクサンドルは車中で狙撃されて亡くなったという。ただ、彼女には、まだ夫の死を信じたくない気持ちが強いようだった。

発掘途中から彼女はすでに、目に涙を浮かべていた。開始から二時間ほど経って、屈強な男性の遺体が掘り起こされた。オレクサンドルだった。ユリヤは泣き崩れた。

作業を指揮したブチャ検察局検事正ルスラン・クラフチェンコは「ほとんどが男性の遺体です。さまざまな部位での骨折がうかがえる。これは戦争犯罪です」と話した。


殺害現場の一つを訪ねた。ブチャ北部の森に囲まれた夏季キャンプ場である。バスケットコートや遊具を備えた二五〇人収容の子ども向け宿泊施設で、キーウ市やキーウ州内から多くの人を集めていたが、占領中はロシア軍が陣地として利用した。ここで、五体の遺体が見つかった。

管理人に声をかけた。ウォロディミル(六五)と名乗る。その場所を見せてあげよう、と私たちを内部に案内してくれた。

二階建ての宿舎の脇に、地下に降りる階段がある。宿舎の下に素掘りの地下室がいくつか並ぶ。いずれもほこりだらけでごみが散乱し、壁も一部が剝げ落ちている。その一番手前の区画で、ウォロディミルが黙って壁を指さす。どす黒い染みが、三カ所ほどに見える。明らかに血である。五人の遺体はここにあったという。

彼は、別の棟の一室も案内してくれた。ロシア兵が寝泊まりしていた場所だという。入った途端、異臭が鼻を突く。毛布が積み上げられ、酒瓶が散乱し、煙草の空き箱が転がっている。劣悪な環境で暮らす占領軍が、憂さ晴らしを酒に求めたのだろう。その一団が恐らく、地下室での住民の処刑にもかかわったのである。

キャンプ場の敷地には、遺体が一体、黒いポリ袋に半分包まれて横たわっていた。ウォロディミルによると、近くの路上で殺害され、放置されていた遺体を、敷地内に仮埋葬していたのだという。収容のため、この日掘り起こされたところだった。

死とは、およそ非日常的な出来事である。ましてやその人が、何者かに殺されたのであれば。しかし、ブチャではその非日常が、あたかも日常であるかのように、身近に存在している。

相次ぐ地雷被害

翌々日の四月一五日、真っ青に晴れた空の下、お隣のイルピンは活気と賑わいに包まれていた。それまでの厳しい入域制限が緩和され、避難していた住民の帰還が許されたのである。住民らは我が家を目にしようと、一斉に故郷を目指した。

キーウとイルピンとは、松林のなかを走る長さ八キロの一本道で結ばれている。この日は朝から、この道路が車で埋まった。渋滞はキーウ市内にまであふれ出し、延長一〇キロに及んだ。

大渋滞の原因は、イルピンの入り口に設けられたウクライナ軍の検問である。列は全然進まず、途中で車を投げだし、徒歩で街を目指す人が続出した。

渋滞のなかで、車を手で押している人がいた。イルピンの建設作業員ブラッド（二九）と、その友人ウォロディミル（三四）である。「車の故障でエンジンがかかりにくくなったのだけど、渋滞が全然進まないので、手押しで十分間に合う」と苦笑する。

ブラッドの自宅はイルピン市内だが、北隣のブチャとの境にあたる。ロシア軍侵攻の二月二四日、ブチャにミサイルが飛んでいるのを窓から見て、家族で慌てて逃げたという。

「それ以来の帰宅です。家がどうなっているやら」

キーウから徒歩で来た人もいた。「地下鉄の駅から三時間かかりましたが、全然平気」と、イルピンの家具職人アレクセイ（七三）は話す。四〇年住み慣れた街を侵攻翌日に出て以来の帰郷である。「映像を見る限り自宅は無事のようでしたが、自分で見ないことには安心できません」

人口約六万人のイルピンに、この日だけで数千人もの住民が帰還し、生活再建のムードを盛り上げた。

私たちが八日にイルピンを訪れた際、市長のオレクサンドル・マルクシンは「一週間後をめどに諸サービスを回復させたい」と話していた。帰還の始まりのこの日はそのちょうど一週間後だから、目標通りである。この間、行政やボランティアらが街路の整備や地雷除去を進め、道路や落ちた橋も一部修復し、ウクライナの再生能力を内外にアピールすることとなった。

ただ、多くの地域で電気や水道は復旧していない。生活するには困難が伴う。帰還者の多くも、自宅を確認しただけで、夕方には避難先に戻ったようである。

イルピン市内で家屋の損傷が激しいのは、北隣のブチャに近い地区である。そのマンション群の二階に暮らしていた建設作業員セルゲイ・ナイクレサ（五〇）は、三月八日に避難して以来の自宅に戻った。内部を見せてもらったが、窓ガラスは壊れ、荒れ放題である。ブチャに向いた北側の窓からミサイルが飛び込み、南側へと自宅を貫通したのだった。

妻と二人の子どもたちは、祖母が暮らすスペインに避難したままである。

「家がこんなに荒れてとても悲しい。家族がいつ戻れるのか、見当もつきません。まずは片付けをしないと」

電気も水道も復旧していないが、この日からここで暮らす。

「食料と飲料水は用意しました。確かに最初は不便ですが、もう一五年暮らしている場所ですからね。ネットが辛うじてつながるので、近所の人々と協力態勢を築きたい」

市内の南端の小集落に暮らすセルゲイ・チャプロウツキー(三三)宅では、三月四日に電気が止まり、ロシア軍撤退後も復旧していない。彼は家族を避難させた後も、「家と土地を守ろう」と、自宅の地下室で暮らし続けた。ミサイルが隣家を破壊したが、自宅は一部破損にとどまった。

「発電機もあったのですが、奪われました」

ロシア軍でなく、近くに駐留していたウクライナ軍の関係者が持ち去ってしまったという。ロシア軍に比べると数は少ないものの、ウクライナ側にもトラブルや問題行動は散見される。

「正規の軍人でなく、軍と行動を共にする志願者でした。彼らは、隣家からオートバイも盗んだんだ」

「電気が回復しないと家族は戻せません。ただ、自分はキャンプが好きなので、電気がなくても平気です。夜間はまったくの静寂に包まれますよ」

課題は、生活インフラの整備にとどまらない。ロシア軍が一時占領した地区に残る地雷や爆発物が、住民にとって大きな脅威となっている。帰還する人を標的に、わざと仕掛けられた罠もある。

セルゲイによると、帰還許可の前日にあたる四月一四日、イルピンで家の片付けを手伝っていたボランティア二人が、脚を切断するなどの大ケガを負った。衣類を載せた椅子を動かそうとしたところ、なかに隠された爆弾が爆発したという。

地雷も多い。破壊された住宅街を私たちが歩いていると、住民の倉庫管理人アレクセイ・リスニチ(四二)から「危ない。そちらに行かないで」と注意された。ふと見ると、車の陰に地雷らしき物体が二つ転がっている。地雷は道路脇のほか、林のなかやがれきの間にも埋設された可能性があるという。

特に被害が多いのは、がれきの撤去や被害家屋の後片付けなどに携わるボランティアの若者たちの間である。イルピン市立総合病院は、戦闘が激しい間も地下室に手術台や医薬品を持ち込んで休まずに活動を続けてきた。ロシア軍が撤退し、戦闘による負傷者はいなくなったはずだが、相変わらず搬送が続く。医療部長のオレクサンドラ・チェブリシェヴァ(二六)は「戦闘が激しいころは多数のケガ人を治療しましたが、地雷除去が始まって以降も、一五人から二〇人が運ばれてきています」と語る。

インタファクス・ウクライナ通信によると、イルピン近くの森で四月一九日、林道を走っていたトラックが対戦車地雷を踏み、一人が死亡、一人が大ケガを負った。ウクライナの森林管理当局は市民に対し、森や林に決して踏み込まないよう呼びかけた。

状況は、やはりロシア軍に占領されたウクライナ北部イワンキウでも同じだった。イワンキウ市立病院の院長ラリーサ・ツーク（三九）は「実は、占領中よりも現在の方が、ケガ人が多い」と語った。多くは地雷の被害者で、「患者は一日平均約三人」という。

首都キーウも、別の意味で安全とは言い難い。キーウ市内では、相変わらず一日に一度程度は警報が鳴り響き、シェルターへの避難を求められる。イルピン帰還が認められた四月一五日、キーウ近郊では軍需工場がミサイル攻撃で破壊された。翌一六日にも郊外が攻撃を受けて一人が死亡した。

ロシア国防省は「キーウへのミサイル攻撃の数と規模を拡大する」との方針を明らかにしていた。キーウ市長のヴィタリ・クリチコは一六日、「警報を無視しないでほしい。いったん退避した後にキーウに帰還しようとしている人は、安全な場所にとどまるよう心がけてほしい」と呼びかけた。

ロシア軍が去ったとはいえ、戦争の状態は依然続いている。安定した生活が戻る日は、まだ遠い。

一方で、生活の再建を目指す人々の波も途絶えない。

ウクライナ国境警備庁の四月一二日のまとめによると、国外避難先からウクライナに帰国するウクライナ人の数は増加を続け、毎日二万五〇〇〇人から三万人に達していた。帰国者の内訳も、戦うために国に戻る男性が侵攻当初は多かったが、このころはいったん国外に避難した女性や子ども、高齢者の帰還が増えていた。

日常と非日常が入り交じる世界は、希望と苦難が重なる社会でもある。それはどの国にも共通する要素だが、ウクライナの場合はその対比が極めて先鋭的に立ち現れているのだった。

（1）　ホレンカでは二〇二二年三月一四日、米FOXニュースの取材班が銃撃を受け、同社カメラマンのピエール・ザクルゼフスキーと現地取材協力者オレクサンドラ・クブシノワが死亡した。

（2）　Masha Froliak, Yousur Al-Hlou, Haley Willis, Aliza Aufrichtig, Rebecca Lieberman, "Their Final Moments: Victims of a Russian Atrocity in Bucha", *The New York Times*, nytimes.com, 2022. 12. 21, https://www.nytimes.com/interactive/2022/12/21/world/europe/bucha-ukraine-massacre-victims.html

（3）　ヤブロンスカ通りの被害については以下を参照。Yousur Al-Hlou, Masha Froliak, Dmitriy Khavin, Christoph Koettl, Haley Willis, Alexander Cardia, Natalie Reneau, Malachy Browne, "Caught on Camera, Traced by Phone: The Russian Military Unit That Killed Dozens in Bucha", *The New York Times*, nytimes.com, 2022. 12. 22, https://www.nytimes.com/video/world/europe/100000008299178/ukraine-bucha-russia-massacre-video.html

金成隆一、諫山卓弥、竹花徹朗「死の通り――ブチャ生存者の証言」『朝日新聞デジタル』二〇二二年八月二四日、https://digital.asahi.com/special/bucha/

（4）　Carlotta Gall, Daniel Berehulak, "Bucha's Month of Terror", *The New York Times*, nytimes.com, 2022. 04. 11, https://www.nytimes.com/interactive/2022/04/11/world/europe/bucha-terror.html

第四章　「Z」と「V」
——チェルニヒウ、ボロジャンカ

包囲された街

「ブチャの虐殺」に見られるロシア軍の残虐性、非人道性はどこから来たのだろうか。ロシア軍が撤退した跡を訪ねる取材は、ウクライナ側の被害状況を確かめるとともに、この問いかけを考える旅でもあった。

ウクライナに侵攻したロシア軍は、首都キーウに迫り、ブチャや、この後で述べるボロジャンカ、その周辺の村々を占領し、容赦ない恐怖支配を続けた。また、いくつかの都市に対しては、包囲して徹底的に攻撃する戦術を採った。ウクライナ東部マリウポリがこのような攻撃を受けて廃虚と化したのは、よく知られる通りである。

同様の標的となった都市の一つが、北部の古都チェルニヒウである。人口約三〇万人のこの街には、一二世紀から一三世紀にかけてつくられた大聖堂や修道院が数多く残り、観光文化都市として知られてきた。一方で、ロシアやベラルーシとの国境から数十キロしかなく、侵攻したロシア軍に一カ月にわたって包囲され、人道危機を招いた。

封鎖を解かれて間もないこの街に入ったのは、イルピンとブチャを初めて訪ねた翌日にあたる四月九日だった。ウクライナ当局が企画した解放後初のプレスツアーである。

午前八時、キーウ東郊の地下鉄駅の出口に、メディア数十組がそれぞれ車を用意して集まった。ここから車列を構えて、チェルニヒウに向かう。ロシア軍の攻撃の可能性が残り、気が抜けない。

キーウ―チェルニヒウ間は約一五〇キロで、普段だと高速道路に乗って一時間半ほどで着く。しかし、三月一〇日にロシア軍の戦車部隊がウクライナ軍の待ち伏せに遭って激しい戦闘となったキーウ東郊のブロヴァリ近くでは、装甲車両の残骸が路上に散乱し、とても通れない。大きく迂回し、畑のなかの悪路を進む。その先の橋も落ちており、仮橋をそろそろ渡るために渋滞が発生する。三時間あまり経って、ようやくチェルニヒウの街に入った。

市内の中心部チョルノヴォラ通りでは、一七階建てのマンション群があちこちで崩れかけていた。真上からミサイルか爆弾を落とされたのだろうか、屋上から地上まで貫通したように崩れた部分もある。前面の道路には、がれきの山と焼け焦げた車が放置されている。

この地区をロシア軍が空爆したのは、侵攻初期の三月三日だったという。市長のウラディスラウ・アトロシェンコ(五三)は、航空機から少なくとも六発の爆弾が投下され、四九人が死亡したと語った。

それから一カ月以上が経つ。

「でも、いまだ行方がわからない人がいます。がれきの下に、収容されない遺体が残っているのだと思います」

空爆現場の道路向かいには、心臓病専門病院がある。市長によると、一人の女性患者が病院前で夫と待ち合わせをした。その時間が、ちょうど空爆と重なった。待ち時間に少し遅れて病院を出たために、妻は被害を免れた。夫は爆弾の直撃を受けたのか、いまも遺体が見つかっていないという。

市長は語る。

「爆撃があったのは正午過ぎで、快晴でした。住民の証言から、爆撃機は上空数百メートルを飛んでいた。ここが軍事施設とは何の関係もない住宅地区だと、操縦士の目にも明らかだったはずです。それなのに爆弾を投下した。ロシアは「秘密の軍事施設がここにあった」なんて言うのだけど、そんなものわが軍でさえ知らない秘密だよ」

ノヴォセリウカ村.

　そこから東に約二キロ、地元のサッカークラブ「デスナ」が本拠地としている「ユーリ・ガガーリン・スタジアム」も激しい空爆を受けた。八〇年以上の歴史を持つスタジアムの観客席はぐしゃぐしゃにつぶされ、フィールドの真ん中に数メートルの深さの大穴が開いている。

「どう見ても、ここに軍事関連のものなどありません。ロシアは民間施設ばかり狙っていました。市内では他にも、第二次大戦を生き延びた文化財も破壊されました」と、チェルニヒウ州知事のウヤチェスラウ・チャウス(四三)は語った。

　この街がロシア軍に包囲されていた三月初めから四月

初めにかけて、空爆は連日続いていた。市長や州知事によると、民間人の犠牲者は市内だけで二〇〇人から二五〇人、軍人を含めた死者は七〇〇人を超えるという。事態を重く見た「ヒューマン・ライツ・ウォッチ」など国際人権団体は、ロシア軍の行為を戦争犯罪として追及していた。

市街地以上に、郊外は被害が甚大である。

チェルニヒウ市の東隣に位置する人口約七〇〇人のノヴォセリウカ村は、戦争前の写真を見る限り、緑豊かな郊外の農村である。しかし、訪れた現地には、一面灰色の廃虚が広がっていた。大通りから村の中心まで数百メートルの街路に、無傷で残る住居は一軒もない。

村への攻撃は連日続いたという。

「私の自宅が壊されたのは、三月一一日午前五時ごろの空爆でした。一家で地下蔵に入っていたから、死なずにすんだのです」

住民のナターシャ・ソロメンニク(五七)はこう語った。多くの家には食料を貯蔵する地下蔵があり、そこに隠れて難を逃れた人が少なくない。ただ、この村は調査が進んでおらず、犠牲者の数はこのときまだわからなかった。

大破した自宅の片付けをしていた病院職員のオレクサンドル・チュハイブ(五三)は「水道やガスなど公共サービスが整備されて、美しく暮らしやすい村だった」と振り返る。攻撃が始まった三月初めは、その度にやはり地下蔵に隠れた。次第に耐えきれなくなり、一五日以降はハルキウ市中心部の住居に移ったという。

彼によると、この村は第二次大戦時にもナチス・ドイツに徹底的に破壊された。

「戦前は違う名前の村だったのですが、一度焼かれた後、ノヴォセリウカと改名して戦後の一九五二年に再出発したのです。だから、廃虚になるのは今回が二度目です」

オレクサンドルは淡々と話した。

「今回もまた、再建しますよ。ただ、戦争が終わった後になると思いますけどね」

街を包囲したロシア軍が去った後も、チェルニヒウ周辺はロシア軍による攻撃を断続的に受けている。国境が近いため、ロシア領やベラルーシ領からのロケット弾が届いてしまうのである。そのせいもあり、また電気や水を欠いて生活が困難であることもあって、チェルニヒウの市中では人影をほとんど見かけない。

元首相のユリヤ・ティモシェンコに遭遇.

再び中心部に戻り、がらんとした街路で写真を撮っていたら、元首相のユリヤ・ティモシェンコ(六二)が突然すたすたと歩いてきた。慌てて追いかける。こんなところで何をしているのか。

「この街が解放された後、人々がどんな面で苦労しているのかを探り、助けになりたいと思って来ました。被災した街を回って、何の支援が必要かを探っています」

ティモシェンコは、三つ編みを巻いた独特の髪形をトレードマークとする女性政治家である。二〇〇四年の民主化運動「オレンジ革命」で主導的な役割を果たし、親欧米を基本的な立ち位置としている。一方で、自らはエネルギー産業を牛耳るオリガルヒ（新興財閥）の一人であり、野心旺盛なことからややダーティーなイメージもつきまとう。親ロ派大統領ヤヌコヴィチと対立し、投獄もされつつ、自ら大統領を目指してきたが、近年はその影響力に陰りが見られていた。それでも、ロシア軍に拘束されれば真っ先に処刑されかねない立場にありながら国内にとどまり、現地を訪れるその活力は健在のようである。もっとも、わざわざメディアの前に現れたのは、自らを売り込むパフォーマンスなのかもしれない。

「ロシアは明らかに、ウクライナの自由を制限し、ソ連時代に戻そうとしています。これは、「ソ連へと戻る道」に対する「自由な世界への道」を目指す戦いです。幸い、世界が一致して私たちを支援してくれており、ウクライナは独りぼっちでないと実感している。この態勢をさらに広げたいと思います」

彼女はそう語った。

サーシャからのメッセージ

ウクライナに限らないが、軍隊が都市を包囲した場合、市民を脱出させるための「人道回廊」がしばしば設けられる。特定の時間にバスや車を仕立て、市民を乗せて避難させる枠組みで、住民を保護したい地元行政当局などと、無駄な殺傷を避けたい軍が、交渉の末に決める。実際には取り決めが守られない場合も多く、避難の途中でも攻撃を受ける危険が残るが、それを冒してでも逃げるか、それともとどまるか、少なくとも住民には選択の余地が生まれる。ロシア軍に占領されたブチャでもこの回廊が設置され、多くの住民が利用して虐殺を免れた。包囲を受けた南東部マリウポリや北東部スーミといった都市でも、やはりロシア側とウクライナ側との協議のうえで同様の枠組みが設けられた。ただ、チェルニヒウでは回廊の設定に手間取り、住民の避難が遅れた。食料を運び込むのを機に病人やケガ人を搬出するボランティア団体のトラックがその代わりを務めたものの、結果的に多数の住民が連日の空爆の下に取り残されることになった。

そのなかに、私の知る人が一人いた。

今回の取材の多くで通訳を務めたイリーナ・シェペリスカ(四三)は、本職がキーウ国立言語大学の日本語講師である。侵攻前の二月にキーウに滞在した際、私はその授業に協力し、日本語を学ぶ学生たちの質問に対する回答者役を務めることになった。

クラスでもとりわけ熱心だという四人と、オンラインで向き合った。みんな、日本語はなかなか達者である。言葉遣いや日本の流儀に関して、次々に質問を発する。日本への強い関心がうかがえた。

サーシャ(二〇)は、そのなかの一人だった。日本の歌を耳にして、その発音に興味を抱いたのが、学習のきっかけだったという。優しげな声で、個々の言葉を確かめるように問いかけてくる。

「取材の通訳をする場合、敬語を使うべきですか」

「通訳に求める資質は」

記者と通訳とは尊敬し合う関係が望ましいので、敬語はやはり必要でしょう。通訳をする場合には、感情的にならないで、相手の言葉を正確に訳してもらえると助かります。

そう私は答えたと記憶している。彼女がチェルニヒウの出身だと、そのときはまだ知らなかった。

スターリン時代の大飢饉「ホロドモール」やホロコースト、チェルノブイリ原発事故といった苦難の歴史からだろうか。逆境でこそ発揮されるウクライナ人の静かな強靭さには、驚嘆させられるときがある。二月二四日のロシア軍侵攻から約一カ月の三月末、キーウ郊外で戦闘がまだ続いていたにもかかわらず、相次いで周辺の学校が授業を再開したのも、その一例だった。キーウ国立言語大学日本語学科も、三月の最終週にはオンライン授業を復活させた。

初日の三〇日、画面のなかにサーシャの姿はなかった。その前の週、教師のイリーナのもとには、サーシャからのメッセージが届いていた。彼女は侵攻当時、故郷チェルニヒウに帰省していたのだった。

「イリーナ先生こんにちは。私はチェルニヒウで包囲されています。撃ち殺されるか、爆撃を受けるか。脱出を試みた人は行方不明になりました」

「昨日やっと電気が戻りました。それまで三日間、電気が途絶え、携帯もつながりませんでした。水道は二週間、暖房は三週間止まったままです」

「隣の地区まで、三〇分歩いて水をくみに行きます。朝六時に出て、運が良ければ一時間半、ときには五時間並んで、飲料水を手に入れます。入浴も、洗濯も、料理もできません」

このころ、日本の一部の大学は、ウクライナで戦火に見舞われた学生を招待する企画を進めていた。サーシャはその一つへの応募を試みたものの、自分自身が街から出られない。断念せざるを得なかった。

「攻撃は毎日あります。夜間が多いので、昼間に寝ています。すぐに避難できるよう、上着を身につけたままです」

「いつ空爆が始まるのかわからず、何も手につきません。お母さんは編み物を、私は日本語を勉強しようとしましたが、手が震えて続きませんでした」

「ただ、生きたい。生き延びることしか頭にないのです」

翌三月三一日も、四月一日も、オンライン授業にサーシャは現れなかった。「いままで一日も欠席したことがないのに」。不安を募らせたイリーナがサーシャと連絡を取れたのは、その夜だった。携帯を充電できないでいたという。彼女は、私への伝言も託していた。

「いまは勉強ができませんが、日本語は私の人生の目標ですから、諦めません。いつか、日本に留学したい」

翌週の授業日の四月六日、オンライン授業の画面にサーシャの姿が映った。ロシア軍の攻撃が弱まった折に、支援者の助けを借りて家族でチェルニヒウを脱出し、ウクライナ西部の街にたどり着いたのだった。

「やっと夜、眠れるようになりました」と話したという。

後日談だが、彼女はその後、留学生として念願の来日を果たした。二〇二三年夏現在、日本で働きながら日本語を学んでいる。

チェルニヒウに限らず、ウクライナの多くの街で、多くの人が彼女と同じ経験をした。なかにはその途上で命を落とした人もいるだろう。だが、そのような人々の姿は、どうやらロシア軍には見えていない。マンションや学校、病院など、明らかな民間の施設に、攻撃の矛先が向いている。

幼稚園の酒瓶

マンションへの攻撃で特に大きな被害を出したのは、首都キーウ北西のボロジャンカである。

「ここでの民間人死傷者の数は、ブチャより多いかもしれない」

ロシア軍がキーウ周辺から引き揚げて間もなく、ウクライナ大統領ゼレンスキーはそのような懸念を示していた。折しも、砲撃を受けたこの街の高層マンションの姿が、メディアに出始めていた。九階建ての横長の建物が、途中で真っ二つに裂けている。崩壊したがれきの下に、多数の住民が生き埋めになっているという。

ボロジャンカは、キーウから田園地帯の高速道路を五〇キロほど走った先に位置している。ここを訪ねるプレスツアーが見当たらなかったため、チェルニヒウを訪れた翌日の四月一〇日、思い切って自分たちの車で行ってみることにした。

普段ならキーウから高速道路で一時間程度だが、今回は二、三倍を見込む必要がある。ウクライナ軍の検問が頻繁なことに加え、あちこちの橋も概ね落下し、渋滞がひどい。ちなみに、地上戦はある意味で橋落とし競争である。敵の行く手を遮り、自らへの追っ手を阻み、双方が相手の補給路を断とうと、軍隊は戦場で橋という橋を片っ端から落とす。こうして、キーウ周辺の橋は、ドニプロ川を越える大規模な橋梁を除いて軒並み破壊された。一部には仮橋が設けられたものの、修理が追いついていない。

ボロジャンカに近づき、もうすぐだと思った途端、その先の橋が落ちている。行く手を阻まれるたびに迂回路を探し、幹線道路を外れて農道に迷い込み、再び流れにぶつかって引き返す試行錯誤を続けた。街の手前に広がる湿地帯をなかなか抜けられない。

三時間近く経って、ようやくボロジャンカに到着した。人口は一万人あまりで、首都の郊外というよりも、普通の田舎町である。ポーランド・ソビエト戦争さなかの一九二〇年にはここで、多数の死者を出した戦闘「ボロジャンカの戦い」があった。

ボロジャンカで二つに割れたマンションの一つ.

街に入った途端、その異様さに気づく。私たちは、写真で見た真っ二つのマンションを目指して進んでいくのだが、それが一つではないのだ。大小あちこちのマンションが砲撃を受けて二つに割れ、崩れかけている。まるで絨毯爆撃を受けたかのように、街全体が廃虚と化している。市内の一部が激しく損傷したイルピンとも、占領中に住民が虐殺されたブチャとも、異なる風景である。
当該の高層マンションは、中心部の幹線道路沿いにあった。数十世帯が入居していたという。二つの独立したビルが建っているように見えるが、もともとは一つの幅広いマンションで、その中央の三分の一ほどが完全に崩壊している。
ここの地下室に、数十人とも一〇〇人以上ともいわれる住民が生き埋めになったままだと、ウクライナのメディアは伝えていた。現場には消防隊や救急隊が集まり、クレーンを使ってがれきの撤去を続けている。量が多すぎて、何日間もかかりそうな様相である。

現地の人々に聞いた話を総合すると、ロシア軍が街に入ってきたのは、侵攻から二日後にあたる二月二六日だった。ボロジャンカは、半径五〇キロほどでキーウをぐるっと半周する環状街道に面している。ベラルーシから南下した軍の一部が、そのまま北西から首都を攻めようとしてブチャを占領する一方、南西から首都挟み撃ちを狙う一部の部隊は、この街道を南下してボロジャンカに差し掛かったとみられる。市民の多くは、ロシア軍が来て間もないころに街から逃げ出していた。

このマンションは三月二日午前八時ごろ、空からと、地上の装甲車両からと、計二発の砲撃を受けた。いずれも中央に命中し、マンションは二つに裂けて、真ん中部分が失われた。住民の多くが避難していた地下室の上に大量のがれきが積もり、地下からは助けを求める声がしばらく聞こえていたが、ロシア軍は救出作業を認めなかったという。マンションが標的となったのは、上階から狙撃されるのをロシア軍が恐れたからだろうと、住民の一人は推測した。

マンションの前で、女性が一人、たたずんでいた。幼稚園補助員のカーチャ・パヴリシェンコ(三三)で、このマンションの七階に夫と息子の三人で住んでいた。自宅部分は辛うじて倒壊を免れ、ただ階段が壊れて内部に入れないので、消防隊に頼んで日用品を取ってきてもらうのだという。

彼女自身は、ボロジャンカにロシア軍が来た翌日、まだ出入りが比較的自由なうちに退避して、中西部の都市ジトーミルに移った。マンションが崩壊したのは、脱出から三日後である。

「攻撃があった三月二日の朝、二階に住んでいる男性と電話で会話をしたのです。その後、彼とは連絡がつかない。地下室に避難して倒壊に巻き込まれたのではと心配しています。攻撃は朝で、もう一時間遅ければ多くの人が外出していたはずだったのですが」

現地近くで、視察に来ていた最高会議（国会）前議員のオレフ・リャシコ（四九）は「この被害の悲惨さは、写真や動画では伝わらない。マンションを壊れたまま保存して、世界中の人に見に来てもらいたい」と話した。

このマンションの東側には、同じような九階建てのマンションが二棟並んでいる。隣の棟は部分的な損壊にとどまるが、最も東の棟は、西の棟と同様に砲弾を受け、二つに裂けかかっていた。

その棟の内部を覗くと、倒壊を免れた部分の住民が戻ってきて、片付けをしていた。五階に暮らしていたトラック運転手のアレクサンドル・レッツ（四一）と名乗る。一緒にいた家族五人は、南部チェルニウツィに避難しているという。部屋を見せてもらった。

窓からの眺望は、緑の平原が地平まで続いて素晴らしい。しかし、どの部屋も家具が傾き、日用品や衣類が散らかり、混乱を極めている。「戦車から砲撃されたのですが、侵攻があった二月二四日から隣村の友人宅に退避していたので助かりました。とりあえず、使える家財だけ持って行こうと思います」と話した。

二月二六日にボロジャンカに侵攻したロシア軍は、三月二日に大型マンションを倒壊させた後、三月末ごろまでこの街を占領した。この一カ月間、救助活動はまったくなされなかったと、住民らは証

ボロジャンカでロシア兵が残した食事の跡.

言する。ロシア軍は何をしていたのか。

ロシア軍は、街の中心にある幼稚園を自分たちの拠点と定めていた。そこを訪ねてみた。おそらく触れると爆発する仕掛けだろう。門近くに張りめぐらした鉄線がまだ生々しく残る。園庭では、ウクライナ南部からやってきたボランティアの若者らが、後片付けをしていた。その案内で、二階建ての園内に入った。

大変な散らかりようである。子どもたちの遊具やお絵かき作品に交じって、ロシア軍の衣類や装備品からガスマスクまでが転がり、ごみや吸い殻がそこらじゅうに散乱している。遊戯室で調理をしたのだろう。スープ状の食べ物が固まったまま、鍋に残る。あちこちの部屋に、ウイスキーやブランデーの瓶が転がっている。

「ロシア軍は到着して三日後から、町中を略奪して回ったといいます。酒も全部、そのあたりの店から盗んできたのですよ」

ボランティアの一人、衣服デザイナーのイーホル・マカル（一九）が説明した。

幼稚園の二階にはプレーヤーが置かれ、戦争映画のＤＶＤが積み重ねられていた。その横に転がっているファイルに詰め込まれたＤＶＤは、すべてポルノのビデオである。『異常な性欲』など英語のタイトルが見える。

別の部屋では、テレビの前に大便が鎮座していた。当時外は寒かったから、室内で用を足したのだろうが、どうしてそれが部屋の真ん中なのか。しかし、ロシア兵が室内で便をするのは、ここだけではないと、後にわかる。占領した各地で、小便や大便を部屋に残しているのである。

ブチャでロシア軍が駐留していた夏季キャンプ場を訪ねた際、やはり酒瓶が転がり、毛布が異臭を放っている様子を見た。これらの光景は、ロシア軍の劣悪な衛生状態を物語る。盗んだ酒を飲み、ポルノを観て、室内で大便をする。この環境では、戦場でのモラルも期待できまい。マンションを崩壊させ、住民を生き埋めにして平気な態度と、どこかで結びついているのではないか。

ボロジャンカでのマンション破壊に限らず、ロシア軍は各地で、容赦ない残酷さを見せつつあった。東部マリウポリでは、子どもたちが避難していた劇場を三月一六日に破壊して何百人もの犠牲者を出しただけでなく、度の過ぎた攻撃によって五〇万人都市全体を廃虚に変えつつあった。住民の存在を無視した節度なき攻撃は、その後も東部のセヴェロドネック、マリインカ、バフムートで続いた。それは、ロシア軍の一部がこれまで、さほどの注目を集めなかったチェチェンやシリアの紛争で続けてきた手法である。二〇二二年になってウクライナで、世界はようやくその実態に気づいたのだった。

病院も標的に

ロシア軍の非人道性は、平然と病院を標的にするところにも表れている。

ジュネーブ条約など、武力紛争の際に適用される原則や規則を網羅した国際人道法は、医療機関への攻撃を禁止している。しかし、ロシア軍は「ウクライナは病院を武装させている」などと口実を挙げた。その攻撃によって医療従事者の間で死者やケガ人が相次ぎ、世界保健機関（WHO）は懸念を表

アドニス産科病院のイーゴリ．

明し続けている[1]。

その一例を見た。

ウクライナ西部から首都キーウに高速道路で向かうと、四〇キロほど手前の右手沿道に、妊娠した女性の巨大な看板が目に入る。そのたもとにある五階建てのビルが、私立「アドニス産科病院」の本院である。ただ、壁のあちこちに砲撃の穴が開き、黒く焦げている。内部で火災が起きたと推測できる。

「この看板を見たら、建物が病院だと、ロシア軍だってわかるでしょう。にもかかわらず、ミサイルを撃ち込んだのです。妊婦が院内にいるというのに」

病院の管理人イーゴリ・シュル（五五）は、攻撃の日をこう振り返った。ウクライナは代理出産ビジネスが盛んなことで世界的に知られるが、この病院も代理母を受け入れており、近年は欧州各国や中国からの依頼があったという。イーゴリによると、米国人夫婦の代理母として出産を控えた女性らが、当時入院していた。

ボロジャンカから農村地帯をさらに南下したロシア軍は、二月二八日にブゾヴァ村に到達した。産科病院は、この村の入り口に位置している。ロシア軍は二機のヘリコプターと高速道路上の装甲車両から病院を攻撃し、施設を破壊した。院内には当時、入院患者も医師も看護師もいたが、ケガはなかった。

その二日か三日後だったと、イーゴリは記憶している。患者やスタッフは車で避難し、彼だけが残った。その直後ロシア兵が病院に突入し、銃を乱射したという。「銃弾の一つが私の腕をかすめたんですよ」と、彼は壁に残る弾痕を示した。兵士らはさらに、病院に火をつけた。院内の相当部分が炎上した。

イーゴリはその後も病院にとどまり、焼け残った半地下の部屋で生活を続けた。電気が止まって携帯電話が電池切れになり、外部と連絡できない状態が二〇日間ほど続いた。心配した経営者の医師オリハ・ヒリーナ(七四)が救出のため救急車を病院に差し向けたが、「この病院が再建されるまで離れません」と彼は避難を拒んだという。「ここは自分の家みたいなものだからね」と語る。

避難した妊婦らは、キーウ市内のドニプロ川左岸にある「アドニス産科病院」分院に移り、無事に出産できたという。

分院を訪ねた。ロシア軍によって破壊された本院の医師や看護師の多くは、ここで業務を続けている。

その朝に次男を出産したばかりのユリヤ・ボリャンスカ(三一)に話を聞いた。本業は、なんとアドニス産科病院の本院の医師だという。「いま体力的にはつらいですが、気分は上々です」。夫のセルヒー(三六)と相談して、次男にはダヴィッドと名付けた。

仕事先の本院での出産を希望したが、破壊されたために果たせなかった。「本院には二〇一五年の開院以来ずっと勤めてきただけに、愛着があります。子育てが一段落したら、あそこに戻ってまた働きたい」

三日前に第一子を出産したヴィクトリア・トカチョク(四二)は、夫が領土防衛隊に参加している。「心配していますが、祖国のために戦う以外の選択肢は、私たちにはありません。夫婦が離れざるを得ないのは、この国の現実です」

第一子の出産を控えたユリヤ(三〇)は、ウクライナ西部に避難していたが、出産のためにキーウに戻ってきた。「どこにいても危険の度合いはあまり変わりませんから。でも、いまが出産にふさわしい時期だとは言えないですね」

この分院自体も安全とはいえない。取材の前々日には、ロシア軍が発射したとみられるミサイルが分院の近くに着弾し、死者が出た。「夜間外出禁止令が出ているため、妊婦の送り迎えを家族が自由にできないのも問題です。救急車の搬送に頼る以外の方法がありません」と、分院の院長イリーナ・ボリセンコ(六一)は漏らした。

キーウでは、医師不足が深刻だという。ロシア軍の侵攻以後、多数の医師がウクライナ西部や国外に退避したためである。一方で、攻撃にさらされつつも医療活動を続ける医師や看護師も少なくない。

第三章で紹介したウクライナ北部のイワンキウ市立病院は、一カ月にわたるロシア軍の占領中も、自家発電と井戸水を使って休まず診療を続けた。戦争による建物の被害は窓が割れた程度だったが、市内の女性や子ども約二〇〇人が避難していた地下室近くにミサイルが着弾し、みんな肝を冷やしたという。不発だったのが幸いで、爆発していたら大惨事になっていた。

「占領中、ロシア兵はずっと病院に居座り、私たちは彼らの治療もせざるを得ませんでした。銃で強要されたからです」と、院長のラリーサ・ツークは語る。銃弾を受けた負傷兵の手術が多く、手術が終わるとすぐに、兵士は軍に連れていかれたという。

ロシア兵は最初、「麻薬をよこせ」と求めてきた。病院側は拒否した。ただ、コミュニケーションが欠けると何をされるかわからない。会話を交わすよう心がけたという。

占領期間中に、イワンキウ周辺では約七〇人の新生児が誕生した。ただ、病院に行こうとした妊婦のなかには、ロシア軍の検問で拘束され、ベラルーシまで連行されての出産を強いられた人もいたという。

銃撃されてケガを負う市民も相次ぎ、搬送が一日で一六人に達したこともある。大ケガを負っても検問の通過が認められず、亡くなった例もあった。

「いいロシア兵」

マンションを崩壊させ、病院に火をつける。今回の戦争で、ロシア軍の振る舞いにはこのような乱暴で野蛮なイメージがつきまとう。恐らくそれは、大筋としては誤っていないが、それとは異なる姿に関する証言も少なからず存在する。

ボロジャンカの南一〇キロほどのところに、人口約二〇〇〇人のアンドリイウカ村がある。ロシア軍がこの村に到達したのは、ボロジャンカでマンションを砲撃して崩壊させたのと同じ三月二日だった。多数のロケット弾を撃ち込み、村の一部の家屋を炎上させた後、ロシア軍は一カ月にわたってこの村を占領した。兵士らは、住民が逃げ出して空き家となった家を、自らの住まいと定めた。逃げずに残った住民の家には、手を出さなかったという。「上官からそう命令されているようでした」と、パン工場従業員の村民ワーリャ・クリメンコ(六三)は振り返る。一部の兵士は、ロケット弾の直撃を受けて火事になった家の消火にあたったりしたという。

部隊の服装は貧しく、破れた靴を履いている兵士もいた。彼は、入った民家でスニーカーを見つけ出し、勝手に履くようになった。

クリメンコ一家は、体が不自由な母を介護するため、村にとどまった。隣家は逃げ出して空き家になったが、そこに駐留したのが、シベリア出身と見られる二〇歳前後のロシア兵二人だった。

「ベラルーシに行けと指示されたけど、来てみたらウクライナだった。来たくなかった」

二人の兵士はワーリャにこう嘆いた。戦場への出陣を嫌がった二人は、脱走兵と見なされ、トラックに乗せられて最前線のこの村に送り出されたという。

「あなたたちは若すぎる。早く引き揚げて、別の人生を歩んだ方がいい」

彼女は諭した。二人を哀れに思い、食事もつくってやった。

アンドリイウカ村の別の男性住民(七五)も「台所を借りに来たロシア兵と一緒に料理をつくった」と話した。占領者と被占領者の間には、それなりの交流が生じたようだった。

ロシア軍の振る舞いはさまざまだったようである。村の別の地区では、住民の首をロープで縛って射殺した例、女性をレイプした例もあったと聞いた。住民の一人は、この村だけで死者・行方不明者が五三人に及ぶと話した。

四月初め、ロシア軍はベラルーシに向けて撤退した。村を去る際、多くの兵士は家屋から持てるだけのものを盗み出した。「電化製品も、カーペットも、枕も、全部持って行った。でも、隣家の二人だけは何も盗まなかった」とワーリャは言う。彼女の夫グリゴリー（六六）は「ここからベラルーシまでは遠い。途中でわが軍に追撃されただろう。二人は無事に帰れただろうか」と、その身の安全を気遣った。

多数の村人を殺害した軍の兵士を気にかける。一見信じがたいが、密室に立てこもった犯人と人質との間に連帯意識が生まれる「ストックホルム症候群」のような心理状態なのかもしれない。また、一言で「ロシア兵」と呼んでも、その性格も振る舞いも多様で、接する人によって印象も異なっているのだろう。それが、彼らの行為を正当化するものでないのは、言うまでもない。

アンドリイウカ村のワーリャ（中央）とグリゴリー（左）.

アンドリイウカ村には、がれきの山と、打ち捨てられたロシア軍の兵器が残された。四月一四日に私たちがプレスツアーで訪れたとき、村はまだ混乱のなかにあり、道路際には地雷らしきものも転がっていた。ボランティアらが奔走したのか。その三日後に再訪した際には片づけが進み、地雷も見当たらなかった。

キーウの西方に広がる農村地帯は、広範囲にわたってロシア軍に占領された。いずれの村でも被害は大きいが、それでも、アンドリイウカ村のように家屋の多くが破壊されて多数の犠牲者を出した村と、そうでない村とがある。その落差は激しい。

先に紹介した「アドニス産科病院」本院があるのは、アンドリイウカ村の南東約二五キロにあたるブゾヴァ村である。ここでは、西方からキーウを目指すロシア軍と、これを阻止しようとするウクライナ軍が、激しい戦闘を繰り広げた。そのためだろう、村のマンションは軒並み大破し、燃やされた住宅も多く、被害がことさら目立つ。

「最前線となったこの村で、ロシア軍は軍人であれ民間人であれ、区別せず殺しまくりました」

この村からウクライナ軍の領土防衛隊に参加したイーゴリ(三五)は語った。やはり義勇兵だったイーゴリの弟は、その犠牲になったという。

二〇二二年二月二八日、弟は車を運転していて、ロシア軍部隊に遭遇した。森に身を隠そうとしたが、首の近くや腹部に銃弾を受けた。弟は、その場面を自らスマホで動画撮影し、死にゆくなかで友人に転送した。

いまはイーゴリの手元にあるこの動画を見せてもらった。木々の間で銃声が鳴り響く様子、その後自らの腹部に弾が命中する瞬間が、生々しく記録されている。動画を送った後に、弟は息絶えたと思われる。

このブゾヴァ村の戦闘が防波堤となってロシア軍は先に進めず、他の村は占領を免れた。ブゾヴァ村の南隣ネフラシー村はその一つである。三月九日には激しい砲撃を受け、ここで雑貨店を営むイローナ(四九)の一家七人が地下蔵にこもって難を逃れた際、イローナの息子がケガを負った。ただ、村での負傷は、その一例にとどまったという。

一方、アンドリイウカ村とブゾヴァ村との間に位置するコロンシーナ村は、主要街道からやや外れているせいか、他の村に比べ損害がさほど目立たない。

コロンシーナ村の畑では、六人がジャガイモの種芋を植え付けている最中だった。地雷の除去が終わり、農作業が可能になったという。

「アンドリイウカ村は大変だけど、こちらはあまり破壊されませんでした」

作業中のタチアナ(五一)が話した。

一〇〇〇人弱の村人の多くは、ロシア軍が迫った三月四日夜、家畜を野に放ったうえで避難した。残留したり逃げ遅れたりした村人四人が殺され、虐待を受けた例もあったという。行方不明になったのは約二〇人で、やはり殺害された可能性がある。ただ、家屋の被害は大きくないという。

この戦争は収穫に影響しないのだろうか。ジャガイモ畑の六人にそう声をかけると、その一人ヴァレンティーナ(五五)が笑い飛ばした。

「出来不出来を決めるのは、ミサイルじゃない。天候だよ」

ウクライナ人の精神のしなやかさと強靱さを表すうえで、こ

コロンシーナ村ではジャガイモの植え付けをしていた.

の言葉以上のものはないように思えた。

Zの後にVが来た

二〇二二年四月にキーウに入った際、私はこれらの農村を回りながら、途中の一つの村を気づかないまま通り過ぎていた。コロンシーナ村とアンドリイウカ村との間にある人口八四二人のハヴロンシーナ村である。取材の足を止めなかったのは、建物被害があまり目立たなかったからだが、実はこの村を二〇〇九年に取材で訪れたことがあった。そのことを、二〇二二年四月の滞在時にはすっかり忘れていたのである。

それから二カ月後にウクライナを再訪した際、以前の取材を思い出して、改めて足を運んでみた。このあたりの農村は似たようなつくりだが、家の並びを見ていると、記憶がよみがえってきた。

初夏の日差しの下、村は花盛りである。その一軒を訪ねる。杖を両手に、年配の女性が歩み出てきた。一三年前にインタビューをした一人、ナタリヤ・バリューラ(九一)だった。

彼女を含むこの村の約一〇世帯は、チェルノブイリ原発の西方約一八キロにあったルディキ村周辺の出身である。ルディキ村は、一九八六年に起きた原発事故による放射能汚染で廃村になり、集団移住を余儀なくされた。その移転先の一つが、このハヴロンシーナ村だった。

今回のロシア軍侵攻はだから、彼女にとって、原発事故に続く二度目の苦難となる。ナタリヤにそう話しかけると、九一歳とは思えない明敏な口調の言葉が返ってきた。

「二度目だよ。私は第二次大戦も体験したからね」

ナチス・ドイツの侵攻にさらされたルディキ村で、当時一〇歳そこそこだった彼女は、祖母と一緒に自宅でパンを焼き、パルチザン部隊のもとに届けたという。

戦後、ナタリヤは地元で結婚して六人の子を育て、コルホーズ(集団農場)の幹部も務めた。野イチゴとキノコに満ちた故郷を原発事故で追われ、移り住んだハヴロンシーナ村で、ソ連崩壊とウクライナ独立を迎えた。

村は今回ロシア軍に一カ月あまり占領され、村人一一人が亡くなった。その間、ナタリヤは村外に避難していたという。

「まさか、米国から武器をもらう時代が来るとは、想像もしなかったね」

今回と第二次大戦とは違いますか。

「前の戦争では、盗みを働く兵士などいなかったよ。今度のロシア軍は、スーパーの商品を戦車で全部略奪していった」

13年ぶりに再会したナタリヤ・バリューラ.

チェルノブイリ原発が位置するウクライナ北部ポリーシャ地方は、欧州第三の大河ドニプロ川とその支流プリピャチ川[2]に沿った湿地帯で、大規模開発が進まなかった。だからこそ原発の立地先として選ばれ、また豊かなスラブ民俗文化も残ったのである[3]。その土地柄は、集落ごとに神社が維持されて神事や神楽が伝わり、原発や火力発電所も集中する福島県浜通り地方に通じるものがある。

その一角を占めたルディキ村に伝わる文化の一つが、「水の精ルサルカ」の儀式だった。死後に水の精となってさまよう霊を墓場に導く祭祀である。

六月のある日、女たちは白樺の葉の帽子をかぶり、決まった歌を歌いながら墓地に向かう。現地で男たちと合流し、たいまつの火の下で夜更けまで踊り騒ぐ。慰霊の儀式は、男女の出会いの場でもあった。

儀式の起源は、キリスト教以前の民間信仰にさかのぼる。かつてはポリーシャ地方に限らず各地に同様の慣習が根付いていたが、ソ連時代に「社会主義に反する」とされて衰退した。ルディキ村では、辺境だから残ったのである。原発事故後、ルディキ村周辺からハヴロンシーナ村に移ったナタリヤら約一〇世帯がこの儀式を受け継いだ。他の移住先の村々では、ソ連崩壊後に復権したキリスト教会が「多神教的だ」と反対して廃れたが、ハヴロンシーナ村では教会の司祭がたまたま寛容で、儀式を続けることができたという。私が前回訪れたのは、この儀式を取材するためだった。

儀式には、ルディキ村出身ではない村人も参加するようになり、一時は数百人のにぎやかな催しとなった。儀式には歌が伴うが、ナタリヤらの歌唱力は評判となり、合唱団を組織してウクライナ各地やポーランドで公演したこともあった。

ただ、歌い手は年々、高齢化で減少していった。一三年前に取材したときにはすでに十数人になっており、ナタリヤは「私たちが死んだら、誰も儀式を引き継げないでしょうね」と話していた。儀式はそのころ、数キロ先の墓地で催されていたが、コロナ禍の影響も加わって、この三年ほど前から村の一軒の庭に集まるようになったという。

二〇二二年の儀式の日取りは、六月一九日のはずだった。しかし、戦争でそれどころではない。「今年はもう催せない」と、ルディキ村からの移住者の一人ガリーナ・クリヴィノク（六二）は漏らした。

土地を離れて、民俗文化を継承するのは難しい。高齢化も加わって儀式は早晩途絶える運命にあっただろうが、ロシア軍の侵攻はそれにとどめを刺したのである。


村人たちは、ロシア軍が二月二五日ごろに村に来たと記憶している。最初の部隊は、車に黄色く「Z」のマークを書いていたという。「Z」マークはウクライナ侵攻のロシア軍車両に多く見られる記号で、敵味方を識別するためだとみられるが、その意味には諸説がある。

彼らは比較的穏やかだったと、多くの人が証言した。

「何かの拍子に村の子どもが一人殺されてしまったことがあったんです。そのとき、ロシア兵の一人が子どもを腕に抱いて、泣きながら村人のところにきて「ごめんなさい」と謝ったんですよ」

ナタリヤの家族の一人はこう振り返った。

ハヴロンシーナ村の道路脇では、三人の女性がベンチに腰掛け、井戸端談義を繰り広げていた。彼女たちの話も、こうした見方と一致する。

「村の若い人々はみんな逃げ出しましたが、私たちには逃げるところがないからねえ。銃を持った兵士が窓から覗き込んで怖かった。だけど、悪いことは何もしなかった」

女性の一人でルディキ村出身のニーナ（六七）が振り返る。ケガをした村人に「ベラルーシにつれていってあげようか。病院で手術を受けたらいい」と持ちかけた兵士もいたという。

一方で、これら初期の兵士らは村人の動向を探り、ドンバス紛争にウクライナ軍兵士として参加した男たちを捜していた。見つけると、ロシア軍の駐留場所である近くのゴルフクラブに連行したという。「Z」の兵士のこうした振る舞いは次章にも見られるが、ロシアへの抵抗運動に携わりかねない人物の排除を狙ったのだと考えられる。

別の女性アンナ（七一）は、占領当初に家にやってきた三人のロシア兵とフェンス越しに会話を交わした。

――ここに誰が住んでいるのか。

――私と孫たちよ。

――私たちを怖がる必要はない。家に白旗を掲げてください。そうすれば人が住んでいるとわかるから、悪いことはしない。

「最初に来た男たちは親切だったね。「私たちは、ここに長くはいない」とも言っていた」とアンナは語る。

三人のロシア兵はこうも忠告したという。

「一週間後に来る部隊は、人間として最悪の連中だ。とても危ないから、外出しないでほしい。気をつけてほしい」

三月はじめに、その部隊がやってきた。今度は「Z」でなく「V」の識別マークを車につけていた。

Zの人々は白人だったが、Vには東洋系の兵士が多いように思えたという。

ニーナによると、彼女の家の近くで一度、ロシア兵が住民を殺害した。子どもの一人を連れ去ろうとして、止めに入った父親を撃ったのである。同様に近寄ろうとした母には「撃つぞ。生き残りたかったら家に戻れ」と怒鳴った。殺害された父の遺体は四日間、街路に放置されたままだった。村の人が何とか一家の敷地内に運び込んだものの、ロシア兵がいて墓地には運べず、自宅の中庭に仮埋葬した。

兵士を変える集団規範

「ロシア兵のなかには、いい人もいた」との証言は、ロシア軍が占領していた地域を回るなかでしばしば耳にした。ウクライナ北部イワンキウでは、侵攻翌日に受けたミサイル攻撃で半壊した自宅に暮らす主婦タチアナ・オサチャ（三三）が「占領中のロシア兵は怖かったけど、何も手出しをしなかった。子どもたちにクッキーをくれた」と振り返った。激しい戦闘が起きたブチャの駅前通り沿いに暮らす元救急医ハンナ・ザモヒリナ（八〇）は、ロシア軍占領中に極東ハバロフスクから来たという部隊の兵士と会話を交わした。

「残酷な感じはしませんでした。私たちの家を見て「トイレが室内にある」とうらやましがっていました。田舎から来て、ブチャの豊かな生活に憧れを抱いたのでは」

ごく常識的な振る舞いの兵士が少なくない一方で、ブチャの虐殺やボロジャンカでのマンション攻撃など、常識を逸脱した残忍さも時に際立つ。ロシア軍のこの落差はどこから来るのだろうか。

紛争や犯罪での集団心理を研究する福岡大学准教授・縄田健悟（三八）は、近著『暴力と紛争の〝集団心理〟』で、暴力に手を染める集団に漂う「空気」について検証している。[4]「空気」というと漠然とした感があるが、これは社会心理学で「集団規範」と言い換えられる。「空気が読めない」（ＫＹ）の場合の「空気」である。「空気は人を支配し、人にさまざまな行動をもたらしうる」と同書は述べる。

「あくまで推測ですが」。オンラインで連絡を取った准教授はそう断りつつ、ロシア軍について「部隊ごとに、空気が異なっていたのではないか」と語った。平和な日常から突然戦場に送り込まれ、意識の転換ができない兵士ばかりの部隊は、暴力的な空気に乏しい。しかし、例えばシリア帰りの指揮官が虐待や処刑の例を示すと、暴力への空気が次第に形成される。兵士は、暴力性を備えた集団の一員としてのアイデンティティーを受け入れ、「これが戦場だ」と自らを正当化する。

次章で検証するが、ブチャで虐殺にかかわったと見られるロシア軍「第六四独立自動車化狙撃旅団」は、後者の典型例だっただろう。その旅団はブチャから撤退して間もない四月一八日、ロシア大統領プーチンから「親衛隊」の名誉称号を授けられ、指揮官は昇任した。虐殺を国家から称賛されたことになる。

「残虐な行為をしても構わないという空気の土台を、ロシアという国家自体がつくっていたのではないでしょうか」

私はかつて、ロシア軍の兵士の家族をモスクワで取材したことがある。二〇〇九年のことである。

その兵士アレクセイ・パルフョーノフは、一八歳になったときに、地元軍事委員会から徴兵の通知を受け取った。機械工場で働き始めて一カ月しか経っていなかった。暴力、新兵いじめ、麻薬といった軍の悪い噂を聞いていた家族はこぞって反対し、ウクライナの親戚のもとに預けたり警察官になったりして兵役逃れをするよう画策した。しかし、本人は「周りもみんな入隊している。僕もきっと軍でやっていけるよ」との言葉を残し、訓練所で半年を過ごした後、志願兵に身分を切り替えて南部ダゲスタン共和国の通信基地に勤務した。

事件が起きたのは翌年だった。酔った同僚と口論になり、ハサミで首を刺され、死亡したのである。まだ一九歳だった。身長二メートルの彼の遺体は、長さ一九〇センチの棺桶に首を曲げて入れられ、家族のもとに戻ってきた。損傷が激しく、口づけもできなかった。「軍に行かないで、とあれほど説得したのに」。モスクワ郊外の老朽アパートの一室で、母のソフィア（四九）は涙ぐんだ。

ロシアでの軍の規律の乱れはそのころから有名で、みんな何とか徴兵を避けようとしていた。当時、徴兵に応じるのは兵役対象人口の一七%に過ぎなかった。残る八割あまりは学業の継続や健康状態などを理由に徴兵を回避していた。賄賂を渡して逃れる例も多いと聞いた。

その後ロシアは、大規模な軍改革を実施した。しかし、暴力的な集団規範は変わらないようである。酒と暴力の「空気」が支配する軍隊に、まともな振る舞いは期待できない。その一番の被害者は彼らに占領されたウクライナの人々だが、ロシア軍の兵士やその家族もまた、異なる苦しみを抱えている。

ハヴロンシーナ村から、ロシア軍は四月二日までに引き揚げた。しかし、部隊が撤退した後も若いロシア兵四人が居残り、森に隠れながら生活していたという。食べるものにも困った彼らは最終的に、ウクライナの警察に自ら出頭して拘束された。

「どうせロシアに戻ってもまた戦場に行かされるだろうから、生き残ろうとここに残ったのかもね。ただ、一生を刑務所で過ごすかもしれないけど」とアンナは話す。

アンドリイウカ村と同様に、ここでもロシア兵のさまざまな姿がうかがえる。ただ、彼らがここに来たこと自体、そもそも間違いなのである。村人らにそのような思いは強い。

「一九八六年には放射能からここに逃げてきたけど、今度はどこに逃げたらいいのか。みんなここで静かに仲良く暮らしていたのに、どうして彼らは、わざわざこんなところまで来て、私たちの生活をぐちゃぐちゃにしたのかねえ」

ニーナがつぶやいた。

（1） 例えば "WHO records more than 1000 attacks on health care in Ukraine over the past 15 months of full-scale war", WHO Media release, 2023. 05. 30, https://www.who.int/europe/news/item/30-05-2023-who-records-1-000th-attack-on-health-care-in-ukraine-over-the-past-15-months-of-full-scale-war
（2） 欧州の河川は長い順に、ヴォルガ川、ドナウ川の次にしばしばウラル川が挙げられるが、流域の主要な部分はカザフスタンであるため、ここでは省いた。
（3） ポリーシャ地方の民俗文化の概要と保存への取り組みについては国末（二〇一二）。
（4） 縄田（二〇二二）

第五章　戦闘と平和のはざま——イワナフランカ

憧れの郊外都市

ロシア軍撤退後のキーウ周辺を二週間あまり取材した私は、四月二二日にメディカ検問所を徒歩で越え、ウクライナからポーランドに出国した。国外に逃れる難民の大行列に巻き込まれることはなかった。逆に、駅に向かうバスから見た反対車線は、ウクライナへの入国を目指す車の渋滞が一〇キロ以上にわたっていた。人の流れは、侵攻二カ月にして完全に逆転したのである。いったんウクライナから逃げ出した人々はいま、ロシア軍が去った故郷に戻ろうとしていた。

四月二四日に決選投票があったフランス大統領選に回った後、しばらくマネジメントに追われた私は、六月四日に再びウクライナに向かった。ポーランド東部のプシェミシルから国境越えの夜行列車に乗り、翌朝キーウに到着した私は、住宅街に位置するアルファヴィート・ホテルに入った。侵攻後最初に使ったインターコンチネンタル・ホテルは多少値が張るため、同僚がこのホテルに拠点を移したのである。国際会議場「パラッツ・ウクライナ」に隣接して国際機関がしばしば利用し、私自身も侵攻前に何度か滞在した経験があった。

四月には閑散としていた中心街にも人が戻り、飲食店も多くが再開し、社会の再生ぶりを実感した。

2022 年 4 月のイワナフランカ通り.

一カ月あまり前にウクライナから出たとき、逆方向に行列をつくっていた人々が、復興を担ったのだろう。

このころ、欧米では「ブチャ後」との言葉が使われ始めていた。虐殺の衝撃は、じわじわと広がりつつあった。

ブチャでロシア軍に殺害された四〇〇人余という犠牲者数は、それだけ見るとホロコーストの六〇〇万人、ルワンダ大虐殺の五〇万人から一〇〇万人、あるいはボスニア・ヘルツェゴビナ内戦で起きたスレブレニツァ虐殺の約八〇〇〇人からも隔たりがある。しかし、人命尊重の意識が浸透した二一世紀に起きたこと、その場所が欧州連合（EU）や北大西洋条約機構（NATO）の加盟国と隣接する欧州の一角だったこと、世界の安定に責任を持つはずの国連安保理常任理事国ロシアが自ら手を染めたことから、多くの国はこの出来事を極めて深刻に受け止めた。何より、欧米が戦後一貫して追い求めた自由で安定した社会の価値観と秩序を脅かしかねないところが、危機感を招いた。二一世紀に入ってからの出来事としては、政治的インパクトが最も大きなものの一つとなったのである。

各国のメディアはブチャに入り、虐殺の実態を追い求めていた。その取材対象は多くの場合、「死

6月に再訪したときのイワナフランカ通り.

の通り」ヤブロンスカ通りだった。確かに、この通りの路上に放置された遺体のイメージは世界に衝撃を与え、戦争犯罪にまみれたこの戦争の性格を決定づけることになった。通りに面した建物では住民の虐待や処刑があったとも判明し、ロシア軍の非人道性をさらに印象づけた。

私は一方で、前回四月に短時間訪ねた町外れのイワナフランカ通りが気にかかっていた。この地区は、高級住宅街のブチャのなかにあって田舎っぽいところであり、地元出身の年配者が多い。そこで多数の住民が犠牲になり、さらに身元不明の遺体も見つかっているようだった。ロシア軍が何をしたのか、それに対して地域社会はどう応じたのかを、ここで探れないかと考えた。

六月八日に再訪したこの地区は、殺伐とした四月の街路とは異なる風景に変わっていた。夏の到来を告げる緑豊かな木々と雑草により、被害の多くが覆い隠されていた。避難していた住民の多くも帰還し、少なくとも見た目だけは、静かな住宅街の風情を取り戻しつつあった。

ブチャは、首都キーウの都心まで車で三〇分程度の便利さにもかかわらず、森と湖に囲まれてリゾート都市の雰囲気を保っている。ソ連時代からの別荘地だが、大きく発展したのはソ連崩壊後だった。現在の人口約三万六〇〇〇人の多くは、キーウから移り住んだ比較的高所得の家庭であり、子育てを控えて豊かな自然環境に憧れた若いカップルが少なくないという。

その市街地は、ウクライナ鉄道のブチャ駅を中心に広がっている。駅の北側にはマンションが目立ち、市役所や聖アンドリー教会、夏季キャンプ場などが位置する。キーウからポーランドに向かう幹線道路がその中央を東西に走り、沿道にはしゃれたレストランやブティックが点在する。駅の南側は一戸建てが中心だが、ところどころに工場や倉庫も見える。南の端をヤブロンスカ通りが東西に走り、そのさらに南はブチャ川を隔ててイルピンと接している。

鉄道は、ブチャ駅を東に出ると南に大きく方向を変え、盛り土の上を走ってブチャ川を渡り、イルピンからキーウへと至る。イワナフランカ通りは、その線路の東側にあたる。市街地とは盛り土によって隔てられ、やや孤立した地区である。レストランも大きな商店も見当たらず、ブチャが農村だったころの風情を残す。実際、住民の多くは代々この地区で暮らす年配者であり、都市住民がロシア語を話すのに対し、ここでは農村に多いウクライナ語もよく話される。

地図を見ると一目瞭然だが、イワナフランカ通りは、「死の通り」ヤブロンスカ通りの延長にあたる。多数の犠牲者を生んだ二つの通りは、実際には一本なのである。ただ、両通りは鉄道の盛り土で分断され、車は行き来できない。そこには踏切もトンネルもないが、地元の人々が頻繁に線路を越えるため、盛り土の両側に上り下りする小道ができている。いわゆる「勝手踏切」である。

イワナフランカ通りは、西端の線路際から一番地が始まり、北側に奇数、南側に偶数の番地が並ぶ。番地の少ない方から多い方へと東に向かうと、数百メートル先で住宅街から小さな森に入る。森を出たところに樫の大木がある。周囲の木々の多くはほっそりとした松か白樺なので、横に広がる樫の枝の豊かさが目立つ。イワナフランカ通りはその樫の木の前で終わり、道はやや北に折れてスタロヤブロンスカ通りと名前を変える。その延長は工場地帯を抜け、ホストメリ市域に入って幹線道路と合流し、キーウに至る。

私はキーウから車で来たので、樫の木の下からイワナフランカ通りに入った。

樫の木の下で

ロシア軍の占領当時について知る人を捜していると、屈強そうな男性が自転車に乗って森のなかをやってきた。ヤシャル・シャミリシュヴィリ（四〇）と名乗る。その姓が示すように、ウクライナ人ではなくジョージア（旧称グルジア）人で、二〇年前に移住した。イワナフランカ通りから少し入ったところに暮らし、自動車の修理工場を営んでいる。体格がいいのは、重量挙げの選手だったからだという。

彼は、ロシア軍の占領中も避難せず、ずっと自宅にいた。

「怖かったけど、家でシェパードを四頭飼っていて、世話をしなくちゃならなかったですから」

戦争だけにペットどころではないのではと疑ったが、犬や猫の世話をするために避難しなかった人は、ウクライナ各地で意外に多いと、後に知った。ウクライナ人にとって、動物はそれほど身近で大切な存在なのである。ヤシャルは、避難した近所の家庭から依頼され、その家に残った犬にエサをやるために毎日通ってもいた。

イワナフランカ通りの東端の樫の木.

二月末に占領が始まった後のある日、いつものようにエサをやりにいこうと外に出ると、四人のロシア兵がやってきた。「何をしているんだ」と詰問する。ジョージア人だと言って旅券を見せると、ロシア兵らはそれ以上問い詰めず、「外に出るな。エサは家のなかでやれ」と指示して去った。

「もし私がウクライナ人だったら、あの六人と一緒に殺されていたかもしれません」と、ヤシャルは振り返った。

あの六人とは誰か。ヤシャルは、恐ろしい話を語り始めた。

「たぶん、ロシア軍が撤退した三月末だったと思います。犬にエサをやりにいこうと外に出たら、あの樫の木の下で、煙が上がっていたのです。近づいてみたら、六人の遺体が燃やされていた」

ヤシャルは携帯を開き、そこに保存された写真を私に見せてくれた。それは、思わず目を背ける光景だった。

黄色く焼け焦げた肉の塊が、樫の木の下に散乱している。よく見るとそれは人間であり、手足の一部は切断されているようだった。

ヤブロンスカ通りに遺体が転がるショッキングな写真は虐殺の象徴として世界のメディアで伝えられたが、こちらはそれ以上に強烈である。一般のメディアにはとても掲載できそうにない。

六人はどこから来たのか。

「このあたりの人だと聞きました。警察が遺体を引き取って、ＤＮＡ鑑定をして、家族に連絡がいったはずですよ」

この地区では、何か尋常でない出来事が進行していたようである。

ヤシャルの親戚がイワナフランカ通りの反対側の端に住んでいるという。彼とともに、その家に足を運んだ。


イワナフランカ通りの西の端は、鉄道の盛り土にぶつかって終わる。その手前に、車を回転させられるよう、小さな広場ができている。ヤシャルの親戚の家は、その広場に面した南側だった。鉄板製の塀には、小さな穴が無数に開いている。激しい銃撃を受けたと推測できる。

「この塀は去年建てたばかりなのに」

ヤシャルが妹と呼ぶ女性オクサナ・タルグンスカ（三二）は、ため息をついた。

彼女の本業は弁護士で、二〇〇六年にここに移り住んできた。生活はすこぶる快適だったという。

「キーウに車で三〇分もあれば出られるすばらしい場所です。街路はきれいだし、公園があるし、一〇分も歩けばボウリング場も映画館もカフェもある。ただ、いまは何も残っていないですけど」

すべてを破壊したロシア軍が街に入る直前の二月二五日朝、彼女は家族とともに、ウクライナ中西部のヴィンニツァに避難した。

「もう少し遅れていたら、殺されているところでした」

以後、ポーランドやブルガリアを転々とし、ロシア軍撤退後の四月七日に帰宅した。戻り着いた自宅には、撤退する際にロシア軍が仕掛けたと思われる爆発物付きの鉄線が張りめぐらされていた。完全に撤去するのに二カ月近くかかったという。実際に地雷が爆発した痕跡もあったが、忍び込んだ野犬が踏んだのかもしれない。室内は混乱を極め、足の踏み場もない状態だった。家具がひっくり返され、弾丸が転がり、酒瓶が散らかっていた。この家にロシア兵らが上がり込んで生活していたのは明らかである。宝飾品はすべて持ち去られていた。

「実は、地下室に遺体が放置されていたのですよ」

オクサナは意外な話をした。誰なのか。

「誰か知らない人です。二〇歳ぐらいの男性でした」

この地区を訪ねてまだこの二人にしか遭っていないのに、すでに七人分の遺体の話が出てきている。イワナフランカ通りの東端にある樫の木の下で燃やされた六体と、西端に位置するこの家の地下で見つかった一体である。

ヤシャルとオクサナによると、この近所では多くの人が犠牲になった。小広場の向かい側、すなわちイワナフランカ通りの西端北側の一角には、兄弟が二人で暮らしていた。

「だけど、二人とも殺された。優しくてとてもいい人たちだったのに、なぜ殺されなければならなかったのか。さっぱり理解できません」とヤシャルが語る。

その東隣は学校の先生の家だったが、家族全員が殺害されたという。さらにその東側の家も、避難しなかった家族は全員殺された。イワナフランカ通り一番地の区画に位置するこれらの家は、どうやら全滅しているようである。

では、これら殺された人たちの誰が樫の木の下の遺体であり、誰がここの地下室の遺体なのか。いったい誰がどこで殺されたのか。こちらも混乱してきたが、二人もよく知らないようだった。オクサナは外からこの地区に引っ越してきただけに、さほど濃密な近所づきあいをしていなかったようである。

通りの北側の人々が生き残れなかったのに対し、南側の人のなかには避難して生き延びた人が多いという。ヤシャルによると、オクサナの家から東に二軒目の家に暮らす家族は、小さな子がいることから当初自宅にとどまったものの、ロシア軍の占領が始まって以後に徒歩で避難した。その一家を、後日訪ねた。

「次に来る部隊は……」

イワナフランカ通り四番地Aにあたるその家は、屋根が完全に吹き飛ばされ、なかば廃虚となっていた。家の前の駐車場スペースにプレハブの小屋を建て、一家はそこで暮らしている。プレハブは、リトアニアのボランティアの斡旋で借りたという。

この一家パトキウスカ家は、五人家族である。フィルター製造会社に勤めるワシリー(五二)とその妻ハンナ(五〇)、二人の間の娘テチャーナ(二五)とその夫、テチャーナの娘サーシャ(一つ)である。テチャーナは日本の小学校にあたる学校の教師だが、育児休業中だった。

家の敷地に入ると、足元に猫が寄ってきた。

「妊娠していて、いつも入り込むのです。うちの猫じゃないんですけど」とハンナが言う。四月にこの地区を訪ねた際に、路上で交尾をしていたあの猫だ。その話をするとハンナは笑った。猫の妊娠期間は二カ月あまりだから、そろそろ出産の時期である。

ロシア軍がこの地区に入ってきたのは三月三日前後だったと、一家は記憶している。イワナフランカ通りの西の端の小広場に戦車が陣取り、南に向けて砲撃をするなどした。イワナフランカ地区の南側にはブチャ川がつくる小さな湖が二つ連なり、その対岸にはイルピン市内で最も激しい被害を受けた北東部の住宅街が位置している。その砲弾は、イワナフランカから撃ち込まれたのかもしれない。

ワシリーと地下蔵入り口.

一度大きな爆発音が聞こえ、周囲の家のガラスが割れたことがあった。ウクライナ軍のロケット弾でも受けたのか、ロシア軍の戦車が壊れていた。

パトキウスカ一家はブチャから退避するタイミングを逸し、自宅の地下蔵に避難した。この地方の一戸建てはどこでも、ジャガイモやトウモロコシなど食料を備蓄するための地下蔵を備えている。入り口はマンホール程度の幅で人がやっと通れるほどだが、はしごで降りると内部は意外に広い。戦闘に巻き込まれるのを避けようと、一家はみんなでここに身を潜めた。外に出るのは、料理をつくるときなどに限っていた。すでに電気も水道も止まり、しかし敷地内に井戸があったのでその水を汲んだ。

一歳の女の子サーシャは外に出たくて仕方がない。母のテチャーナはロシア軍の目を盗みつつ、午前五時から六時ごろにベビーカーを押して家の周りを散歩した。サーシャは一度、ロシア兵の近くによちよち歩いていったことがあるが、兵士は手を出さなかった。「小さな子は自由にさせたらどうか」とロシア兵同士が話しているのを、テチャーナは耳にした。このころのロシア兵は概して穏やかで、暴力を振るうことはなかった。チェチェン共和国出身の部隊だと言い、住民たちと話をし、冗談を言い合うこともあったという。

三月九日の正午ごろ、隣の二番地に暮らす一家が、市外に避難するために家を出た。理由についてその家族は「何か胸騒ぎがする」と語っていたという。自宅の塀際にやってきたロシア兵たちとワシリーが会話を交わしたのは、その日の午後三時ごろだった。

「私たちはあなたたちを守ってあげたいが、ここにいたら殺されるかもしれない。どうするか決めて下さい」と、ロシア兵が語った。

「逃げてもいいのか」

「言うことに従えば、逃がしてあげよう」

そのロシア兵は親切に見えた。

「私たちはここに、あと少ししかいられない。二、三日後にはロシアに帰る」

そう語る兵士は、「私たちの後に来る部隊は……」と言いかけて、言葉を呑み込んだ。

「うーん。早く逃げた方がいい」

後続部隊はよほどひどいのかと、ワシリーは思ったという。

家に戻ったワシリーは、妻のハンナと相談した。

「どうしようか。逃げる準備をしようか」

若く優しげなロシア兵が地下蔵を訪ねてきたのは、それから一時間あまり後だった。「生き残りたいか」と彼はまた問いかけた。一家が「はい」と答えると、「一〇分以内に出ろ」と急かされた。着替えを用意する時間も、身分証明の書類を持ち出す余裕もない。サーシャの服だけを手にして、家族五人でこわごわと通りに出た。砲撃は止まり、静寂が支配していた。気温五度ほどのよく晴れた夕刻だった。

「白い腕章をして、白旗を掲げなさい。そうしないと撃ち殺される」

ロシア兵はそう告げた。実際、逃げようとする住民をロシアの狙撃兵が狙っている、との噂を聞いていた。ワシリーは道端で拾った木の枝にサーシャの白い着替えをくりつけ、白旗代わりにした。その作業を、ロシア兵の一人が手伝ってくれた。

家を出て、通りを西に歩いていく間、ロシア兵が付き添った。兵士の一人は「キーウに行かず、反対側に避難してください。私たちはこれからキーウを占領する。だから、キーウに行くともう一度ひどい目に遭いますよ」と言った。しかし、反対側とはロシアの占領地を意味する。一家はブチャの中心街に出て「人道回廊」を通るウクライナ側の避難バスに乗るつもりだった。

周囲の家屋に、まだ損傷は見られなかった。通りの塀は最終的に軒並み破壊されたが、それはもっと後の話であろう。

通りの右手の家には、そこに暮らすパヴレンコ家の年配男性ヴィクトルとユーリの姿が見えた。向かいのオクサナ・タルグンスカの家で聞いた「優しい兄弟」である。弟のユーリは自宅のバルコニーにいた。兄のヴィクトルはロシア兵と会話を交わしていた。二人の姿をワシリーが見たのは、これが最後となった。

占領地からの脱出

パトキウスカ一家が小広場まで来ると、真っすぐ線路を越えて進むよう兵士は指示し、英語で「グッドラック」と別れを告げた。線路に踏切はないが、住民が頻繁に越えるため、小道ができている。後ろから狙撃されても子どもが助かるよう、サーシャとテチャーナ夫妻が前を、ワシリーとハンナが後ろを歩き、盛り土をのぼった。「怖くて振り返れませんでした」とワシリーは言う。

避難の様子を再現して盛り土を上がるワシリー.

線路を越えると、盛り土の陰になってロシア兵の目からは隠れる。テチャーナの夫はここから一家とわかれ、イルピンに暮らす祖母の安否を確かめに行くことに決めた。線路沿いに南に進むと、地元住民だけが知るブチャ川の渡河地点を経てイルピンに歩いて行けるという。夫はその後、無事祖母のもとにたどり着き、ロシア軍撤退後に一家のもとに戻ってきた。

残った四人は、ロシア兵の指示通り真っすぐ進もうとした。しかし、しばらく行くと、行く手の路上に人の足が転がっているのに気づいた。

「死体だ」

そこはすでに、遺体が路上に放置されて「死の通り」と呼ばれたヤブロンスカ通りだった。東端の二二七番地にあたり、周囲に民家は乏しい。まだ開発が進まず、雑草ばかりの空き地が広がる地区である。このまま直進すると、自分たちも狙われかねない。一家はあわてて、右の脇道に折れ、北に向かった。

しばらく進むと、四人とは反対方向に向かう大勢の人々に行き当たった。彼らは、市街地を出てイワナフランカ通りの方に向かっているのだった。一家は混乱した。彼らと一緒に、自宅に戻った方がいいのではないか。

折しも、イワナフランカ通りでは通じなかった携帯の電波が入るようになった。テチャーナは、友人のヴァレンティーナに相談した。

「戻っちゃだめ。そのまま避難して」

それが、ヴァレンティーナからの助言だった。

ヴァレンティーナとは、教員養成大学でテチャーナと同級生だったヴァレンティーナ・クジコ(二六)である。キーウ東郊の学校で英語の教師として働く彼女は、卒業後もテチャーナとしばしば連絡を取り合っていた。ロシア軍のブチャ占領後は「家から出られない」と語るテチャーナを心配して、頻繁に電話をかけるようになった。通信はしばしば途絶え、つながってもすぐに切れた。

ブチャがロシア軍に占領された後、ヴァレンティーナはパトキウスカの一家に、避難するようしきりに勧めた。ボランティア活動に熱心な彼女は事情に通じており、ブチャを脱してキーウに来れば安全が当面確保されると認識してのことだった。しかし、一家はしばらくためらい続けた。イワナフランカ地区ではネットがほとんど通じず、情報を得られなかったからだろう。

「避難する際にロシア兵ともめたら、現金を渡せばいい」

ヴァレンティーナは一家にそうアドバイスもした。

一家が自宅を出て間もない九日午後四時四〇分ごろ、ヴァレンティーナはテチャーナから連絡を受けた。最初は「家から出ることができた。市内の中心部に向かう」との連絡だった。しばらくして、もう一度連絡があった。

「大勢の人が反対方向に流れている。みんな家に帰っているようだ。私たちも今日は避難を諦めて、家に戻ろうと思う」

「諦めないで。戻っちゃだめ」

しばらくして、テチャーナからさらに連絡が来た。

「人が誰もいないよ」

「どこか泊まるところを探して、朝になるのを待って」

もし一家が家に戻ったら、きっとロシア兵に殺される。ならば街に出て、「人道回廊」を通じて脱出する道に賭けるしかない。ヴァレンティーナはそう信じていた。それは、イワナフランカ通りに残った住人たちがその後たどった道を考えると、決して間違いではなかった。

中心部まで来たパトキウスカ家を、もう一つの関門が待ち受けていた。街を占領したロシア軍が市役所の近くに設けた検問所である。通りかかった一家を、一〇人ほどのロシア兵が取り巻いた。テチャーナだけを別の場所に連れていこうとした。

「彼女を避難のバスまで連れていってあげよう。ご両親はイルピンに向かってください」

ロシア兵らはこう一家に告げた。しかし、二五歳の女性を連れ去って兵士らが何をするのか、容易に想像がつく。テチャーナはおびえ、一家は凍り付いた。

そのとき、検問を一人の男がすり抜けようとした。兵士らが一斉に追いかける。そのどさくさに紛れて、一家は抜け出した。

一家は、中心部の親戚宅で夜を明かした。翌朝、「人道回廊」の救援バスは朝九時に出発する予定だった。寒さがとりわけ厳しいなかで、なかなか来ないバスを一家は待ちあぐんだ。ヴァレンティーナはテチャーナに連絡を取って励まし続けた。避難用バス二五台のうちの一台に一家が乗ったのは、午後になってからだった。

パトキウスカ一家はその後、キーウ南西の街ファスティフに滞在し、五月に自宅に戻った。家は崩れ落ち、ロシア兵が飲んだであろう酒の瓶が大量に転がっていた。自宅に残した飼い犬は真っ二つに切り裂かれて殺され、飼育していた二頭の豚は食べられていた。

ロシア兵に議論を挑んだ女性

パトキウスカ家の証言から、ロシア軍占領中のイワナフランカ通りの様子が、おぼろげながら浮かび上がってきた。

一つは、通りの北側の住人がほとんど殺害されたのに対し、南側の住人はほぼ全員が助かっていることである。占領が始まって以降も残った人々のうち、南側の住人はロシア軍に促されて途中で退避した。一方、北側の住人は何らかの理由で退避しなかった。そこに、運命の分かれ道があった。

もう一つは、この地域を占領するロシア軍の部隊が途中で交代したことである。前半の部隊では、振る舞いがまったく異なっていたことで、多くの住民の記憶も一致している。占領当初の三月初めから一二日ごろまでの第一陣は、恐らくチェチェン共和国の部隊で、総じて礼儀正しく穏やかだったという。住人らに「外に出るな」と指示しながらも、ごく普通に日常会話を交わし、暴力を振るうことはほとんどなかった。一方、この部隊の兵士がワシリー・パトキウスカに示唆したように、その次に来て三月末の撤退時までいた部隊は粗暴だった。後に検証するが、通りの北側の住人たちの多くはこの第二陣の部隊の兵士によって殺害されたと考えられる。違う言い方をすると、南側の住人は二番目の部隊が来る前に去ったからこそ、生き延びたのである。

パトキウスカ家の東隣、イワナフランカ通り四番地に住む女性リュドミラ・タモージュニャ（五二）は、「この地区で一番気が強い」と自任するだけあって、第一陣のロシア兵に議論を挑んだ。

それは、パトキウスカ家が避難した三月九日のことだった。ワシリー・パトキウスカと会話を交わしていたロシア兵は、その後でリュドミラのところに来て「どうして避難しないのか」と尋ねた。

「ちょっと待ってよ。私たちは一〇年かけてここで家庭を築いてきたのに、すべて投げ出して逃げろと言うの？」

ロシア兵が答えた。「今夜はすごく暑くなるから」。激しい戦闘が近く起きることを示唆したようだった。

「それはあなた方が戦車をここに持ってきたからでしょう。私たちの家を防護壁として使うつもりでしょう」

「仕方ない。戦争だから」

「なぜここに来たの？」

「仕事だから。給料をもらっているからね」

兵士の一人が答えた。

「それに、私たちが来なかったら、ロシアがウクライナに攻撃されていたはずだよ」

「ウクライナがロシアを攻撃する？　そんなはずないでしょう。広いロシアをウクライナが占領できるとでも思っているの？」

「だって、あなた方は子どもたちに、嘘の歴史ばかり教えているでしょ。スターリングラードの戦いも、ロシアではなくウクライナの手柄だと教えているんでしょ」

リュドミラはその言葉を聞いて、すっかり呆れてしまった。ロシア兵らは、自国のプロパガンダにすっかり染まって、自らはそのことにすら気づいていない。

「あなた自身は人を殺していないかもしれないけど、ロシア軍のせいで多くの人が亡くなったのよ。

あなたの手は、ウクライナ人の血で染まっている」

リュドミラがそう非難すると、ロシア兵は黙り込んだ。別の兵士がリュドミラに「もういいから、あっちに行け」と言った。しかし、危害は加えなかった。リュドミラ自身、「彼らはすごく優しい人たちだった」と振り返った。

兵士らはチェチェン共和国から来たのだろうと、リュドミラは推測した。彼女が見た兵士は八人ほどで、みんな二〇代に見えたという。

「すごく暑くなる」という兵士の言葉を受けて、彼女は、激しい戦闘に備えてその夜、地下蔵に家族と隠れていた。そこに兵士が二人来て、蓋を銃でコツコツたたいた。「なぜ避難しないのか」と再度尋ねる。

「だって「人道回廊」のめどもたっていないようだし」

「ここで一晩過ごしたら、明日は白い旗を掲げて、すぐ退避してください」

ロシア兵がしきりに避難を勧めたのは、パトキウスカ家の場合と同じだった。

翌朝、リュドミラの一家六人は、二匹の犬と一匹の猫も連れて、車で避難の途に就いた。隣家の会計士スヴェトラーナ・ヤコヴェンコ（四四）の一家三人が乗る車と一緒だった。

車に乗ったリュドミラとスヴェトラーナの二家族に対し、ロシア兵らは「私たちは何もしない。ただ、この先も無事かどうかは保証できないよ」と言った。実際、避難する車への砲撃や銃撃は相次いでおり、多くの人が犠牲になっていた。リュドミラが乗る車は、彼女の長男で自動車修理工のエドアルド・ニツェヴィチ（三三）が運転した。目立たないようなるべく路地裏の道を通りつつ、先を急いだ。

リュドミラとエドアルド母子の家の裏手の住宅に住み、イワナフランカ通り四番地の地番を共有する店員のオレクサンドル・バヤルスキー(二九)は避難せず、一家五人で占領中ずっととどまり続けた。ロシア兵からは「危ないから地下蔵に潜っていろ」と指示された。

「井戸まで水を汲みに行くのはいいですか」

「いいよ。ただ、午後六時以降は絶対に外に出るな」

その命令に従ったから生き残れたと、オレクサンドルは考える。実際に他の家についても、住民が地下蔵に潜んでいる限り、ロシア兵は多くの場合手出しをしていない。

オレクサンドルも、第一陣のロシア兵を好意的に受け止めていた。

「最初の兵士は、コーヒーや食料、料理まで地下蔵に差し入れてくれたんです。とても親切だった」

地下蔵暮らしを続けるうちに、電気が途絶えた。携帯の充電もできず、いまが何日なのかもわからなくなった。だから「三月二三日か二四日ごろでなかったか」と彼の記憶もあやふやだが、ある日近所で大きな爆発が起きた。その衝撃で自宅の窓ガラスが割れた。外に出て窓の修繕をしていたら、ロシア兵たちがやってきて連行された。ただ、尋問を受けただけで解放された。ロシア兵は、指揮官が東洋系で、残りはスラブ系の顔立ちだったと、オレクサンドルは記憶している。

「孫はどこに行った」

イワナフランカ通りは東西延長数百メートルに及ぶが、ロシア軍占領中の被害は、西側の数番地に集中している。

マキシマ・リザニチャ通路
鉄道
マキシマ・リザニチャ通り
グリゴリー・カシャン（警備員）
イワナフランカ通り
スヴェトラーナ・ヤコヴェンコ（会計士）
ヤブロンスカ通り
オクサナ・タルグンスカ（弁護士）
ナベレズナ通り
N
0
50 m
A
B
C
D
E
F

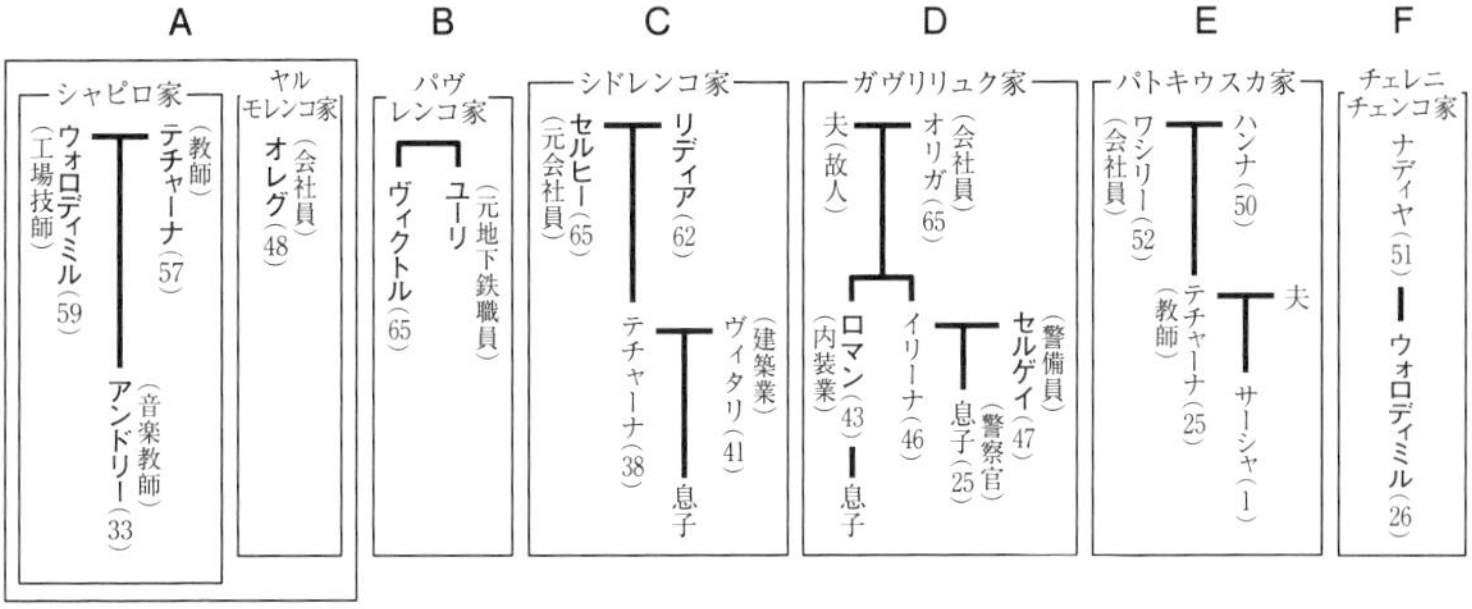
A
B
C
D
E
F
シャピロ家
ウォロディミル（工場技師）（59）
テチャーナ（教師）（57）
アンドリー（音楽教師）（33）
ヤルモレンコ家
オレグ（会社員）（48）
パヴレンコ家
ヴィクトル（65）
ユーリ（元地下鉄職員）
シドレンコ家
セルヒー（元会社員）（65）
リディア（62）
テチャーナ（38）
ヴィタリ（建築業）（41）
息子
ガヴリリュク家
夫（故人）
オリガ（会社員）（65）
ロマン（内装業）（43）
息子
イリーナ（46）
セルゲイ（警備員）（47）
息子（警察官）（25）
パトキウスカ家
ワシリー（会社員）（52）
ハンナ（50）
テチャーナ（教師）（25）
夫
サーシャ（1）
チェレニチェンコ家
ナディヤ（51）
ウォロディミル（26）

太字は今回の犠牲者

イワナフランカ通りの一番地と三番地の間には、「マキシマ・リザニチャ通り」という未舗装の路地が北に伸びている。そのT字路を中心に、周辺を三つの区画に分類してみよう。なお、これは便宜上の分類であって、この地区にそのような行政区画が設定されているわけではない。

第一の区画は、T字路の西側で、通りの北側である。イワナフランカ通り一番地とその周辺にあたる。ここには三つの家屋があり、そこに残った住民は全員死亡した。古い写真や映像を見る限り、この通りに並ぶ各戸は木造やトタンなどの塀で覆われていたが、占領の際に塀はほとんど壊され、道路から家が丸見えになっている。家屋の損傷も激しい。

第二の区画は、T字路の西側で、通りの南側である。イワナフランカ通りの二番地から四番地にあたる。ここの数軒に暮らしていた家族の多くは、占領の途中でロシア軍から促され、避難して助かった。塀はやはり概ね壊され、壊れぶりが激しい家屋も目立つ。その住民たちの体験は、これまで描いてきた通りである。

第三の区画は、T字路の東側で、通りの南北双方である。イワナフランカ通り三、五、七、六、八番地にあたる。ここは、占領前の塀が大部分残っており、家屋の損傷も少ない。住民の多くはお年寄りで、避難したり地下蔵に潜んだりで助かった場合が多い。

第三の区画で最もT字路に近いマキシマ・リザニチャ通り二番地のイワン・バビューク(六二)、テチャーナ・バビューク(六一)の夫妻は、占領中の三月一〇日に車で脱出して生き延びた。しかし、その東側にあたるイワナフランカ通り五番地の住人で銀行警備員のグリゴリー・カシャン(五四)は、高齢で寝たきりの義母を介護するために自宅にとどまった。

カシャン家は当初一家で残ったが、レイプ被害の噂を聞いたため、妻と娘を途中で避難させることにした。彼女たちは畑のなかを徒歩でブチャの中心部に脱出し、「人道回廊」のバスで外部に逃れた。グリゴリー自身は義母とともに地下蔵に隠れたが、途中から家のなかで普通に暮らしていたという。オレクサンドル・バヤルスキーが語る「大爆発」は、グリゴリーもよく覚えていた。小広場にいたロシア軍の装甲車両にウクライナ軍の砲弾が命中したのだった。車両はこなごなに壊れ、部品が周囲に飛び散った。いくつかは、グリゴリーの庭にも落ちた。

「記念に一つ持っているんですよ。とても重いんだ」

彼はそう言いながら装甲車両の車体の破片を持ち出してきて、私に見せた。

グリゴリーにとって、ロシア軍の第一陣と第二陣との違いは鮮明だった。

第一陣の部隊の兵士はある日、彼のもとに来て、「とうちゃん、ごめんな」と言いながら、一〇〇フリブニャ(約四〇〇円)札を一枚手渡そうとした。自宅前に駐車していた車の窓ガラスを壊してしまったことへの償いだという。一〇〇フリブニャでは何もできないが、「ずいぶん律義な人たちだな」と彼は思った。

しかし、第二陣の部隊の兵士らは全然違っていた。グリゴリーの家に押しかけてきて、いきなり問い詰めた。

「この家の前を通ったら、本を持っている女の子が見えたんだ。おまえの孫だろう。どこに行ったんだ」

グリゴリーに孫はまだいない。

「それはうちの娘だよ。母親と一緒に避難した」

「どこに行った?」

「携帯が通じないからわからない」

ロシア兵たちが若い女性をレイプしたいのだろうと、容易に想像がついた。兵士の一人がいらつきながら仲間に言った。

「だったら、早く殺して次のところに行こう」

兵士はグリゴリーに手榴弾を見せて脅し、「こっちに来い」と敷地内の畑に連れていった。彼は殺されると覚悟したが、脅しに終わった。

カシャン家から引き揚げた兵士らがどこに向かったのか。それがわかるのはずっと後のことである。

「この通りでは全滅した一家もあるけど、私たちは無事でした。殺された人々と何が違ったのか、よくわからない。運がよかった」

グリゴリーはそう振り返った。


T字路を挟んだ第二区画、第三区画の住人たちの話からは、全滅した第一区画の住人たちの姿が、おぼろげながら浮かび上がる。

この区画には昔、イワナフランカ通り一番地の一軒だけがあったと推測できる。その後、恐らく分家するか土地を売るかして、ロシア軍の占領前には区画内に三軒が存在するようになっていた。

「イワナフランカ通り一番地」にあたるのは、真ん中の一軒である。ウクライナの農村によく見られるトタン屋根の古い民家で、家屋自体の損傷はあまりうかがえないが、庭が荒れ放題で、車も壊されていた。ここには、従兄弟同士の二家族四人が暮らしていたが、全員が殺された。

その西側の比較的新しい家は、線路沿いに北に延びる未舗装道路の住所を採って「マキシマ・リザニチャ通路一番地」である。石造りと木造の二棟に分かれ、老年にさしかかったパヴレンコ兄弟が住んでいた。家は激しく壊され、焼けただれていた。二人とも死亡した。

東側のT字路に近い一軒は、路地側の住所を採って「マキシマ・リザニチャ通り一番地A」にあたっていた。ここには、ガヴリリュク家の三世代六人が暮らしていた。このうち四人は避難して助かったが、残留した二人は殺された。

ガヴリリュク家は、敷地と道路との境にあった塀をロシア軍に壊されて、赤いバラの咲き誇る前庭が丸見えだった。生き延びた家族が避難先から戻ってきているという。呼び鈴を押すと、女性が顔を出した。イリーナ・ガヴリリュク(四六)だった。

裏庭にあった夫と弟の遺体

ガヴリリュク家の家族は、イリーナと、その母で会社員の女性オリガ(六五)、イリーナの夫で警備員のセルゲイ・ドゥフリイ(四七)と警察官の息子(二五)、イリーナの弟で内装業のロマン(四三)とその息子の専門学校生(一六)である。オリガはウクライナ北部イワンキウの出身で、ここに嫁いできたが、今回の戦争前の二〇一六年に夫を事故で失った。イリーナはその実子である。

イリーナとオリガ、ロマンの息子の三人は、ロシア軍占領中の三月五日に自宅を抜け出した。電気もガスも止まり、生活ができないと考えてのことだった。ガヴリリュク家と同じ路地の少し奥、「マキシマ・リザニチャ通り三番地」に暮らすテチャーナ・ナウモヴァ(三八)と、建築業の夫ヴィタリ・ナウモウ(四一)、二人の間の息子の三人家族が行動を共にした。

イリーナの夫セルゲイと弟ロマンは、自宅に残った。ペットの世話をするためだった。ガヴリリュク家には犬二匹と猫四匹がいた。イリーナの息子はすでに、勤務先のイルピンで領土防衛隊に入っていて不在だった。

イリーナ・ガヴリリュク(右)と母オリガ.

イリーナたちは、地区の南にある湖のほとりを徒歩で抜け、イルピンに向かった。その間の戦闘は激しく、ミサイルらしきものが飛び交い、銃撃音も聞こえたという。ブチャとイルピンとの境にあるウクライナ軍の検問所にたどり着き、助けを求めた。ウクライナ側の軍人が、彼女たちを車でイルピンの駅まで送ってくれ、さらにボランティアの車に乗せてもらってキーウに逃れた。二家族はキーウ駅で別れ、ガヴリリュク家は避難先の西部カルパチア地方に、ナウモウ家は西部ルーツィクに向かった。

イリーナはその後一回だけ、自宅に残った二人と連絡を取ることができた。三月一一日か一二日と記憶している。弟のロマンから電話がかかってきた。

「無事だから心配しないで。ただ、ロシア兵に犬を殺された」

一方で、夫と弟の姿が近所の人の目から消えたのも、このころだった。自分たちで料理ができない二人は、テチャーナ・ナウモヴァの両親で、やはり避難せず自宅に残ったシドレンコ夫妻のもとに、日々の食事を受け取りに来ていた。しかし、一二日ごろを最後に来なくなったのである。テチャーナの父セルヒー・シドレンコが、多少の危険を冒して二人の家に行ってみた。塀が倒れ、窓ガラスが割れ、二人の姿はなかった。このとき恐らく、二人はすでに殺されていたのだろう。ただ、後に二人の遺体が見つかる裏庭は荒れ放題で、父は遺体に気づかなかった。

普段から二人は、イルピンの領土防衛隊への入隊を希望していた。ガヴリリュク家の状況を電話で父母から聞いたテチャーナは、二人が死んだとは思わなかった。避難して、イルピンに行ったのだと信じたという。

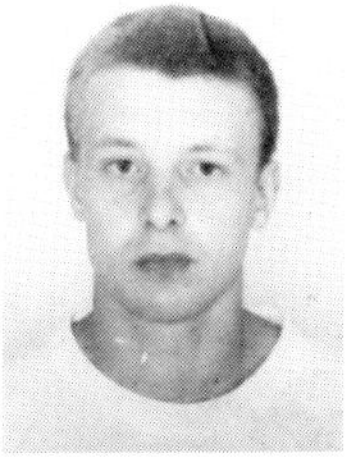

イリーナの弟
ロマン.

イリーナの夫
セルゲイ.

ロシア軍が撤退した後の四月三日、イリーナの息子がイルピンから自宅を訪れ、裏庭で三人の遺体を見つけた。翌四日、避難先からイリーナとオリガが帰宅した。窓が割れ、塀は崩れ、ごみや建材が散乱していた。遺体はまだ裏庭にあった。そのうちの二人は夫セルゲイと弟ロマンだとわかった。もう一人は見知らぬ男性だった。三人とも頭部を撃たれ、特に三人目の見知らぬ人物の顔は、元の容貌がわからないほど損傷していた。

近所の人の話などから、イリーナたちが避難した後のガヴリリュク家では、イルピンから来た男性がセルゲイ、ロマンと生活をともにするようになっていたとわかった。その男は、近くの通りを歩いていたときに戦闘に遭遇し、たまたまこの家に避難を求めてきたのだった。ペットのウサギを一匹脇に抱えていた。身元不明の遺体は、この「イルピンの男」だと思われた。

三人の遺体があった裏庭を、イリーナに案内してもらった。

欧州で最も植物が元気な六月だけに、雑草が生い茂る。ロシア軍が来たころからあまり手を入れていないのだろう。ベンチ、はしご、ポリタンク、ドラム缶などが無造作に転がる。ロシア軍は別の家からも資材をここに持ち込んでいたという。

「ここに夫の遺体がありました」

イリーナが裏庭の真ん中を指さす。セルゲイはハーフコートを着込んだまま、仰向けに倒れていた。弟ロマンの遺体は、裏庭の隅の金網の脇に、仰向けになっていた。周囲には雑草が生えているが、血の痕跡がまだうかがえる。

「弟の顔は、歯も鼻もない状態でした」

「イルピンの男」は、裏庭の入り口近くで、うつぶせになっていた。ペットの犬二匹も裏庭で死んでいた。

夫や弟らは殺される前、地下蔵に避難していたと思われた。四月四日に帰宅した際、三人の遺体を確認したイリーナは、裏庭の奥にある地下蔵を確かめに行った。覗き込むと、真っ暗な中に二つの目が見えた。人がいるのか。彼女はぎょっとした。

「すると、その目がいきなり飛び出してきたのです。猫かと思ったら、ウサギでした」
「イルピンの男」が避難する際に抱えていたウサギである。飼い主が殺された後、地下蔵のなかでただ一匹、飲まず食わずで生き続けたのだった。よほど空腹だったのだろう。エサを与えられたウサギは、しばらく食べてばかりだったという。この家だとエサの確保が難しいため、イリーナはこのウサギを、知人に引き取ってもらった。

ガヴリリュク家．左が三階建ての離れ．

ガヴリリュク家で三人を殺害した後、ロシア軍はこの家を拠点と定めたようである。
敷地内のイワナフランカ通り沿いには、母屋に隣接して離れが建っており、その拡張工事が終わりかけたところだった。離れは周辺で唯一の三階建てで、屋根裏部屋のような三階からはブチャ市内やイルピン方面を一望することができた。ロシア軍はここを見張り台として利用していたと思われる。
「周辺の家はみんな、屋根が失われたり、壁が崩されたりしている。うちは、ロシア軍がいたから壊されなくて済んだ。私たちは幸運だった」
スラブ特有のブラックユーモアを交えた調子で、イリーナが話す。家族を失ってから二カ月あまりが経ち、心の余裕を少し取り戻しているのだろうか。

「この家に戻ったとき、一階も足の踏み場がなかったのですが、二階はさらに汚かった。土足で上がった跡があり、服、ごみ、食べかす、ロシア軍の食料の箱とかが散らかっていました」

他のところのように酒瓶も散乱していたのでは。

「はい。それに吸い殻も。灰皿に入れるのでなく、テーブルに押しつけて適当に消していました」

ロシア兵は二階に寝泊まりをしていたようである。そこを見せてもらった。

「家に戻って最初に二階に上がったときは、まるで野生動物がいたかのような臭いに、気を失いそうになりました。マットが黄色になっていた。ベッドの上で小便をしていたのです」

二階はいま家族の生活スペースとなっており、ベッドが置かれている。ロシア兵が小便をしたのはこのベッドか。

「まさか。そのベッドは捨てました。これは全部、新しく買い替えたもの」

イリーナが苦笑した。

「ただ、ほかの家ではベッドの上に大便がありました。シーツやカーテンでお尻を拭いた形跡もあったそうです。うちは小便だけだから、運がよかったね」

再度のブラックユーモアにつられ、私も短く笑った。苦みが残る笑いだった。

最後の電話で母は泣いた

四月四日にイリーナが帰宅したころ、イワナフランカ通りの周辺には、まだ遺体が放置されたままだった。自宅の裏庭で夫と弟らの遺体を見た後、他の遺体も確認しようと、彼女は外に出た。イワナフランカ通りの西の端、線路の盛り土の麓に、二体の遺体が放置されていた。それぞれの服装から、「マキシマ・リザニチャ通路一番地」に暮らすパヴレンコ兄弟だとわかった。

パヴレンコ兄弟は、三〇年ほど前にウクライナ北東部スーミ地方から両親とともにこの地区に移り住んだという。彼らの家は二棟にわかれている。本家は石造りで、年金生活者の兄ヴィクトル（六五）が継いでいた。彼はインテリで敬虔なキリスト教徒だったと、住民らは一致して証言する。新居は木造のログハウスで、キーウ地下鉄職員だった六〇歳前後の弟ユーリが暮らしていた。二人とも、近所のお年寄りを気遣うなど穏やかな性格で知られていた。二人はウサギを飼っていたという。四月に私がこの地区を訪ねた際に路上で跳びはねていた黒いウサギがそうであろう。

二人の遺体には、拷問を受けた跡があるように、イリーナには思えた。

イリーナは兄ヴィクトルと親しく、三月に避難する直前にも会話を交わしていた。

「とても優しい人で、困ったことがあればいつも助けてくれました。頼まれごとがあると、決して断らなかった」

そのような彼らが、どうして殺されたのだろうか。しかし、イルピンにいるヴィクトルの家族は私の取材に応じず、詳細は不明のままである。

イリーナはその後、イワナフランカ通りの反対側、東の端に足を運んだ。樫の大木の下に、手足を切断されて焼け焦げた六人の遺体がまだ放置されていた。ヤシャル・シャミリシュヴィリが見たというあの六人である。将来に向けた記録のためにと、彼女はこの光景を携帯で撮影した。

遺体の六人の顔立ちには見覚えがあった。そのうちの二人は、三月に一緒に逃げた親友テチャーナ・ナウモヴァの父母シドレンコ夫妻である。イリーナは、まだ避難先にいるテチャーナに連絡を取り、遺体の写真を送った。

殺害されたシドレンコ夫妻.

「マキシマ・リザニチャ通り三番地」のシドレンコ家は、三世代の家族である。

セルヒー・シドレンコ(六五)はガス会社に長年勤めた後、引退して年金生活に入っていた。ウクライナ民主化運動の闘士で、二〇〇四年の民主化運動「オレンジ革命」に参加し、以後も一貫して政治に関心を持ち続けた。強い正義感を抱いており、選挙の際には地元で投票の啓発運動に携わった。

その妻リディア(六二)は楽天家で世話好きだった。近所の独り暮らしのお年寄りらに料理を配るなどしていた。

二人には男女二人の子どもがあり、長男がイーホル・シドレンコ(四〇)、その妹がテチャーナ・ナウモヴァである。テチャーナには、建築業の夫ヴィタリ・ナウモウとの間に子どもが一人いた。

ロシア軍がウクライナに侵攻した二月二四日以降、テチャーナたちは心配のあまり、一日せいぜい二時間ほどしか寝られなくなった。三月三日には電気が途絶え、五日にはガスが止まった。三月で暖房が使えないと、この地方では生活が容易でない。ロシア軍が多数の住民を殺害し、女性や子どもに対しても容赦しない、との情報も入っていた。一方で、周囲では激しい戦闘が続いているとの情報もあり、そのなかを避難するかどうかで一家は揺れた。

インターネットも通じなくなった五日、テチャーナはイリーナ・ガヴリリュクのところに行って今後を話し合った。避難するには、いまが最後のチャンスだろう。二人は決心して、両家の三人ずつが一緒に逃げることにした。ガヴリリュク家ではイリーナと母オリガ、ロマンの息子の三人が避難し、セルゲイとロマンがとどまったのは、すでに述べた通りである。シドレンコ家では、テチャーナと夫のヴィタリ、二人の間の息子の三人が避難することにした。

テチャーナとヴィタリ.

テチャーナの両親のシドレンコ夫妻と長男イーホルの三人は自宅に残った。シドレンコ夫妻が避難しなかったのは、一つには、体の不自由なおばあさんが同じ路地に暮らしており、一人にしておけないと考えたからだった。自宅で飼っていた六匹の猫の世話も気がかりだった。同時に「ロシア軍が来ても、直接対話さえすれば理解し合える。殺されることはない」と、二人は信じていた。そう考える両親に、イーホルは付き添うつもりだった。

リディアはそれまでも、駐留したロシア兵を恐れもせず、しばしば会話を試みていた。

「なぜここに来たのか」

「いつまでいるつもりか」

リディアは母語のウクライナ語で話しかけた。しかし、ロシア語で答える兵士との会話はかみ合わなかったという。その相手は、第一陣の穏やかなロシア兵たちだった。その次に粗暴な第二陣が来ると、リディアは予想しなかっただろう。

三月一二日、付き添っていた長男イーホルが、周囲の人々とともに脱出する判断をした。いったん隣家に逃れた後に、市外に避難した。このときも両親は「動けないおばあさんを放ってはおけない」と言って自宅に残った。

戦闘を避けて、夫妻は地下蔵で生活を続けていた。リディアは朝早く外に出て食事をつくり、近所に分け与えていた。ガヴリリュク家の二人もその分け前にあずかっていた。逆に、寒さが厳しい夜は、向かいの家にある暖房付き地下蔵にシドレンコ夫妻が招かれることもあった。この地区はもともと田舎社会で、コミュニティー内での助け合いの精神が息づいている。ロシア軍支配の下で残った人々は、結束をさらに強めていた。

リディアは三日に一度ほど二階に上がり、テチャーナに携帯で連絡を取った。ロシア軍の電波妨害のせいか、携帯は普段通じなかったが、自宅の二階の一角だけ辛うじてつながったからである。通話は一回約二〇秒程度だった。電話を受けるテチャーナに、母リディアは「大丈夫、大丈夫」と気強く、近所の人々の様子を伝えていたが、それは娘を心配させないよう気遣ってのことだったかもしれない。母は次第に「寒い」「腹が減った」「近くで銃撃戦があって怖い」と漏らすようになった。

最後に電話があったのは、三月二二日である。普段涙を見せたことのない母が、三分間ほどの通話の間じゅう泣き続けた。

「後から思うと、母は別れを告げていたのです」

テチャーナは振り返った。

両親が殺害されたのはその日だったと、彼女は信じている。母は日めくりカレンダーを使っていたが、二二日までめくられて止まっていたからである。

テチャーナと夫ヴィタリは後に、父母が殺害されたときの経緯を、隣に住む年配の女性から聞いた。そのとき、母リディアと年配女性は、体の不自由なおばあさんのもとに食事を届けに行っていた。二人は、父セルヒーが残る自宅の方で騒ぎの音を聞いた。リディアは走って戻った。

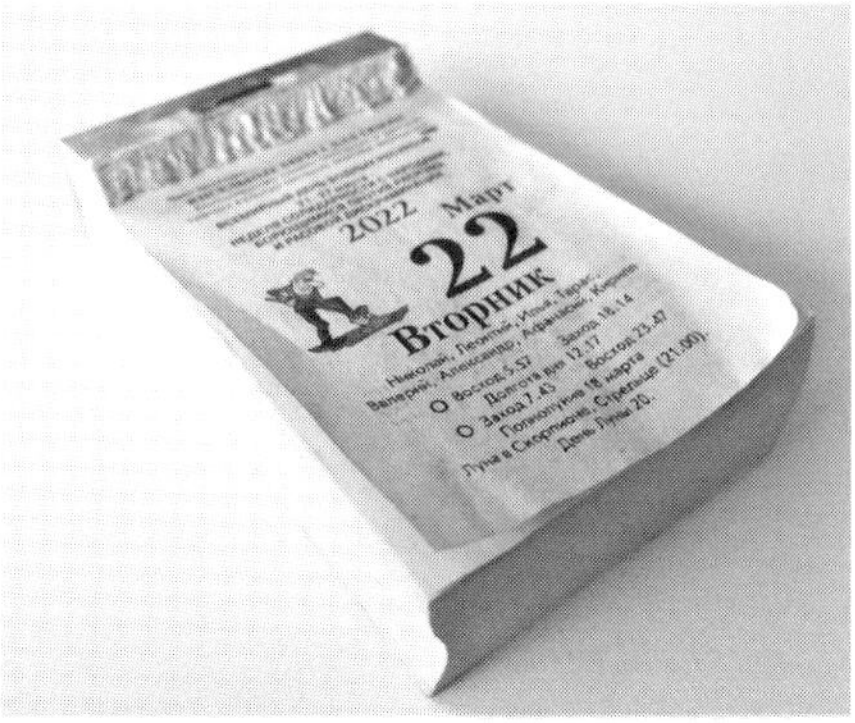

3月22日までめくられたカレンダー.

しばらく後で、年配女性がおばあさんの家を出ると、路地にロシア兵が立っていた。年配女性はロシア兵の許可を得て路地を渡り、反対側のシドレンコ家に入った。

そこでは、ロシア兵らがセルヒーに対し、建物の陰にあるガレージを開けるよう求めていた。セルヒーは鍵を持ち出して、ロシア兵とともにガレージに向かった。しばらくして、リディアがやはりガレージに向かって急いでいった。年配女性が二人を見たのは、それが最後だった。

ロシア兵が年配女性に言った。

「この家に住んでいるのか?」

「いいえ、私は隣の家の者です」

「生き残りたければ、ここから出なさい」

年配女性は、その兵士に連れられて自宅に戻った。

自宅に着くと、兵士は年配女性に銃を向けた。殺されると思った彼女は、目を閉じて、涙を流した。体のすぐ近くで銃声が聞こえた。しかし、彼女は生きていた。兵士は空気を撃ったのである。

その兵士が怒鳴った。

「このくそばばあ、目を開け」

彼女は目を開いたが、兵士は無言のまま、しばらくすると去っていった。

後から振り返ると、兵士は恐らく、殺したふりをして彼女を助けたのだろう。同僚たちのところに戻って「あの女性を始末した」と報告したに違いない。命拾いをした年配女性は、しかし怖くて自宅を出られなくなった。シドレンコ夫妻のその後は知らないままだった。

テチャーナは四月四日、イリーナ・ガヴリリュクから黒こげの遺体の写真を受け取った。そのなかに父母の姿があった。母は腕を切断されていた。

テチャーナが自宅に戻ったのは四月一六日である。家が荒らされた様子はなく、壊されたものも盗まれたものもなかった。ただ、血だらけの父の帽子と、頭皮がついた母の髪の毛が、庭に落ちていた。

「父母は拷問を受けていたのだと思います」

樫の木の下にあった父母の遺体はこのときすでに、安置所に運ばれていた。テチャーナはそこを訪ね、他の遺体とともに番号をつけられて並ぶ父母と対面した。

生きたまま切断か

四月四日に樫の木の下で六人の黒こげ遺体を見たイリーナに話を戻そう。そのうちの二人はシドレンコ夫妻だが、残る四人も彼女がよく知る顔だった。隣に住む親戚筋の二家族四人である。

その家には、工場技師のウォロディミル・シャピロ（五九）と、その妻で学校教師のテチャーナ（五七）、二人の息子の音楽教師アンドリー（三三）、ウォロディミルの従兄弟にあたる会社員オレグ・ヤルモレンコ（四八）が同居していた。ウォロディミルとオレグは、いずれもイリーナの従兄弟でもあった。「みんな穏やかで、人を傷つけられない人柄でした。素晴らしい一家だったのに」とイリーナは語る。

ウォロディミルは、ロシア軍の侵攻前日の二月二三日に五九歳の誕生日を迎え、家族で祝ったばかりだった。息子のアンドリーは、セミプロのオペラ歌手としても活動し、ブチャの聖アンドリー教会の式典で美声を披露したこともあった。オレグは独身で、朝早く仕事に出て夜遅く帰宅する生活だったという。

テチャーナ・シャピロは、地元のブチャ第二学校で長年教師を務め、小学校年齢のクラスを担当していた。子どもたちと地域の尊敬を一身に集め、同僚たちからも頼られる存在だったという。

テチャーナは毎朝、イワナフランカ通り周辺の子どもたちを集め、一緒に登校していた。この地区から見ると、ブチャ第二学校は一〇分ほど歩いた先にあり、キーウとポーランドを結ぶ幹線道路の信号の反対側にあたっていた。交通量の多いその道路を、彼女は子どもたちの手を引いて、毎日渡った。下校時も子どもたちを待って、道路を一緒に渡った。

ウォロディミル・シャピロ.

テチャーナ・シャピロ.

「学校にとっても、大きな損失です。彼女は子どもたちに尊敬され、同僚からも好かれていましたから」とイリーナは語った。

「マキシマ・リザニチャ通り五番地」に住むニコライ・ババク（六一）にとって、テチャーナは自分の子どもたちの担任教師だった。

「てっきり避難していると思っていました。あんないい人が殺されるなんて、信じられません」

ブチャ第二学校は小規模校で、日本の小中学校に相当する九学年の児童生徒約三〇〇人が通っている。テチャーナ・シャピロはこの学校に勤務して約三〇年になり、二年生のクラスを担当していた。校長のイリーナ・タラン（三六）によると、校舎の屋根が壊れ、学校配備のパソコンなどの備品が持ち去られたものの、児童生徒や他の教師で殺された人はいなかった。テチャーナが唯一の犠牲者だという。

テチャーナと二四年間一緒に働いてきた副校長のユリヤ・カリムツカ（四六）は、彼女についてこう語った。

「児童に対して母のように接し、みんなから慕われていました。卒業生もしばしば元のクラスを訪れ、児童と一緒に遊んだりしていたのです。保護者との関係も良好で、もめたことは一度もありません」

テチャーナの息子アンドリーもこの学校に通い、後に音楽の教師になって別の学校で教壇に立っていた。母親に似て穏やかで優しい人柄だったという。

テチャーナには、ブチャの外で暮らしている妹がおり、遺体の引き取り手にもなっていた。しかし、恐らくお役所仕事のせいだろう、その案内が妹のもとに届かず、四人の遺体は無縁仏扱いとなって町外れの共同墓地に埋葬された。

143番と記されたテチャーナ・シャピロの墓.

共同墓地を訪ねると、四人それぞれの土盛りの上に十字架が立っていた。ただ、場所はばらばらである。テチャーナは一四三番、ウォロディミルは一二七番、アンドリーは一二三番、オレグは一二一番と記され、墓碑銘もない。十字架の足元に簡素な花輪だけが供えられていた。

手足を切断され、黒こげの遺体となったシャピロ一家に関しては、この地区の多くの人が同じ噂を口にした。ウォロディミルとアンドリーは生きたまま手足を切断された、というのである。

イワナフランカ通りの住民の一人は、こう語る。

ロシア兵はシャピロ家を拷問にかけた。テチャーナの目の前で、夫の足を膝で、息子の足を太ももの付け根で、切断した。銃で頭部を撃たれたオレグは、その顔の半分が引きちぎられて、壁に張り付いた。思わず目をつぶったテチャーナに対し、ロシア兵は手で彼女の目をこじ開けてこれらの場面を見るよう強要し、最後にテチャーナ本人も殺害した。ロシア兵らはその後、シドレンコ夫妻も殺害し、遺体を樫の木の下で燃やした――。

つくり話にしては、描写が細かすぎる。しかも、他の住民たち数人の証言も、内容がほぼ一致している。まったくの空想とは思えない。

しかし、考えてみるとおかしな話である。シャピロ一家も同居のオレグも、みんな死亡した。ロシア軍は全員が引き揚げてしまった。殺害の模様を伝えられる人が誰もいないはずなのに、どうしてそんな噂が湧いて出るのか。

「実は、裏切り者がいるのです」

住民の一人が声を潜めた。

「裏切り者」に会いに行く

その人物は、多くの住民から陰で「ロシア軍の協力者」と名指しされている。イワナフランカ通りに近い路地に住むロシア系の女性(四〇)である。学校を低学年で放棄し、その後も定職を持たず、麻薬の売買や売春にかかわったと取りざたされる。盗癖もあるようで、ロシア軍占領下で人がいなくなった市内のショッピングセンターからスマートフォンを大量に持ち出し、警察の聴取を受けたという。

ロシア軍の占領期間中、住民らは市外に避難したり地下蔵に潜んだりしたが、この女性とその娘

(二四)だけは自由に通りを行き来し、兵士と談笑していた。住民の情報をロシア軍に渡すスパイ役を務めていたのでは、とも疑われる。女性と娘はともにロシア兵の愛人になっていた、と非難する住民もいる。

イワナフランカ通りの西端にある小広場の手前、二番地にあたる家は、周辺では最も立派な二階建ての邸宅である。住民が三月九日に避難して以来、ロシア軍はここを占拠し、生活場所の一つに定めていた。女性と娘はこの家に上がり込んで、ロシア兵らが開く宴会に参加していたという。その騒ぎぶりを、近所の人々が見聞きしていた。ロシア兵から銃を借りて乱射したり、弾けないピアノを乱打したりした。ロシア軍が引き揚げた後は、二番地の住民が戻ってこないのをいいことに、「ロシア軍から許可を得た」と言いつつそのピアノを分捕り、自分の家に運び込んでしまった。

ロシア軍占領中の三月二三日、自宅の地下蔵に潜んでいた住民の一人は、この女性が通りを平気で歩いているのを見かけ、外部の状況を尋ねようと顔を出した。女性は近寄ってきて「シドレンコの二人が向こうで殺されているよ」と平然と語った。実際その日は、シドレンコ夫妻の消息が途絶えた日である。

シャピロ家の最期の様子も、ロシア兵と親しいこの女性が聞きつけ、広めたのではないか。一部の住民はそのような疑念を抱いている。

彼女の家は、イワナフランカ通りから路地をしばらく入ったところにある。近所の人によると、敷地は広いが、家屋はぼろぼろである。占領期間中にロシア軍に協力したことは広く知れ渡っており、ウクライナの警察官や保安庁の職員が取り調べのために出入りしているという。

「あれは変わった一家で、頭がおかしい。病気だと言う人もいる。お母さんも変わっているし、娘も変わっている」

近所の男性は「裏切り者」の女性について、こう表現した。

当の女性の家を、恐る恐る訪ねた。塀の呼び鈴を押す。無視されるかと思ったが、緑のガウンにサンダル姿のラフな格好で、女性が庭先に現れた。髪も緑に染めている。その前日に四〇歳を迎えたばかりだというが、肌の荒れ様からかなり老けて見える。

「写真を撮っちゃだめよ」

女性はそう言いつつ、猛烈な勢いでまくし立て始めた。

「最初に来た部隊は、「Z」のマークをつけたチェチェン人だったよ。彼らは優しくて、悪いことを全然しなかった。次に、「V」のマークをつけた東洋人がやってきた。すごい荒っぽい連中で、田舎者。そんななかで私たちが生き残れたのは、ロシア兵との間に友達としての親しい関係を築くことができたから。おかしな連中とは、このように付き合わないとだめなの」

この女性の娘も家から出てきた。一四歳にしては大人びている。「生き残りたかったから、そうするしかなかったのよ」と言葉を合わせる。

女性の父は極東出身のロシア人である。彼女はその証明書類をロシア兵に見せたという。

「だから私たちは無事だった。ロシア人はロシア人を殺さないからね」

女性は、シドレンコ夫妻の死をいち早く知った。なぜか。

「ロシア兵の一人が「人を殺した」と大声で話しているのを耳にしたの。私の娘が「死体を見たい」と言ったら、兵士の一人が「見せてやるからついてこい」と応じた。ついて行った娘が戻ってきて、「シドレンコの二人が死んでるのを見たよ」と言う。それを近所の人に言ったら、庭に埋葬する穴を掘ろうということになった。そのために庭に入ったら、もう死体はどこかに消えて、なくなってた」

その口調には、死者への敬意も、隣人を亡くしたことへの悲しみも感じられない。自分とは無縁の事件にゴシップ的な興味を持つかのような話しぶりである。

では、シャピロ家殺害の様子も兵士から聞いたのか。

「シャピロについては知らない」

女性は言下に否定した。知っていて隠しているようには感じられなかった。もし知っていたら、シドレンコ夫妻の場合と同じように平気でしゃべったに違いない。

女性は唐突に、自分の父親の話をし始めた。

「ロシアとウクライナはいつか戦争をすると、うちのお父さんは以前から言っていたの。お父さんは一九七〇年代にここに来て、ウクライナ人のお母さんと結婚して、私はここで生まれた。お父さんは船乗りで、シンガポールによく行っていたの」

話は支離滅裂になっていった。

「いま遺産相続の手続きをしているのだけど、助けてくれない？　あなた、シンガポールに知り合いがいない？」

私は日本人ですが。

「でも、シンガポールに知り合いがいるでしょ。紹介してよ」

日本人と中国人の区別もついていない。現実と妄想が入り交じり、思考回路が明らかにおかしい。酒か麻薬のせいかもしれない。会話が成立しなくなり、この家を辞去した。

シャピロ家の虐待処刑の模様を伝えたのがこの女性でないとすると、誰だろうか。その後住民に話を聞くうちに、路地の奥に住んでいる高齢の女性が殺害現場に立ち会わされたらしい、との噂を耳にした。ただ、その真偽を確かめる余裕は私になかった。住民の多くも、噂話としては語るものの、その話の出どころについては口をつぐむ。高齢の女性を守ろうとしてのことかもしれなかった。

一一人はなぜ殺されたか

「裏切り者」の女性に会った翌日、イワナフランカ通りにイリーナ・ガヴリリュクを訪ねた。私の顔を見るなり、彼女はからかうかのようにいった。

「あなたのこと、そこらじゅうで話題になってますよ」

「裏切り者」の女性は、私が取材にきたことを、地区のあちこちで言いふらしているという。その内容が脚色されすぎて、事実とはまったく異なるストーリーに仕立てられていた。女性によると、私はシンガポールからやってきた父親の遺産の管理人だというのである。

「彼女が言うには、あなたはそのうち、父親の莫大な遺産を持ってきてくれるんだって」

そういってイリーナは爆笑した。こちらは苦笑する。「裏切り者」に文句を言いたいが、余計ややこしくなりそうで、放っておくことにした。

この女性は、伝統的なコミュニティーにしばしばみられる憎まれ役であり、ある種のトリックスターでもあるのだろう。通常の人々の論理や倫理とは異なる物差しで行動し、社会に介入する。人々の平穏な生活をあえて乱し、意識を混乱させ、まじめな舞台を茶番劇に変える。振り返ると、私が幼少期を過ごした農村地域にも、このような人がいた。それは社会を形成するうえである種の役割を果たすのだろうが、住民にとっては面倒で触れたくない存在である。

ロシア軍が撤退した後も、この女性は同じ家に住み続けている。住民によると、盗難事件への関与やロシア軍への協力の疑いを持たれ、捜査当局の担当者が事情聴取に訪れるのだが、これに大声で反論する様子が塀の外まで伝わってくるという。

多くの住民は、この女性について話すのを避けようとする。「うっかりしたことを言って恨まれたら、ロシア軍が再びやって来るときに報復されかねない」と、住民の一人は語った。

イワナフランカ通り周辺の一一人は、なぜ殺されたのだろうか。通りの南側の住民は全員避難して助かったのに、通りの北側の住民はどうして全員が悲惨な死を迎えなければならなかったのか。住民らはその理由を推し量りかねている。

「ロシア語を話す人は殺されない。ウクライナ語を話す人は殺される」

通りの裏の路地に住む元看護師スヴェトラーナ・ルデンコ（七〇）は、ロシア軍の方針について「裏切り者」の女性からこう聞かされた。ウクライナ語の話者は、ロシアに反抗するウクライナ民族主義者と見なされるという。スヴェトラーナ自身はロシア生まれで、ロシアの旅券を持っている。

確かに、殺害された人たちのなかには、ウクライナ語話者で民主化運動にかかわったシドレンコ夫妻や、学校でウクライナ語を教えていた教師テチャーナ・シャピロがいた。一方で、テチャーナの夫ウォロディミルはロシア語の話者であり、ガヴリリュク家もみんなロシア語が母語である。言語だけが理由とは考えにくい。

職業によって殺すかどうかを決めたのではないか、と疑う住民もいる。教師は殺す。警察官も殺す。軍人の関係者も殺す。これらは、ウクライナ当局に奉仕する人々であり、ロシアの敵だからである。

「テチャーナ・シャピロは教師だったから、一番ひどい殺され方をしたのだろう。オレグ・ヤルモレンコは教師の家族の一員だと思われた。シドレンコ夫妻は民主化運動の活動家だったし」

その住民はこう指摘する。確かに、犠牲となった人々の多くはインテリであり、おとなしく地下蔵にこもっているお年寄りとは、ロシア軍との接し方が違っていたかもしれない。

「裏切り者」の女性が関与したと疑う人もいる。この女性の行状を快く思わないシドレンコ夫妻は、彼女に対してしばしば説教をしていた。ヴィクトル・パヴレンコとこの女性の仲も普段悪く、女性はヴィクトルの悪口を言っていたという。だから、彼女が普段の恨みを晴らそうと、ロシア兵に密告したのではないか。しかし、その疑いは単なる想像にとどまっている。

さらに、複数の住民は、ブチャ市政の有力政治家が何らかの形でかかわったのではと疑っている。この地区でその説を流しているのは、誰あろう「裏切り者」と名指しされる女性だという。彼女の考えによると、真のロシア軍協力者は自分でなく、その政治家である。ウクライナ側の公職者や軍関係者のリストをこの政治家がロシア軍に流した、というのである。

やや陰謀論めいて聞こえるこの説だが、ロシア軍の占領を許した自治体では、地方政治の内部にロシア協力者がいて、ひそかに手引きをしていた場合が少なくない。第三章で検証したように、隣のイルピンではその協力を市長が拒んだことで、ロシア軍を食い止めた。ブチャがやすやすと占領されたのは、「裏切り者」の女性よりもっと高度なレベルでの協力者がいたからだ、との見立ては、ある意味で当然出てくる発想である。

もっと単純な理由として、犠牲者を出した家の多くはイワナフランカ通りに面していたからとも考えられる。そこはロシア軍の行動をうかがえる場所であり、ロシア軍は単に情報流出を嫌って彼らを殺したのかもしれない。

ではなぜ、これほど残忍な手法を採ったのか。

遺体を損傷する行為は、戦場につきものである。沢田教一が撮影した写真「泥まみれの死」が示す通り、米軍はベトナム戦争で、ベトナム兵の遺体を輸送車にくくりつけて引きずった。一三〇人の犠牲者を出した二〇一五年のパリ同時多発テロを現場で主導したモロッコ系ベルギー人アブデルアミド・アバウドは、「イスラム国」（ＩＳ）滞在時にシリア内戦の敵兵の生首をボール代わりにサッカーをしたり、紐で縛った敵兵の遺体を車で引きずったりといった残酷行為を繰り返していた。戦闘員がこうした振る舞いに及ぶのは、そうすること自体が既存の規則や秩序への挑戦を意味しており、変革を掲げる組織のアイデンティティーとして刻まれるからだといわれる(1)。いわば、ある種のゆがんだ使命感を抱いて、残酷行為に走るのである。米軍は、抵抗するベトナム人の意識を変えてやろうと狙った。「イスラム国」は、人命を重視する欧米の価値観に異議を唱えた。ロシア軍も同様に、「欧米の価値観に毒されたウクライナ人」をショック療法で鍛え直そうとでも考えたのかもしれない。

一カ月余にわたるロシア軍の占領は、この地区の住民の命を奪っただけでなく、生き延びた人々と地域社会にも亀裂とわだかまりを残した。ロシア軍の再侵攻を恐れて、イワナフランカ地区への帰郷を諦め、避難先で新たな仕事を見つけた住民もいるという。

「いつも会うたびににこにことあいさつを交わしていたヴィクトルもテチャーナ先生も、もうこの世にいない。壊された家を目にするたびに、そう思い知らされます」

この地区に暮らす不動産業のオレグ(四七)は語った。

「以前の地域社会を取り戻すのは難しい。長い時間がかかるでしょう」

「優しいロシア兵」の正体

イワナフランカ通り周辺では、一番地の区画の住民以外にも、ロシア軍の占領期間中に殺害された人がいる。その一人の遺体は、通りの西端の小広場から「マキシマ・リザニチャ通路」を線路沿いに少し北上した路上に放置されていた。男性で、頭を撃ち抜かれ、大量の血を流していた。持っていた身分証明書と携帯電話から、この男はオレグ・ディユンだと判明した。この地区の住民ではないが、ときどき地区に来ている姿を住民らが見かけており、親戚か友人を訪ねてきたとみられた。ただ、その詳細と殺害された経緯を、住民たちはほとんど知らなかった。

この地区で話を聞いているうちに、さらにもう一人、犠牲者がいるとわかってきた。

その家の公式の地番は、イワナフランカ通り一〇番地である。この番地はT字路の南東にあたる。イワナフランカ通りからだと、畑の向こうの奥まった場所に家が見えるものの、入る道はない。その家が実際に面するのはイワナフランカ通りでなく、その南側を東西に走るナベレズナ通りであり、その一一番地に入り口がある。地理的に少し離れているせいか、ガヴリリュク家やパトキウスカ家などT字路の西側の住民たちとは、あまり緊密な付き合いをしていないようだった。

私自身がこの家について知ったのは、イワナフランカ通りの聞き込みを続け、北側の五番地Aを訪ねたときである。呼び鈴に応じて顔を出したのが、イワナフランカ通り一〇番地の住人でこの家に手伝いに来ていた工場従業員のナタリヤ・オレクサンドロヴァ（六三）だった。

彼女によると、同居する親戚の青年ウォロディミル・チェレニチェンコ（二六）のもとに三月七日、ロシア兵が顔を出した。ウォロディミルの父はかつて、ドンバス紛争にウクライナ軍兵士として参加したことがある。ロシア軍は兵士のリストを持っており、それをもとに訪ねてきたようだった。

ウォロディミルの携帯を調べた兵士は、そのなかにロシア軍の装甲車両の写真を見つけた。彼は、占領されたブチャの様子を撮影し、ウクライナ軍に送っていた。

「ちょっと話をしたい」

丁重な態度の兵士に連れ去られたウォロディミルが、近所の民家の地下で射殺されたとわかったのは、ロシア軍の撤退後である。

三月七日は、まだ第一陣の部隊が駐留していた時期である。住民たちから「優しいロシア兵」と言われた彼らは、各戸を回って家族構成を聞き取り、住民が持つ携帯電話の中身を調べていた。怪しい人物がいれば連行し、殺害する。彼らは、仮面をかぶったオオカミだったのかもしれない。

その家を私が訪ねたのは、次のウクライナ訪問時の九月だった。門前に、ウォロディミルの母ナディヤ・チェレニチェンコ(五一)が出てきた。

ナディヤによると、三月七日にロシア軍が入ってきて家のなかを調べ始めたとき、息子ウォロディミルは恐れおののいた。彼は、ウクライナ軍にブチャの状況を知らせていたからである。息子の携帯を見つけたロシア兵は、そこにウクライナ軍の連絡先を見つけた。ロシア兵は「少し調べる」と彼女に告げ、同じナベレズナ通りの二軒ほど先の住宅にウォロディミルを連れ込んだ。ナディヤは追いかけて行き、塀越しに息子と言葉を交わしたが、ロシア兵から「ここにいると状況がややこしくなる。もう帰った方がいい」と諭された。

翌三月八日朝、彼女はもう一度その家を訪ねた。塀際まで出てきた息子は、腕に包帯を巻いていた。ケガをしたが、他に問題はないという。彼女が息子を目にしたのは、そのときが最後となった。以後、彼女が何度この家を訪れても、兵士は「彼は別の場所に移された」と言うばかりだった。

数日後、ロシア兵が自宅に訪ねてきた。ナディヤに「本当のことを告げてもいいが、きっとあなたは傷つくだろう」と言う。それでも構わない、息子がどうなったのか知りたいと答えると、兵士は「彼はもう生きていない」と言った。

ロシア軍が去った後、彼女は近所の人々とともに、息子の遺体を探した。なかなか見つからず、一軒の家の地下室だと近所の人から知らされたのは四月一七日になってからである。ウォロディミルは後頭部を撃たれていた。指が激しく損傷し、拷問を受けたとみられた。

「そこは、この道を右に曲がった先にある家の地下でした。線路際の民家です」

ナディヤはそう説明した。

一つの謎が解けた。その家は、六月にイワナフランカ地区に来て初日に訪れた弁護士オクサナ・タルグンスカの家なのである。彼女は、地下室に見知らぬ遺体が放置されていたと話していた。それは、ウォロディミル・チェレニチェンコだった。

遺体を引き取ったナディヤは、ひとまず彼を自宅の庭に仮埋葬した。間もなくウクライナ司法当局が検視のため遺体を掘り起こし、持ち去った。その後、遺体はなぜか身元不明者扱いとなって行方がわからなくなり、ナディヤは二カ月半かけて探し回ったという。ようやく遺体安置所で見つけ出し、いま彼はブチャの共同墓地に眠っている。

戦闘なき荒野

イワナフランカ通りとその近くで亡くなった人は、一三人に達する。住民は、パヴレンコ兄弟の二人、シャピロ家とヤルモレンコ家の四人、ガヴリリュク家の二人、シドレンコ家の二人に、ウォロディミル・チェレニチェンコの一一人である。ガヴリリュク家にいた「イルピンの男」と、線路に沿った道路上で倒れていたオレグ・ディユンが、これに加わる。

虐殺に手を染めたロシア兵について、住民たちは限られた情報しか持ち得ていない。第一陣の兵士たちは一般的に穏やかで、しかしウォロディミル・チェレニチェンコが彼らによって拘束されたのは、すでに述べた通りである。多くの住民は、彼らがチェチェン共和国から来たと考えている。一方、他の人々の殺害にかかわった第二陣の兵士らを、住民たちは「ブリヤート」と呼んでいた。ブリヤートはシベリアのバイカル湖東側に広がる共和国だが、モンゴル系住民が多いことから転じて、ウクライナでは一般的に東洋系の顔立ちの人をこう呼ぶ。イワナフランカに進駐した部隊の指揮官はブリヤートだったと、多くの住民が証言している。

無抵抗の市民を拷問にかけ、処刑したイワナフランカの例に限らない。今回のロシア軍侵攻は、常軌を逸した行為にあふれている。病院や学校、高層住宅を標的に、ミサイルを撃ち込む。ウクライナ東部マリウポリやセヴェロドネツク、マリインカに典型的なように、街を根こそぎ破壊する。そのようなウクライナの現実を前に、私たちは愕然として、立ちすくむ。人の命は、かくも軽い存在だったのか。自問せずにはいられない。

これら行為に及んだ兵士らは、人命にどれほどの価値を置いていたのだろうか。人間の尊厳をあざ笑うかのような態度に、自らを恥じないのか。第二次世界大戦の廃虚から再出発した欧州は、人命を貴ぶ精神を培い、命の価値を徐々に高めてきた。戦後七十余年を経て着実に根付いたかに見えたこの理念を、ロシア軍は今回、平然と踏みにじったのである。

六月から七月にかけて一カ月あまりキーウに滞在した私は、イワナフランカに足繁く通った。その前後の滞在時の取材も含めると、訪問は二五回に及ぶ。多くの場合、日々の仕事が一段落する夕方から、長い日が暮れる午後九時前まで、コーヒーカップを手に、ときには酒を酌み交わしつつ、名前を出せない人も含めて何十人かの声に耳を傾けた。

一般的に人々は取材に協力的で、思い出すのも苦しいであろう体験を率直に語ってくれた。悲しみと苦しみを抱えつつ、バイタリティーとユーモアを失わない彼らの生き様には、多くを学んだ。

それぞれの証言をクロスチェックした結果、「裏切り者」の女性の妄想は別にして、つくり話を語る人はいなかったと信じている。ただ、時間が経つにつれて人々の記憶が薄れるのは否めない。特に日付に関する住民たちの記憶はあいまいで、家族の間でも食い違う場合があった。太陽を見ない地下蔵生活で、電気も途絶え、いつ解放されるのかと待ちわびた日々のなかでは、日数感覚がおかしくなっても仕方ない。また、恐らく話をわかりやすくしようとしての気遣いからだろうが、他人から聞いた話を自分の体験として語るケースもうかがえた。例えば、近所の人から聞いたロシア兵の言葉を、自らが聞いたかのように話すのである。これらの間違いをただそうと、住民とはできるだけ複数回会って証言を確認し、他の人の証言と擦り合わせようと努めた。なかには一〇回以上会った人もおり、つきあってくれたことに感謝したい。完璧には遠いが、可能な限り正確な報告を心がけた。

そのなかには、細部に立ち入ったり、私生活に踏み込んだりした部分があるかもしれない。こうした側面も含めて記録に残すことが、無念のうちに命を奪われた人々への鎮魂の営みであり、廃虚から生活再建を目指す遺族や住民たちに敬意を示すことにもなると考えた。ブチャの虐殺に関して、陰謀論や否定論をささやく一部の人がいかに愚かで罪深いかも、この報告を通じて浮き彫りになるだろう。

イワナフランカ地区に私が通っていたころから、国際社会では「ブチャ後」なる用語が使われ始めていた。ロシア軍がこの街で繰り広げた残虐行為は、地域や国の境を超えて多くの人々に衝撃を与え、その価値観を覆した、というのである。
ブチャ虐殺は、一つには欧州各国の「安全保障観」を大きく揺るがせた。典型例は、それぞれロシアと国境を接するバルト三国である。ロシア軍が侵攻してきた場合、これらの国には北大西洋条約機構（NATO）の部隊が駆けつけて解放する手はずとなっていた。しかしいまや、そんなのんきなことを言ってはいられない。救援到着までのわずかの間にも虐殺が起こりえると、ブチャの経験が指し示すのである。バルト三国のある国防省幹部は「国土の占領は、たとえ短期間でも許されない」と語った。[2]
二〇二二年六月にマドリードで開かれたNATO首脳会議は、このような懸念への対応としての態勢見直しを打ち出した。ウクライナへの軍事支援を強めると同時に、ロシアを「最大かつ直接の脅威」と位置づけ、有事の際の「即応部隊」をそれまでの四万人から三〇万人以上へと増強すると決めた。[3]
さらに、この虐殺は私たちの「平和観」にも、再考を迫ることになった。
「反戦平和」のスローガンが示すように、多くの紛争の場で「平和」とは「戦闘がないこと」である。停戦が実現すれば、曲がりなりにも平和が訪れた。とりわけ日本の多くの平和運動はこのような発想に基づいており、それはこれまで間違いとも言い難かった。
しかし、戦闘状態と平和との間に、実は広大な荒野が存在することを、ブチャの経験は物語る。イワナフランカ地区で、砲撃や銃撃に巻き込まれて亡くなった人はいない。ブチャ全体でも、犠牲者の大半は戦闘と関係がない。多くの人はロシア軍の占領下、戦闘がいったん終結した空間で、恣意的に殺害されたのである。

つまり、戦いをやめるだけでは、第二のブチャは防げない。戦線が膠着して事実上ロシア支配下となって長いウクライナ南部や東部でも、暴力や誘拐、人権侵害の報告が相次いでいる。次の惨劇への懸念は消えない。この時点で、ロシアの占領を許したままでの「即時停戦」は、真の平和に結びつくはずがなかった。一部の平和運動は、その教条的な理念へのこだわりからこのような現実を見つめられず、誤った主張へと走ったのである。

ウクライナで平和を手にする唯一の方法は、ロシア軍を撤退させることに他ならない。ブチャの悲劇は、そう指し示していた。険しい道のりであるが、それは命の価値を取り戻す闘いである。私たちも、しっかり支える義務を負っている。

（1）　国末(二〇一九)

（2）　Alexandra Brzozowski, “Global Europe Brief: NATO mulls massive defence overhaul”, *EURACTIV*, 2022. 06. 26, https://www.euractiv.com/section/global-europe/news/global-europe-brief-nato-mulls-massive-defence-overhaul/

（3）　“Pre-Summit press conference by NATO Secretary General Jens Stoltenberg”, the North Atlantic Treaty Organization, 2022. 06. 27, https://www.nato.int/cps/en/natohq/opinions_197080.htm

第六章　草の根の民主主義──ハイシン

プーチンが恐れたものは

ロシア軍のウクライナ侵攻から間もない二〇二二年三月二日、国連総会はこの行為について、「武力による威嚇又は武力の行使」を慎むよう求めた国連憲章第二条第四項に違反するとして、直ちに停止するよう要請する決議を採択した。侵攻はしかも、その後発覚した数々の戦争犯罪行為を伴っており、ロシアの振る舞いを正当化する論拠は到底見いだせない。ロシアが並べ上げるさまざまな理由は、単なる言い訳にとどまっている。

一方で、なぜロシアがこのような行動に走ったか。その背景を推察し、検証する営みは、今後の対応を見定めるうえでも欠かせない。

侵攻の決定が、大統領ウラジーミル・プーチン個人の判断に委ねられていたことに、異論を挟む専門家は少ない。プーチンは、どんな理由で、何を根拠に侵攻を決めたのか。これまで彼が公言してきたのは、北大西洋条約機構（ＮＡＴＯ）の拡大による軍事的脅威の増大である。二〇二二年二月二四日の侵攻に当たって、ロシアの国営テレビで放映されたプーチンの演説は、ＮＡＴＯの脅威を強調した。「ＮＡＴＯは、私たちのあらゆる抗議や懸念にもかかわらず、絶えず拡大している」

「それはロシアの国境のすぐ近くまで迫っている」

「アメリカとその同盟諸国にとって、これはいわゆるロシア封じ込め政策であり、明らかな地政学的配当だ。一方、我が国にとっては、それは結局のところ、生死を分ける問題であり、民族としての歴史的な未来に関わる問題である」

「これは、私たちの国益に対してだけでなく、我が国家の存在、主権そのものに対する現実の脅威だ。それこそ、何度も言ってきた、レッドラインなのだ。彼らはそれを超えた」[1]

この論理は、ロシアを擁護したり、欧米の立場に批判的だったりする人々の多くが挙げる理由でもある。戦争を起こしたロシアは悪いが、ロシアを追い込んだNATOにも責任がある――。いわゆる「親ロ派」に限らず、米国の著名な政治学者ジョン・ミアシャイマーがすでに二〇一四年、『フォーリン・アフェアーズ』に発表して物議を醸した論考も、同様の発想に基づいていた。ミアシャイマーはここで、ロシアのクリミア半島占領やドンバス介入などウクライナをめぐる危機を引き起こした責任が「米国とその同盟国にある」「問題の主因はNATO拡大であり、ウクライナをロシアの領域から引きはがして西側に引きつけようとした戦略にある」と主張した。[2]

果たしてそうだろうか。

米スタンフォード大学教授で米国駐ロシア大使も務めたマイケル・マクフォールは、米陸軍士官学校准教授ロバート・パーソンとの共同論考「プーチンが最も恐れているもの」を二〇二二年四月、『ジャーナル・オブ・デモクラシー』に発表し、ミアシャイマーらの主張に反論した。[3] 彼はここで「NATOとロシアとの関係は、常に緊張していたわけではない」と述べ、NATO拡大とロシアの反発を単線的に結びつける論法に警告を発しつつ、「旧ソ連で民主化が進展してから文句を言い出した」「民主主義と、それが自らの体制に押しつけられることに、プーチンは恐れを抱いていた。NATOに対してではない」と論じ、ロシアにとっての脅威はむしろ「民主主義」だったと指摘した。

国際政治を専門とする東京大学教授の遠藤乾（五七）も同様に、民主化がもたらした作用に注目する。

教授によると、二〇〇〇年にロシア大統領に就任したころ、プーチンはまだ米欧と協調する姿勢を取っていた。二〇〇一年に九・一一米同時多発テロが起き、世界の問題意識がイスラム過激派テロへの対応に集中するとともに、プーチンは米大統領ブッシュや英首相ブレアとともに働く欧米のパートナーとなった。「テロとの戦い」を掲げる米国が旧ソ連の中央アジア諸国に米軍機を駐留させようとしたときも、彼は黙認した。

ところが、その立場が数年で揺らぐ。欧米に対するプーチンの態度がほぼ固まったのは、二〇〇七年に開かれた「ミュンヘン安全保障会議」（ＭＳＣ）での演説だった。プーチンはここで、「米国の一方的な行動は問題を解決しておらず、人道的な悲劇や緊張をもたらしている」などと、米国批判を大展開したのだった。

教授は語る。

「これは、ＮＡＴＯ再敵視宣言で、聞いていた人々は飛び上がらんばかりに驚いたと聞いています。ここに至って、プーチンの意識には「西側のナラティブ（語り口）にはだまされないぞ」という意識が最高点に達し、以後その路線は基本的に変わっていません」

二〇〇七年が分岐点だとすると、そこに至るまでに何があったのか。それは、旧ソ連の国々に広がった民主化の波だったと、教授は考える。この間の二〇〇三年にはジョージア（グルジア）で、二〇〇四年にはウクライナで民主化運動が吹き荒れた。これらを仕掛けたのは英米の諜報機関だとプーチンは信じ、欧米に不信感を抱いたのではないか。

さらに、二〇〇三年のイラク戦争も、プーチンはその一環だと受け止めただろう。ジョージアやウクライナのように民主的に体制を転換するのも、イラクのフセイン政権という体制を米英が武力でひっくり返すのも、彼の目には同じに映るからである。

つまり、プーチンを戦争に駆り立てた主因は、民主化運動ではなかったか。「民主化」は彼の目に「陰謀」と映ったのではないか。

カラー革命はなぜ無血だったか

プーチンを恐れさせたという二〇〇〇年代の民主化運動は、「カラー革命」（色の革命）と呼ばれる。ベルリンの壁崩壊から一〇年あまりを経た旧社会主義圏で、その後成立していた強権政権に対する抗議と民主主義の実現を求める運動の広がりである。その立役者となったのは学生を中心とする若者たちであり、これを欧米の市民団体やＮＧＯらが支えた。

始まりは、二〇〇〇年にセルビア（当時ユーゴスラビア）でミロシェヴィッチ政権の選挙不正を追及し、これを倒した「ブルドーザー革命」である。ここでは、ベオグラード大学の学生らによってつくられた市民団体「オトポール」（抵抗）が非暴力分散型のキャンペーンを展開した。

続いて、二〇〇三年にはジョージアで「バラ革命」が起きた。ここでは、オトポールの助言を受けた学生自治組織「クマラ」(もう十分だ)が同じようなキャンペーンを繰り広げた。市民の抗議の高まりを受けて、権威主義化していたシェワルナゼ政権は崩壊した。

これに続いたのが、二〇〇四年ウクライナで起きた「オレンジ革命」である。

この年の大統領選は、第二代大統領レオニード・クチマの後継者ヴィクトル・ヤヌコヴィチと野党連合「我らのウクライナ」のヴィクトル・ユシチェンコとの、事実上の一騎打ちとなった。ヤヌコヴィチは東部ドネツクの工業地帯を地盤とする古い体質の政治家で、ロシアとの親密な関係や腐敗傾向が指摘されていた。ユシチェンコは国立銀行総裁を務めた経済通で欧米志向の政治家と見なされていた。一一月の決選投票で、中央選管は当初ヤヌコヴィチの当選を発表したが、その後大規模な選挙不正が発覚し、抗議のデモが吹き荒れた。ユシチェンコ陣営のシンボルカラーから、これを「オレンジ革命」と呼ぶ。オトポールやクマラの支援も受けた若者組織「ポラ」(今こそ)がその活動を支え、再選挙の結果ユシチェンコが当選を果たした。

運動のなかで大きな比重を占めたのが、選挙監視活動だった。欧州安全保障協力機構(ＯＳＣＥ)が展開する選挙監視員らとともに、旧東欧各国から駆けつけた若者たちも投票所に張り付き、不正がないよう見張った。彼らは、西欧の支援で成し遂げた自国の民主化のノウハウを旧ソ連に伝えなければ、との使命感を抱いていた。

「カラー革命」には通常、このあと二〇〇五年に起きたキルギスの民主化運動「チューリップ革命」が加えられる。また、「ブルドーザー革命」前の一九九八年、スロバキア総選挙で権威主義的なメチアル政権を倒した運動が源流だとする考え方もある。

米研究者リンカーン・ミッチェルの著書『色の革命』[4]によると、これらの出来事の多くは「革命」と呼ばれるものの、実際には緩やかな政治的「改革」であり、その前と後との間には一定の継続性があった。民主化運動が打倒した旧政権は、決して強固な独裁政権ではなく、すでに民主主義にそれなりの理解を示す、ある意味で脆弱な政権だった。だからこそ大衆運動で簡単に転覆してしまい、流血も避けられたのである。

ウクライナにとっても、「オレンジ革命」の実態は「改革」である。革命側の中心人物ユシチェンコはその前のクチマ政権で首相を、もう一人の中心人物ユリヤ・ティモシェンコは副首相を務めており、いわば倒される旧体制側を支えてきた人物である。そこに「革命」と呼ぶほどの断絶があるわけではない。

しかし、ロシアはそう受け止めなかった。プーチン政権は「カラー革命」の連鎖を阻止しようと必死になった。民主化を求める若者たちに対抗して、政権支持の若者グループを組織したりした。民主化はプーチンにとって、政権の土台を崩しかねない安全保障上の脅威と映ったのである。

ロシア軍の侵攻直前の二〇二二年二月にロンドンで私が訪ねた英王立国際問題研究所特別研究員オリシア・ルツェヴィチ(四七)は、プーチンの意識をこう分析した。

「一九世紀の帝国主義的価値観に染まったプーチンは、国境周辺の土地にも所有権があると信じています。そんな土地が民主化されると、ロシア本土の人々に欧米の価値観をもたらし、悪影響を与えると考える。ロシアがコーカサス諸国から中央アジア、ベラルーシ、モルドバ、ウクライナへと支配を広げようとするのは、ロシア指導層の不安の表れです。攻めの姿勢を取り続けないと、ロシア本体の求心力を保てない。さもないと、将来、ロシアは解体に向かうかもしれない。彼らはそう恐れているのです」

OSCE選挙監視員

では、ウクライナで民主主義は実際にどれほど進み、社会に定着しているのだろうか。英エコノミスト・インテリジェンス・ユニット(EIU)が一六七の国・地域を対象に格付けした二〇二二年の民主主義指数によると、ウクライナは八七位であり、民主主義と権威主義との混合政治体制だと位置づけられている。ちなみにロシアは一四六位で独裁政治体制と位置づけられ、大きな差がついている[5]。

ただ、ロシア軍の侵攻で戦時体制を強いられたことによる影響も出ているだろう。現状を探りたいと考えた私は、この年で五度目となる二〇二二年八月のウクライナ訪問で、中西部ヴィンニツァ州ハイシンを目指した。

なだらかな丘陵地に位置するハイシンは、人口約二万五〇〇〇人のごく平凡な田舎町である。小麦畑とヒマワリ畑に囲まれ、時がゆっくり過ぎる。パン工場や醸造所などの地元企業以外に目立った産業はなく、それまでロシア軍の攻撃も免れてきた。

中心部の古いレストランで一人の女性が私を待っていた。久々に再会するオリハ・ホルーン(六六)

である。

この町を私が初めて訪れたのは二〇一五年秋だった。ウクライナで統一地方選が実施された際、OSCEが組織した国際選挙監視団の一員として、ここに派遣されたのである。投開票での法令違反や不正の有無を調べる任務を与えられ、町や周辺の農村の投票所を巡回した。

そのときのウクライナ側の責任者がオリハだった。勤続三三年になる老人ホームの副所長が本業だが、選挙のたびにハイシン市選管で副委員長を務めている。

再会したオリハ・ホルーン.

「欧州安保協力機構」（OSCE）は、欧米や旧ソ連などの五七カ国が加盟する世界最大の地域安全保障機関である。東西間の信頼醸成などを目指して、一九七五年に欧州安保協力会議（CSCE）として発足し、冷戦後の九五年にOSCEに改組された。ウクライナを含む旧ソ連各国で広く、停戦監視や選挙への支援を担う。

二〇一五年一〇月のウクライナ統一地方選で、OSCEは四四カ国、六七五人の国際選挙監視団を組織した。日本はOSCEに正式に加盟していないが、「協力パートナー国」の立場からいくつかのプロジェクトに参加している。このときも、OSCEの要請に基づいて日本の外務省が参加者を募集した。所属する新聞社の許可を得て応募した私は書類選考で採用され、派遣が決まった。

監視員は、二人一組でチームを組んで各地域を担当し、投開票の状況を調べる。集計された結果をもとに、ＯＳＣＥは選挙の公平性や正当性を判断する。監視員の存在そのものが選挙管理委員会や有権者らに注意を促し、順法精神を高める効果も期待される。

このときに私に割り当てられた地域が、ハイシンだった。ウクライナ中央選管に監視員として登録し、キーウとヴィンニツァで四日間の研修と状況説明を受けた後、現地に赴いた。

地域を下見したうえで、一〇月二五日の投開票日に臨む。担当するのは、町の中心部と、南東の農村地帯に二〇キロほど延びる街道沿いの計一二カ所の投票所である。農村はちょうど、燃え上がるような紅葉に包まれていた。街道の一番奥の村キブリチには小さな教会があり、壁が真っ青なのが印象的だった。ただ、道路は悪く、数キロ離れた村に車で移動するのに三〇分以上かかることもあって閉口した。

壁が真っ青なキブリチの教会.

投票所ではスタッフに聞き取り調査をし、法令違反や不正に目を光らせる。「投票箱は密閉されているか」「投票待ちの行列が長くないか」。約六〇項目を点検し、キーウの監視団本部に報告する。

私の相方は、英国人の元会社経営者マイケル・サンダー（七四）だった。引退後のボランティア活動として、ＯＳＣＥに限らず旧ソ連やアフリカなどの監視団に加わり、そのときすでに一六回目というベテランである。「投票所では、スタッフが有権者名簿をきちんと照合しているか、しっかり調べた方がいい」などと、調査の勘どころを教えてくれる。

監視員に選挙スタッフを指導する権限はないが、質問は許される。中心部の投票所入り口では、候補者のポスターがはがされないまま残っているのを見つけた。「法令違反ではないですか」。そう尋ねると、スタッフは「しまった」という表情を見せた。うっかりはがし忘れていたようである。

農村部の投票所の多くは、紙細工で装飾を施し、音楽を流し、まるでお祭りだった。お茶とお菓子も用意して、振る舞ってくれる。二〇〇一年にベラルーシの大統領選を取材したときにも同じ光景を見たが、これはソ連時代の名残だという。当時の選挙は形式に過ぎなかったから、うかうかすると誰も投票に行かず、投票率が下がってしまう。だから、音楽やお菓子で有権者を引き寄せたのである。

女たちが選挙を支える

ウクライナの統一地方選は、州議、郡議、市長、市議の四つの選挙を同時に実施する。だが、各投票所に設置される投票箱は一つしかない。四つの選挙の四つの投票用紙を一つの箱に入れるため、開票する際には各選挙ごとに仕分けしなければならない。なかなか複雑な作業で、開票作業が滞りなく進むのか、OSCEも懸念していた。その予感は的中し、投票所の巡回を終えた私たちがその日の夜に立ち会った開票現場でもトラブルが起きた。

鍵をかけた投票箱を中心部の開票所に持ち寄って一斉に開く日本の方式とは異なり、ウクライナで開票の集計はそれぞれの投票所ごとに実施する。私たちが監視対象として選んだハイシン市内の開票所では、午後八時の投票終了直後に開票が始まった。卓上にばらまかれた四選挙混合の投票用紙を、スタッフが分類し始めた。

集計は午後一一時一五分に終了した。しかし、スタッフが結果を一覧表に記載する段になって、重複立候補している人の票をどう扱うべきかをめぐり、混乱が始まった。スタッフが法規集を調べ、協議を重ねたが、対応を決められない。市選管に電話で相談する。大騒ぎである。市選管幹部が急きょ駆けつけ、スタッフを指導しながら、集計作業を再開した。私たちは明け方に引き揚げたが、スタッフらは徹夜で仕事を続け、最終的に終了したのは翌日の午前一一時だった。

同様のトラブルは全土で相次いだ。OSCEの報告によると、一覧表記載にあたって問題が生じたケースは全土の一八%、結果に矛盾が生じて集計作業をやり直した投票所も一二%にのぼった。また、

監視作業に携わる筆者.

この前年からウクライナ東部ドンバス地方ではロシア軍の介入による紛争が続いており、この影響でマリウポリなど三つの街で投票を実施することができなかった。

一方で、監視団が訪れた投票所のうちの九八%については、状況が肯定的に受け止められると判断された[6]。地域によってばらつきがあり、不正やミスも少なくないものの、自由選挙を実施できる土壌は少しずつ固まってきていたといえるだろう。

ハイシンの各地区や村ごとに設けられた投票所では、地元で選ばれ

る一二人から一六人が投票区選管を組織し、投票の管理から開票集計まで担う。そのほとんどが女性だった。私が訪れた投票所のなかには、一二人のスタッフ全員が女性という村もあった。数百円程度という日当の安さからか、男性には敬遠されがちな仕事なのだと聞いた。

普段は畑や工場で働く女性たちが、法規集を傍らに置いて作業を進める。お年寄りの投票を助け、若者に投票を促そうと工夫する。その職務への意識は徹底しており、私たちが見たなかでは、作業に口出しをする候補者を女性たちが追い返す場面もあった。

投票所を束ねるハイシン市選管のスタッフの多くも、オリハを含めて臨時雇用の女性だった。市選管には選挙結果をまとめるパソコンがなく、電卓で票数を集計する姿には手探り感がにじんでいた。

投票日の二日後に町を去るとき、市選管にあいさつに行った私たちにスタッフの一人が言った。

「私たちも早く、欧州の水準に達する選挙ができるようになりたい。見守ってくれて、ありがとう」

その言葉には、自らが民主主義の担い手であろうとすることへの誇りがうかがえた。同様に民主主義を希求していた戦後間もない日本が抱いた意識であり、またその恩恵を長年享受してきた私たちがしばしば見失いがちな感覚でもある。

ウクライナの政治やガバナンスに多くの課題があるのは確かである。新興財閥が地方政財界で影響力を保つ社会構造、腐敗体質や非効率は、しばしば指摘される。一方で、現状を真摯に見つめ、改善に取り組む人々もいる。その営みが、市民レベルでこの国の民主化を支えてきたのだろう。

ウクライナの選挙の歴史は一九九一年の独立に始まる。もちろん、その前のソ連時代にも、形式的に選挙は存在した。ただ、一つの選挙区の候補者は通常一人で、その候補に投票する以外の選択肢を有権者は事実上持ち得ない。投票率も得票率も一〇〇%近くに達し、「ソ連型選挙」として欧米から揶揄された。

独立後、複数の候補者による自由選挙が始まった。オリハは、その初期のころから選挙に携わってきた。

2015 年ハイシンでの開票作業.

「一九九〇年代はみんなまだ不慣れで、ひどい選挙違反も続出していました。投票所で「あの候補に投票せよ」などと有権者に指図する人などもいたのです。政党も発達せず、有権者の意識を代表しているとはいえない状態でした」

彼女自身も、ソ連時代の意識がなかなか抜けなかった。一九九九年の大統領選では、ハイシンのほとんどの投票所で新顔のペトロ・シモネンコが優勢だったのに、自身が投開票を担当した投票所は現職のレオニード・クチマ優勢の結果が出て、慌てふためいた。後から思うと、投票所によって結果が違っても、民主主義下では何の不思議もない。彼女はしかし、「自分だけ異なる結果が出たのは、何かへまをしでかしたからでは」と真剣に悩んだ。当選者が最初から決まっていたソ連の選挙の感覚が抜けなかったからである。実際には、その投票所はウクライナ軍第五九独立自動車化歩兵旅団の駐屯地に近く、軍人の支持を集めるクチマが得票を伸ばして当然だった。

二〇〇〇年代に入っても、現金をばらまく候補者が当選するなど、目に余る状態は続いていた。しかし、状況は近年大幅に改善されたと、彼女は考える。大きなきっかけは、二〇一四年の民主化運動「マイダン革命」だった。

「あの出来事は、大きなインパクトを与えました。私たちも欧州の一員なんだと、自覚することになったのですから」

さらに、二〇一九年の大統領選挙でのゼレンスキー当選が、若者の政治参加を大幅に促したと、オリハは考える。

「政権が選挙で交代するのも当たり前になり、選挙違反も軽微なものが中心になりました。若者の投票率が上がったのも、喜ばしい現象です」

この間には念願のパソコンも、ハイシン市選管に導入された。

「もちろん腐敗がなくなったわけではないし、改善への取り組みもいまの戦争で止まってしまいました。私たちのレベルは欧米の水準にまだまだ達していない。その差を埋めるのには、二〇年ぐらいかかるかな。でも、追いつけるよう努力します」

彼女はそう語った。

「成り行き民主主義」

ロシアもウクライナも、表面上は民主的な制度を持つ国家である。選挙を実施し、民意に基づいて指導者を決める。ただ、ロシアでは一九九〇年代に定着するかと思われた民主主義がその後迷走し、プーチンによる権威主義政権から事実上の独裁に至ってしまった。では、ウクライナには民主主義がどれほど定着しているのだろうか。かつてはロシアと同様に投票の不正や腐敗が指摘されたが、改善されたのか。

私がロンドンから日本に帰国した後の二〇二三年六月のことだが、ウクライナ史研究の第一人者で米ハーバード大学ウクライナ研究所長のセルヒー・プロヒー（六六）にインタビューする機会があった。

セルヒー・プロヒー.

ウクライナ中部の現ドニプロ国立大学教授からカナダの大学を経てハーバード大学教授に転じた彼には、『欧州の扉』など、この地方の歴史を学ぶ人は必ず目にする著書がある。このときは、短期滞在中だった北海道大学スラブ・ユーラシア研究センターに彼を訪ねた。

彼は、ロシア軍侵攻の背景にNATO拡大があったとの言説を、まったく信用していなかった。「NATO云々はプーチン政権のプロパガンダに過ぎず、ロシア自身でさえ信じていません。ロシアにとってNATOよりずっと大きな脅威と映ったのは「オレンジ革命」でした」と話す。

すでに述べたように、オレンジ革命は「カラー革命」の一つである。ただ、カラー革命のなかでもそれは特別な地位を占めていると、彼は強調した。

「カラー革命と言っても、カラーなのはオレンジだけで、そのほかはバラやチューリップですよね。それでも「花の革命」と呼ばないのは、オレンジ革命の存在がそれほど重いからです。旧ソ連のなかでロシアに次いで大きいウクライナに民主主義が定着するようになった。その影響は計り知れません」

ウクライナの民主化は何を意味するのか。

「何より、ロシアが確立した権威主義政権の正当性が疑われます。プーチンは「西欧型の統治スタイルはロシアになじまない」「欧米とは異なる文明のロシアは独自の道を歩む」と主張していましたが、自ら一体性をうたうウクライナの民主化によって、その論理が破綻するのですから」

「ソ連崩壊後、独立した国の多くは、ロシアと同様に権威主義的な統治と発展への道を歩みました。民主主義を選んだ少数派の国の一つがウクライナです」

ロシアや他の国と異なり、ウクライナはなぜ、民主主義に進んだのか。謎解きとして彼が指摘したのは、欧米からの支援よりも、ウクライナの歴史に根付いた民主主義の土壌だった。

「ウクライナの建国神話は、近世のコサックの存在抜きには考えられません。ウクライナ国歌でも「我らはコサックの一族だ」とうたわれるほどです。コサック社会は、平等と民主的手法に基づいていたと言い伝えられます。このような認識が、現代の民主的な社会を築く意識につながったといえます」

コサックは、一五世紀から一六世紀にかけて現在のウクライナを中心とする平原地帯で、農民らによってつくられた一種の軍事共同体である。アタマンと呼ばれる首長を選挙で選んだり、重要事項を全員集会で決めたりする制度を備えていた。ソ連時代に次第に消滅したが、ウクライナ人はこの伝統を自らのアイデンティティーと見なしているという。

さらに、ロシア帝国やハプスブルク帝国など外部の大国に分断されたウクライナの歴史も、民主化にプラスに作用した。地域ごとに発展の形式や度合いが異なってしまったうえに、全体を制圧するほど強力な地域も存在しない。このモザイクのような国家を束ねて独立国としてやっていくには、民主的な政府が機能しやすかったのだという。

「この状況は、一八世紀の建国時の米国と極めて似ています。全体を支配下に収めるほど有力な州がなく、結束を保つ手段として妥協と民主主義が使われたのです」

それはつまり、ウクライナも米国も、闘いの末に民主主義を勝ち取ったというより、他に方法がないから選んだということだろうか。

「いわば「成り行き民主主義」ですね。ただ、成り行きで成立した民主主義は、意図して選んだ民主主義よりも、しばしばうまくいきます。逆に、無理して民主主義を選んでもなかなか機能しない地方が、世界にはありますし」

皮肉とも受け取れるこのようなウクライナの民主化形成の特徴は、この地域の政治を専門とする津田塾大学准教授・松嵜英也(三六)も指摘している。その論考によると、ウクライナの政治的な競争性や多元性は、この国が民主主義体制の確立のために闘争してきた結果ではなく、権威主義体制の構築に失敗した結果である。[7] また、地方政治と結びついて利権を追い求めるオリガルヒ（新興財閥）が国家の機能を蝕んだことで、かえって独裁化が阻止されたという。

准教授を訪ね、その分析を聞いた。

「旧ソ連でも、バルト三国などは自ら格闘して民主主義を手に入れた歴史がありますが、ウクライナにそのような面はうかがえません。権力基盤が脆弱なまま放置されて、結果的に多元的な社会となったのです」

彼によると、ロシアとウクライナの政治体制は一九九〇年代まで似通っていた。しかし、その後ロシアにはプーチンが登場し、政党支配型の独裁から個人独裁へと進んだ。ウクライナでも、第二代大統領クチマがロシアに倣って政党連合「統一ウクライナのために」をつくり、政治エリートの結集を試みたが、まとまらなかった。

なお、ウクライナにおけるオリガルヒの存在は、政治腐敗の象徴としてしばしば批判される。ただ、その力は近年大きく減じたと、セルヒー・プロヒーは考えていた。

「確かに、オリガルヒの存在はウクライナで経済政治面の発展を阻害する要因となってきました。二〇一九年の大統領選に立候補したゼレンスキーは「脱オリガルヒ」を掲げ、就任後はビジネスとメディアを分離させる改革に取り組みました。その試みはある程度成功を収めたといえます」

ロシア軍侵攻の被害がウクライナ東部や南部で大きく、そこを拠点とするオリガルヒの影響力が削がれたことも、ゼレンスキー改革にとって有利に働いたという。

「オリガルヒは、一九九〇年代の台頭期に比べ、近年大幅に弱体化しています。その亡霊と戦うことに多くを割くべきではありません。現在のウクライナ経済を主導するのは、これら古い経済モデルではなく、農業やIT分野なのですから」

ウクライナの今後

国土が戦場となり、日々攻撃にさらされるウクライナにとって、侵略者の除去にすべての力を注がざるを得ないのは当然である。あえてこの時期に、この国の制度の不備や課題をあげつらうのは、被災者に説教をするに等しい。命が狙われている状態で、民主主義の確立や腐敗追放に関して議論をせよと言っても無理であろう。

一方で、戦争はいつか終わる。そのとき、ウクライナはどのような国になっているのか。どの方向を目指しているか。

そのヒントとなりそうな話を、二〇二三年三月に聞く機会があった。

戦争の行方に関する分析を探していた私は、シンクタンク「カーネギー・ヨーロッパ」のサイトに掲載された一つの論考に行き当たった。「一年が経つこの戦争はどのように終わるのか」と題するその論考は、「この戦争に勝者がいないだろうことは、ますます明白になりつつある。ウクライナの将来はかつてなく脆弱だ」と指摘していた(8)。筆者はイタリア国際政治研究所準研究員でイタリア電子キャンパス大学の准教授だが、ウクライナ人のように思える。愛国心あふれる論者が多いウクライナで、その冷静な分析は新鮮に思えた。

オンラインで向き合ったその女性カテリーナ・ピシコヴァ(四六)は、流暢な英語を話す政治学者だった。

「勝者なき戦争」とは何を意味するのだろうか。彼女は、この戦争が侵略戦争であり、現在はウクライナ国民が国旗の下に結集する時期であると前置きしたうえで、懸念を語った。

「問題は、戦いに伴う損失が長期的に膨大であり、ウクライナ市民の重荷となることです。これほどの犠牲者を出すことを正当化する理由を見いだせるか、次の世代に何を引き継げるか、国家はどのような形で存続できるのか、このあとウクライナは繁栄するのか。こうした疑問に答える処方箋はありません」

カテリーナ・ピシコヴァ(本人提供).

背景にあるのは、ウクライナとロシアとの国力の差である。

「軍事力のバランスは、均等ではありません。ロシアはウクライナに比べ、ずっと大きな軍事力と人口を持ち、動員するにもその理由を説明する必要がない。ウクライナにも動員力はあるが、人権や倫理に配慮しなければならない。ロシアのように人を使い捨てたら、ウクライナの政府は持たないのです」

「今回の戦場はウクライナであって、ロシアではありません。多くの人がロシア経済への制裁の影響を調査していますが、その間にウクライナ経済は大打撃を受けています。民間人の犠牲も大きい。長期的に見ると、この戦争はやはりロシアよりウクライナに被害を与えるのです。ロシアはそれを見越して戦略を立てている。戦争の前線とは無関係の後背地にあるインフラを破壊し、ウクライナ全土から安全な場所をなくそうとしています」

二〇二三年夏現在、ウクライナは反転攻勢に乗り出している。領土奪還を目指すゼレンスキー政権の立場は、多くの市民の支持を受ける。しかし、大統領の責務はそれだけにとどまらないと、カテリーナは言う。

「戦争という緊急時にあって、政治プロセスの多元性をいかに失わず、いかに透明性を保てるかに、政治指導者の今後もかかっています。もしそれが十分できていると市民が納得し、政治と社会が結びついていると信じるなら、理想とは多少異なる政治的解決策を取らざるを得なくても、大きな批判には結びつかないでしょう」

「民主的な社会で、不満が出るのは当然です。解決策に不満を抱く人も、その決定過程に自らが参加したという意識を抱けば、問題は長引きません。その人も、国の将来をつくる営みに加わるはずです。そうすれば、国内の過激なグループが力を持つこともなく、戦争から平和への移行がスムーズに進むに違いありません」

「それこそが、ウクライナにとっての「勝利」なのです。「あの領土を取り戻した」「あそこも取った」というだけではない。勝利とは、民主主義を戦争から守り、将来に結びつけるものでなければなりません。政府と市民に国際社会や市民団体も加わって、ダイナミックな動きをつくってこそ、真の勝利なのだと思います」

確かに、ウクライナが戦意を失わない大きな理由の一つは、自らの国が成し遂げてきた民主主義への誇りである。もしこの国がロシアとの戦争でその民主化の成果を食いつぶし、ロシアに近い社会に戻ってしまうなら、それだけでロシアの目的が達成されることになりかねない。ウクライナは、ロシアと戦うだけでなく、自らとも戦わなければならないのである。

彼女に、その冷徹な分析がどこからくるのかと問うてみた。意外なことに、彼女は北東部ハルキウの出身だという。今回ロシア軍の攻撃で大きな被害を出した街である。

「私の父はいまも現地にいて、その身を私は案じています。父は侵攻初期、暮らしていたマンションが攻撃で破壊されたため、移転を余儀なくされました。ハルキウには親戚や友人もたくさんいます。今日は研究者として質問に答えましたが、戦争をどう思うかと尋ねられていたら、また違った答えになったでしょう」

学問の世界を一歩離れると、彼女もまた、戦争の影響を直接受ける一人の市民なのだった。

ロシアの今後

ウクライナの将来はそれでも、国民の士気の高さに欧米のさまざまな支援もあり、希望が見える。一方、ロシアはこれからどこに向かうだろうか。

侵略者ロシアは、ウクライナのような国土への直接の被害が生じているわけではない。死傷者もほとんどが軍人兵士に限られる。一方で、プーチン政権はますます強権化し、まだあまり顕在化していないものの戦争に伴う経済や社会のひずみは大きいだろう。何より、プロパガンダにまみれた国民は、自国に問題があること自体に気づいていない。明るい将来が待っているとは思えない。

カテリーナもやはり悲観的だった。

「現在のロシアの体制は、スターリン時代に極めて似ています。戦争を遂行する全体主義体制です」

ただ、盤石に見えるプーチン政権の基盤は、意外に脆いかもしれないという。

「権威主義体制は国内の緊張や政治紛争に対して、フェイクニュースをばらまきながら弾圧する以外の手法を知りません。柔軟性に欠けるため、緊張を緩和させるすべを持ち得ないのです。逆に言うと、非常に安定しているように見えて、ある日突然、クーデターや権力奪取劇のような出来事が起き、ドミノ現象となってすべてが崩壊する。多くの権威主義体制は、このような道をたどりました」

実際、このインタビューから約三カ月後に、民間軍事会社ワグネルを率いるエフゲニー・プリゴジンの反乱が起きた。これによってプーチン政権が揺らいだわけではないが、その収拾をめぐる混乱は、政権の弱体ぶりをさらけだす結果となった。

プーチン政権の脆弱さを指摘するのは、カテリーナに限らない。英国のロシア専門家ジェームズ・ニクシー(四七)も同様の見方を持っていた。

「「カラー革命」のような変化は、起きる直前まで予想できません。例えば、二〇二二年一月に突然起きたカザフスタンの騒乱はその例です。一九八九年にルーマニアで起きたチャウシェスク独裁政権の崩壊もそうでした。大統領のニコラエ・チャウシェスクは、処刑されるつい二週間前まで、極めて人気の高い政治家だったのですから」

ジェームズ・ニクシーは、モスクワ・トリビューン紙の調査報道記者などを経て、英王立国際問題研究所でロシア・ユーラシア・プログラム部長を務めている。彼にインタビューをしたのは二〇二二年五月初めだったから、侵攻から二カ月あまりで、ロシア軍がまだそれなりの勢いを維持していたころだった。しかし、ロシアの後退ぶりを予想した彼の見通しは間違っていなかった。

「ウラジーミル・プーチンは、身動きが取れない状況に追い込まれています。いったんひねり出した歯磨き粉をそう簡単にチューブに戻せないのと同様に、戦果なくして彼は軍を撤退できません。しかし、新たな領土も、政治的軍事的な成果も、得られそうにない。ロシアは、短期間の小競り合いや威圧的な外交、エネルギー資源の供給制限などの分野でうまく立ち回ってきましたが、今回はその力の使い方を誤った。大げさに振る舞いすぎた結果、大物が実は小物であったとばれてしまったのです」

欧米の制裁の影響も受けて、ロシアは大きく力をそがれたと、彼は考える。実際、ロシアは二〇二二年の秋から冬にかけて兵員やミサイル、弾薬の深刻な不足に悩み、二〇二三年に入るともうやせ我慢の状態に陥りつつ、攻撃を続けている。

背景には、ロシア人特有のメンタリティーがあるという。

「外交や国防などの政策決定権を持つ人々の意識は「拡大主義」で一致しています。冷戦終結後の国際秩序がロシアの国益にかなわず、これを変更する必要があると、一様に信じています。冷戦後の秩序のなかで利益を得てきたのは例えば中国ですが、「中国は得をしているのに、ロシアは損をしている」「中国は繁栄しているのに、ロシアは衰退している」とロシアは受け止め、自ら高いレベルに上がろうとする代わりに、他の国々を自分のレベルに引きずり下ろそうと考えるのです」

「ロシアが抱えるもう一つの問題は、それなりの教養を持つインテリでさえ、ロシアが特別な国であり、ロシア人は例えばウズベク人やタジク人、アルメニア人よりも優れている、と信じていることです。それは、ここ一五年ほどの間にロシアが半全体国家から真の全体国家に移行したことに伴う結果です」

世代交代は問題の解決に結びつかないとも、彼は考えていた。ロシアの若者たちは、プーチン政権が教育現場で展開している情報操作にすっかり絡めとられているからである。

「ただ、ロシア人が他と異なるＤＮＡを持っているとか、民主主義とロシアとの相性が悪いとかとは、私は思いません。時が経ち、この戦争に敗れ、その後に適切な励ましと支援、助言を受けられれば、ロシアにも変わる可能性があると考えます。振り返ると、私たちは必ずしも常に、ロシアに最も適切な助言を授けていたわけではありませんでしたから」

場合によっては、せいぜい五年ほどでプーチン政権は持たなくなるかもしれないと、彼は話した。もっとも、必ずしもその後に、自由で民主的なロシアが生まれるとは限らないとも言うのである。

帝国が崩壊するとき

実際、この戦争後のロシアには、大きな苦難が待っているだろう。米国でさえ、遠くで戦ったはずのベトナム戦争の影響を受け、社会不安や経済の停滞に苦しんだ。アフガニスタン侵攻がソ連崩壊の引き金となった、との説も根強い。ましてや今回の負担は、アフガニスタン侵攻の比ではない。アフガニスタンでのソ連軍の約九年間の死者は一万五〇〇〇人前後だが、ロシアの独立系メディアの調査によると、二〇二三年七月の時点で、ウクライナでのロシア軍の死者は五万人近くに達していた(9)。

これは、侵攻当初の予想とは大きく異なっている。ロシアは、キーウを早々に陥落させられると考えていた。実際には陥落どころか、ロシア軍はブチャなどで殺戮を繰り広げた末に撤退することになるのである。

この戦況の変化は、戦争の位置づけ自体も大きく変えた。多くの人は初めのころ、ロシア軍の侵攻が歴史の一つの転換点となると考えた。国際法の順守や主権の尊重、人権擁護を基軸にした冷戦後の国際秩序が崩れ、力任せの秩序が到来するのではと、私自身も懸念した。実際には、ロシア軍はそのような悪役を到底演じられず、腰抜けぶりを示しただけだった。

この侵攻が歴史の転換点でないとすると、何なのか。偶然気づいた新聞記事に、これを解く鍵があった。侵攻間もないころ、『上毛新聞』に掲載された「ウクライナ危機　帝国の衰退が招く悲劇」と題するコラムである[10]。

「「帝国が平和裏に衰退するのはまれである」と言われる。今ウクライナで起こっているのは、米国とソ連という二つの帝国を盟主とする東西両陣営の冷戦が名実ともに終結し、帝国の復活を夢見たロシアが世界を巻き添えにして自壊する最終局面だろう」

筆者は、アジア太平洋の国際関係を専門とする青山学院大学名誉教授の菊池努（六八）だった。オンラインで連絡を取った彼は、画面の向こうからその論理を説明した。

「現在はむしろ、新たな世界の始まりではなく、ソ連という帝国が崩壊する最終段階にあたると考えられます。第一次世界大戦前後までに帝国は世界の多くの地域で消え去りましたが、ソ連と中国は、その後も帝国の特徴を維持し続けてきました。帝国は、衰退する過程でさまざまな問題を引き起こします。歴史の大きな流れからみると、今回の侵略は、その際にしばしば生じる血なまぐさい事件の一つです」

教授によると、一九八九年のいわゆる冷戦終結は、あまりに平和的だった。

「やはり冷戦のような争いの最後は、流血を避けられないのではないか。その具体的な例が、ウクライナ侵攻という形でいまになって現れてきたのだと思っています」

「ロシアにうかがえるのは、強かった時代へのノスタルジーと、自分たちの現実の力との間に生じたギャップに耐えられなくなった姿です。失われた栄光を取り戻すために、非合理的な行動や、現実を無視した暴力に訴えてしまう。ロシアを突き動かしたのは「冷戦後三〇年間にわたって欧米から二流国家として軽んじられてきた」という屈辱感です。世界から一目置かれる国家としての地位を取り戻したいのです」

しかし、その試みは早々にして潰えた。

「それは、「冷戦」が名実ともに終わりを告げようとしていることを意味します。米国が欧州の安全保障に深く関与する状態は、もうなくなるでしょう。米国には、欧州よりももっと重要な課題が生じているのですから。つまり、冷戦の真の終結はロシアを変えるだけでなく、米国も変えるのです」

米国は以前から、インド太平洋地域へと重点を移している。その流れは、ウクライナへの侵攻があっても変わらないと、教授は考える。

「「侵攻によって世界が変わる」と言う人はいますが、では何がどう変わるのか。いろんな人の意見を聞きましたが、よくわからない。もちろん、例えばドイツの安全保障政策は大きく変化しましたが、これで国際社会の根本的な仕組みが変わったり、「力こそ正義」という世界が到来したりするとは思えません。世界が無秩序になったわけでもない。国際秩序には復元力も当然備わっていますし、国際法違反の行為に対して「罰せよ」と求める動きもあるわけです。ロシアの侵攻によって戦後の「ルールに基づく秩序」が終わるというほど単純な話ではありません」

今後の懸念は、ロシアと並ぶ「帝国」中国だという。

「国家主席の習近平は「中国の夢」にしきりに言及しています。「夢」とは「中華民族の偉大なる復興」です。そこに見えるのはやはり「帝国ノスタルジー」です。屈辱感が行動を規定している点でも、プーチンと習近平とは共通しています」

「アジアで問題が起きているのは、朝鮮半島から東シナ海、台湾海峡、南シナ海、中印国境と、中国の周辺部ばかりです。これについては「中国やロシアには国境の観念が薄く、周辺があいまいになっているからだ」と指摘する人がいます。現代の主権国家なら、はっきりと領土を確定して、「ここまでは私のもの」「ここからは他人のもの」と決める感覚を持ち合わせている。しかし、中国やロシアはある意味で、まだ近代国家ではなく、すなわち「帝国」なのですから、そのような感覚が希薄なのです」

では、中国もこれから崩壊に向かうのか。

「簡単に崩れるとは思いませんが、少なくとも深刻なストレスを内外に抱えています。ロシアよりもはるかに強大な力を持つ中国が「過去の屈辱を晴らす」「民族の栄光をもう一度」などと言うと、周囲に与える緊張も、ロシアの比ではありません。その意味で、アジアは欧州よりもずっと深刻な問題を抱えていると言えるのです」

彼の話からは、かつて欧州からアジアにまたがって君臨した巨大な竜が末期を迎え、もがき苦しむ姿が思い浮かぶ。滅び行く自らの姿を認めたくない竜は、周囲を巻き込もうと暴れる。そのときに、私たちはどこに立って、何をすべきなのだろうか。

（1）ＮＨＫ国際ニュースナビ二〇二二年三月四日「【演説全文】ウクライナ侵攻直前　プーチン大統領は何を語った?」 https://www3.nhk.or.jp/news/special/international_news_navi/articles/detail/2022/05/25/21130.html

（2）John J. Mearsheimer, "Why the Ukraine Crisis Is the West's Fault: The Liberal Delusions That Provoked Putin", *Foreign Affairs*, 2014. 09. 10.

（3）Robert Person, Michael McFaul, "What Putin Fears Most", *The Journal of Democracy*, 2022. 04, https://www.journalofdemocracy.org/articles/what-putin-fears-most/

（4）Mitchell (2012)

（5）Economist Intelligence, Global Outlook: Democracy Index 2022, 2023. 03. 02, https://www.eiu.com/n/global-outlook-democracy-index-2022/

（6）OSCE, Office for Democratic Institutions and Human Rights, UKRAINE LOCAL ELECTIONS, 25 October and 15 November 2015, OSCE/ODIHR Election Observation Mission Final Report, 2016. 02. 19.

（7）松嵜英也「ウクライナのオリガルヒと汚職――ＥＵ加盟に立ちはだかる「非公式制度」」国際情報サイト『フォーサイト』二〇二三年四月二五日(https://www.fsight.jp/articles/-/49719)は、トロント大学教授ルーカン・ウェイの理論を引きつつ、この点を論じている。なお、セルヒー・プロヒーもPlokhy (2023) でウェイの著書に言及している。

（8）Kateryna Pishchikova, "Nearly One Year In, How Does This War End?", Carnegie Europe, https://carnegieeurope.eu/strategic

europe/88783

（9） Erika Kinetz, “How many Russians have died in Ukraine? Data shows what Moscow hides”, *The Associated Press*, 2023. 07. 10, https://apnews.com/article/russia-ukraine-war-military-deaths-facd75c2311ed7be660342698cf6a409

（10） 菊池努「ウクライナ危機　帝国の衰退が招く悲劇」『上毛新聞』二〇二三年三月一五日

第七章　銃後なき世界――ミコライウ、オデッサ

水のない街

二〇二二年の秋が近づくと、ロシア軍の衰えぶりは誰の目にも明らかだった。

首都キーウ攻略を狙った部隊が三月末から四月頭にかけて引き揚げた後、ロシア軍はその兵力をウクライナ東部に集中させた。二〇一四年からその一部を実質上支配してきた東部ドンバス地方のドネツク州、ルハンスク州で、ロシア軍はその範囲を広げ、四月末にはドネツク州の主要都市マリウポリを、六月にはルハンスク州セヴェロドネツクを、激しい攻防戦の末に街を廃虚と変えながら制圧した。ルハンスク州に隣接する北東部ハルキウ州でも、広い範囲を支配下に置いた。ウクライナ南部でも、二〇一四年以来占領するクリミア半島からの燃料弾薬補給を受けて、ヘルソン州全域とザポリージャ州南部を占拠していた。

ただ、七月に入るとウクライナ軍の反撃が強まった。八月には、クリミア半島やロシア領内での燃料保管庫や弾薬庫が、ウクライナ側によると見られる攻撃で次々に破壊された。ロシア軍は次第に防戦一方となった。

ウクライナ軍の次の反攻の舞台は南部ヘルソンだろうと取りざたされた。そのほぼ全土をロシア軍

に占領されたヘルソン州は、大河ドニプロ川の下流両岸にまたがっている。河川の往来を断てば、州都ヘルソン市を含む西岸のロシア軍は補給路を失って孤立する。ウクライナ軍にとって標的としやすいはずだった。

八月末にキーウに着いた私は、大規模反攻に備えて、南部の状況を見たいと考えた。もちろんヘルソンには行けないが、隣接するミコライウ州の州都ミコライウだと、ウクライナ軍との交渉次第で入れる可能性があった。ただ、ミコライウはヘルソン州のロシア軍支配地から三〇キロ弱しか離れていない。連日の攻撃にさらされており、それなりの危険を冒すことになる。

私はまず、南部の中心都市オデッサに向かった。ポーランドの記者仲間の紹介で知り合ったオデッサ州選出最高会議(国会)議員のオレクシー・ゴンチャレンコ(四二)と会い、南部の概況について聞こうと思っていた。ここで、ミコライウ入りの手がかりをつかめるかもしれない。

ゴンチャレンコは、親欧米派の活動的な若手議員である。英仏語に堪能で、欧州評議会(CE)議員会議の移民・難民・国内避難民委員会副委員長を務め、ウクライナと欧州各国を飛び回っていた。ウクライナ国内の地方都市に広がる無料語学教室「ゴンチャレンコ・センター」の設立者という事業家としての顔も持つ。このセンターは欧州などからの援助をもとに運営されており、近く日本語講座も開く予定だった。

オデッサ市内のセンターを訪ねると、近所の市民がロビーに集まって、カムフラージュネットを編んでいる最中だった。戦場で装甲車両や陣地を覆い隠す迷彩色の網で、その製作の多くは市民のボランティアに頼る。ウクライナ各地に展開するゴンチャレンコ・センターは語学教室であるとともに、ボランティア活動のネットワークとしても機能している。

ゴンチャレンコ本人によると、オデッサの場合、観光客がほとんど来なくなり、経済的に難しい立場に追い込まれているものの、普通の市民生活は営まれている。ミサイル攻撃はときどきあるが、中心部の被害は少ない。だが、ミコライウの暮らしはさらに厳しいという。問題は、連日攻撃にさらされるだけにとどまらない。

「ミコライウでは水が飲めないのです。私たちのボランティアも、オデッサ州内から毎日のように飲料水を送り届けています」

ミコライウでは水道水の濁りが激しく、濾過しても飲めない状況が半年にわたって続いている。給水管が破損したためとみられるが、ドニプロ川の取水場はロシア軍支配下にあり、しかも給水管は七三キロにわたってロシア占領地を走り、ウクライナ当局は近づけない。このため、いくつかの市民団体が水を近辺で確保して市民に配るサービスを展開しており、現地のゴンチャレンコ・センターはその拠点の一つとなっているという。

オデッサからミコライウまでは約一三〇キロである。高速道路が完備しているが、途中いくつも設けられている検問通過の時間も考慮すると、車で片道二時間あまりの行程だろう。日帰りをすべく、九月九日の朝早くオデッサを出発した。戦時にもかかわらず、大型トラックの往来は多い。その間を縫いつつ走り、午前八時過ぎには到着した。

ミコライウは、入り江沿いの高台に開けた美しい街である。軍艦をはじめとする造船業で知られ、造船大学も有する。人口は五〇万人に達する。しかし、中心部の住宅街に入っても、ほとんど人影が見当たらない。ここでは、二月から三月にかけて侵入したロシア軍との間で市街戦が起き、これを撃退した後もミサイル攻撃が相次いでいる。市民は次々に脱出し、このときまでに人口が約二〇万人にまで減っていた。しかもその相当部分を軍隊が占めるため、民間人は一五万人程度に過ぎないという。

「いま街に残っているのはお年寄りばかりですよ」

住宅街の真ん中にある事務所で、ミコライウ・ゴンチャレンコ・センター事務局長のゾヤ・パヴレンコ(六二)は語った。彼らにとって何より大切なのが、飲料水の確保である。センターは市内一〇カ所に給水所を設け、飲料水を定期的に配給している。センターの近くの道路脇がその一つである。

午前九時前、大型ペットボトル数本ずつを抱えた市民が集まり始めた。やがて、一トンタンクに水を満載したワゴン車が到着する。人々は順番に、ホースからほとばしり出る水をボトルに詰める。

「飲むのにも、料理するにも、この水は不可欠です。家族が五人いるから、毎日来ても足らないよ」

ボトル一〇本を手押し車で持ってきたナタリア・メトビエク(六七)は言う。自宅の水道の水はずっと黄土色だという。排水の側も詰まってしまい、下水管を交換せざるを得なかった。

「ここから逃げようにも行くところはないし、地元を離れたくもない」

午前一〇時、二トンの水を積んだ二台目が着く。給水を求める列は四〇分ほど続いた。事務局長のゾヤは「この状態がいつまで続くのか予想できません。水以外の食料や医薬品は足りているのが幸いですが」と話した。

この水はどこから来たのだろうか。

「住所は絶対に公開しないでくださいね。周囲の写真も撮ってはだめです」

そう釘を刺されて、水源を見に行った。ミコライウで水の確保はいまや、戦略的な意味を持つ。ロシア軍の攻撃対象になりかねないからである。

車で街を横切って着いたのは、ヘルソン州に近い郊外の一軒家である。ゴンチャレンコ・センターのボランティアの一員で消防士のスラヴァ(六〇)が三〇年前にここに家を建てたときに、業者に井戸を掘ってもらったという。以来、地下七〇メートルから湧く水は涸れたことがない。

「近所からも汲みに来ます。いつもわけてあげますよ」

ミコライウで給水に並ぶ人たち.

もっとも、ゴンチャレンコ・センターの水源は、市内の井戸だけでは足りない。隣接するオデッサ州の井戸からも水を汲み、支援物資とともにバスに積み込んで届けている。オデッサのセンターでボランティア活動を統括するサビナ・ニキチェンコ(二六)は「ロシア軍は水道をわざと壊したと聞いています。ミコライウから住民を追い出そうとしているのではないでしょうか」と疑った。

停戦協議の間に攻撃

飲料水の問題を抜きにしても、ミコライウの生活環境は厳しい。ロシア軍の陣地に近すぎるため、常に攻撃にさらされている。侵攻開始の二月二四日から九月九日の私の訪問まで一九七日を数えたが、州政府によると、そのうち攻撃がなかったのは二九日間に過ぎない。そのうちの五日間はこの週に入ってからである。つまり、最近ようやく、少しましになっている。

市内では地下施設を持つビルが少なく、避難場所が足りない。給水所に水を汲みに来ていたクラウディア・ナガエフスカヤ（七八）は言った。

「空襲警報は一日一〇回以上鳴るときもあります。ただ、アパートには地下室がないから、何もできない。様子をうかがうだけですね」

ミサイル発射から着弾までは、一般的に何分かの合間がある。キーウなどでは通常、ロシア軍の発射後間もなく警報が発せられるため、着弾までに避難できる。しかし、ミコライウは最前線のヘルソン州に近く、発射から着弾までの時間がほとんどない。警報が鳴る前に着弾してしまう場合も少なくないという。

軍事施設とは無関係の建物が狙われることも多い。学校や病院も例外ではなく、市内にある大規模大学五校のうち三校が被害を受けた。その一つ、中心部にある国立モヒラ黒海大学では、八月一九日にあった攻撃で、四階建ての施設が崩壊した。道路を挟んでその向かいに暮らす工員リュドミラ・サプレヴァ（五七）は「夜中に寝ていたら二度、吹き飛ばされるかのような振動があり、自宅の天井が落ちて家族がケガをしました。でも、行くところがないから、そのまま暮らすしかない」と話した。

ミコライウ州政府によると、侵攻開始以降の市内の犠牲者は一三三人に達する。最大の死者を出したのは三月二九日朝にあった州政府庁舎へのミサイル攻撃で、三七人が死亡した。

このころ、ウクライナとロシアの間ではまだ、停戦協議が続いていた。出勤途中で難を免れた州政府広報官のドミトロ・プレテンチュク(四一)は「一方で平和を求めるふりをして、一方で私たちを攻撃する。ロシアの外交姿勢がよくわかる例ですよ」と皮肉った。

彼に、破壊された州政府庁舎の内部を案内してもらった。九階建ての州庁舎は、中央部分が最上階から地上まですべて崩落し、真ん中に大穴が開いている。ボロジャンカのマンションとほとんど同じである。ビルの上階に上がると、がれきと家具、事務用品、書類から職員の衣類までごっちゃになって散らばり、収拾のしようがない。天井が落ち、壁も崩れ、修復できる段階ではない。

しばらくすると、爆発音が鳴り響いた。一時間ほど前に続いて二度目である。ロシア軍の攻撃か。

ドミトロは達観していた。

「いま生きているから、攻撃かどうかなんてどうでもいい。死ぬときは死ぬよ」

州知事のヴィタリ・キム.

ミコライウ州知事のヴィタリ・キム(四一)が取材に応じた。姓でもわかるが、父は朝鮮系ソ連人で、本人も多少東アジア系の風貌を持つ。この街出身で、地元の国立造船大学を出て会社経営などにかかわった後、ゼレンスキーらの政治運動に参加し、政権発足後の二〇二〇年に州知事に任命された。積極的なＳＮＳ発信で知られ、若者の間で人気がある。

飲料水不足の原因は、ロシア軍がドニプロ川の水源地の施設を破壊したことにあると、知事は言う。必要な水の三分の二は確保できるものの、車で配給しなければならないのが難点である。「失地を回復すれば、問題はおのずと解決すると考えます」と語る。

「ロシアの行動には論理がありません。最前線でもないこの街をなぜ、これほど執拗に攻撃するのか。特に大学への攻撃はわけがわからない。プロパガンダでロシア人は愚かになったが、大学を破壊すればウクライナ人も愚かになると思っているのか」

街の人口は二〇万人ほどに減ったものの、八月後半以降は人が戻る傾向がうかがえると、彼は見る。店も開き始めている。

「課題は雇用や生活資金の確保で、戻った人が仕事に就ければ経済は回るし、軍事面での支えにもなります。一方、新学期が始まった州内の学校で、対面授業が可能なのは二二校に限られます。九五％の学校の授業は、軍事的脅威があることからオンラインで実施されます。厳しいですが、子どもの安全が第一ですから、他に方法はありません」

日本に伝えたいことを尋ねると、彼は開口一番「武器を支援してほしい」と言った。それは、日本には難しいと言うと、知事は「ああ、そうだった」という顔をする。日本に武器輸出の厳しい規制があることは、ウクライナの事情通の間で知られている。

「日本は技術大国であるだけに、軍事面での援助は難しいにしても、例えば通信施設の充実や医療面、地雷除去などの人道面などで検討してもらいたいですね」

知事の執務室は、州庁舎の破壊された部分にあったという。ミサイルが着弾したのは始業時間直前で、もし少し遅かったら、彼の命も危うかった。

非日常的なはずの戦争が、ここでは日常と化していた。日々降り注ぐミサイルの下で、人々は日々の生活を営んでいる。しかも、いったん避難した市民がいま、そこに戻ろうとしているというのである。

恐らく、これまで築いてきた生活を取り戻したい意識が、ミサイルへの恐怖を上回っているのだろう。ロシア軍の攻撃の意図が住民に恐怖を与えることにあるならば、あまり効果を発揮していないようである。

ノヴォロシアの幻想

ヘルソンからミコライウ、オデッサを経てルーマニア国境に至るウクライナ南部の黒海沿岸は、ロシアが触手を伸ばそうとしてきた地域である。

この一帯は一八世紀から一九世紀にかけてロシア帝国が征服支配し、「ノヴォロシア」（新ロシア）と呼ばれていた。恐らくそのころに対するノスタルジーも作用してのことだろう。二〇一四年、マイダン革命後の混乱に乗じる形で、オデッサの親ロ派勢力が騒乱を起こし、その一部は「ノヴォロシア」の復活や「オデッサ人民共和国」の建国を掲げた。その背後にロシアの策動があり、クリミア半島の占領、ドンバスへの介入に続いて、オデッサでも州政府を乗っ取ろうとしているのではと取りざたされた。しかし、市民の多くはこの試みに同調せず、親ロ派が立てこもった労働組合会館が火災になるなどして、四〇人あまりが死亡した。

今回の侵攻で、ヘルソンまで占領したロシア軍がミコライウやオデッサに対して攻撃を強めたのも、同様の意図に基づくとみられた。この地域の西側に位置するモルドバ国内の親ロ派非承認国家「沿ドニエストル共和国」にはロシア軍が駐留しており、東から攻めてくるロシア軍本体と呼応してウクライナ軍を挟み撃ちする可能性もささやかれた。ヘルソンから沿ドニエストルに至る一帯を制圧できれば、ロシアはそこで「ノヴォロシア」を復活させ、影響力を大いに行使するだろう。

いわゆる「沿ドニエストル共和国」は、実に奇妙な「国家」である。ドニエストル川東岸に沿って南北に細長く、面積は約四一〇〇平方キロで徳島県や石川県程度、人口は約五〇万人に過ぎない。ソ連崩壊の混乱時、ソ連からの独立を目指したモルドバに対してソ連残留を求め、一九九一年の小競り合いに続いて、一九九二年にはモルドバ本国との武力紛争に突入した。この年に停戦が成立した後は、平和維持部隊としてロシア軍を受け入れている。ロシアの強い影響下にあるといわれ、ロシアを含めたほとんどの国から承認されていない。

私は二〇一四年、ここに五日間滞在した。沿ドニエストルへの空路はなく、モルドバの首都キシナウから車で入ったのだが、境界の検問を越えたところで、キシナウの運転手（三一）が冗談めかして言った。

「ようこそ、ソ連へ」

実際、そこはソ連がそのまま生き永らえているかのような社会だった。それぞれの街にはレーニン像が残り、鎌トンカチのソ連マークも随所に刻まれている。「首都」ティラスポリで、人々は朝早くトロリーバスで出勤し、夕方早く帰宅する。夜の街は静寂に包まれる。このとき会見した第一副首相マヤ・パルナス(四〇)によると、平均所得は月三五〇ドルとのことだった。

「人々の楽しみは、春の連休に森に行ってパーティーをすることです」と、現地で会った国立大学社会学部長のエレーナ・ボブコヴァ(三八)が教えてくれた。何とささやかな喜びだろう。「日本人も桜を見ながら酒を飲むでしょう。共通する伝統ですね」とも言う。ソ連時代の反米教育の影響からか、米国と戦った日本への親近感も意外に強い。政府報道官のドミトリー・マトヴィエフ(四〇)は「日本には、みんな大いに関心を持ってますよ。サムライとか、ヘンタイとか」と言って笑った。

ここで最大の権力を持つのは、治安維持を担う「国家保安委員会」(ＫＧＢ)だと、政府報道官自身が説明する。ソ連時代の諜報機関そのままの名称で、全土に目を光らせる。ロシア型の強権国家としてのイメージを抱くに十分である。

ただ、現地を訪れてみると、そうしたステレオタイプの姿とは異なる面も見えてきた。

欧州で語られる沿ドニエストルは、ロシアの傀儡国家であり、武器密輸業者や犯罪集団が闊歩する怪しげな一帯である。フランスのガイドブックには「ひとえに行かないようお勧めする」と記述されていた。

しかし、強権国家といいながら選挙はきちんと実施され、政権交代もある。ソ連といいながら、インフラはモルドバ本土以上に整備されており、立派なサッカースタジアムも大規模ショッピングモールもある。世界から孤立しているようでそうでもなく、特に大規模な火力と水力の発電所を有して電気をモルドバ本土に販売しており、経済の面ではグローバル世界としっかり結びついている。市民はモルドバとロシア双方の旅券を持ち、世界中を自由に動き回る。非承認国家といいながらロシア国籍として五輪にも出場でき、金メダルを獲得した選手もいるという。

ロシアの言いなりとも言い難く、沿ドニエストルには沿ドニエストルの論理が存在し、国家はこれに従って運営されているようである。背景にあるのは人口構成だろう。沿ドニエストルの言語は主にロシア語だが、民族的にはモルドバ人、ロシア人、ウクライナ人がほぼ三分の一ずつを占める。ウクライナのオデッサ州とは経済的にも結びつきが強い。親ロシア一辺倒のスタンスをうっかり取ると、国内が分裂しかねない。

しかも、駐留するロシア軍は一五〇〇人程度に過ぎず、ソ連時代の装備に頼る。もしここで何か事を起こしても、すぐさまウクライナ軍にこてんぱんにやられてしまうに違いない。ロシアは、ここに何か仲間がいるように思っている節があるが、沿ドニエストルにとっては迷惑以外の何物でもない。

かくして、ロシア軍のウクライナ侵攻以後、沿ドニエストルはひたすら閉じこもる態度をとり続けている。ロシアを面と向かって非難はしないものの、積極的に支援するそぶりも見せない。縮こまって嵐が去るのをひたすら待つハリネズミのようでもある。

ロシアの侵攻以来、沿ドニエストルは境界の出入りを制限している。一般の旅行者を装って入れないこともないようだが、ばれたときに問題になることを考えると、組織ジャーナリズムの一員としては難しい。ただ、今回少なくとも近くに行ってみようと、八月にハイシンを訪れたついでに、ウクライナ側から国境近くを訪ねてみた。

ウクライナ中西部の中心都市ヴィンニツァから車で二時間ほど、人口約二〇〇〇人のストゥデナ村である。ごく平凡な農村で、二キロ足らずのところに沿ドニエストルとの境界、すなわちモルドバとの国境がある。境界の反対側には、保養地として知られる沿ドニエストルの町カメンカがあり、私は二〇一四年に訪れたことがあった。ストゥデナとカメンカは交流が盛んで、互いのお祭りに参加し合ったりしていたが、ロシア軍侵攻以後その境界は閉ざされ、往来が途絶えているという。

村の男性セルヒー(四九)は、沿ドニエストルとモルドバ本土との衝突が起きた一九九一年、ソ連軍の兵士として沿ドニエストル側に立って戦った。「ただ、現在のアイデンティティーはウクライナ国民ですけどね」。彼の妹はカメンカに住んでいるが、境界閉鎖に伴い会えなくなってしまった。「分断された家族は、このあたりにたくさんいますよ」と言う。

村長のオレクシー・ケルダシウスキー(六一)によると、分断家族はウクライナと沿ドニエストルに限らず、ウクライナとロシアとの間にも多い。親戚で別々の軍隊に入って戦う例もあるという。

「境界の向こうに暮らしているのも結局ウクライナ人で、緊張なんて全然ない。この戦争が終わったらモルドバや沿ドニエストルと関係を再構築して、再び友人の間柄に戻りたいね」

モルドバは欧州最貧国の一つであり、沿ドニエストルはさらに国家と認められない存在である。これにウクライナを加えた三者はしかし、それぞれさまざまな問題を抱えながらも相互に依存し、この地域で一種の安定をつくりだしてきた。だが、これまでその安定に一役買ってきたロシアへの信頼が失われたことによって、三者の関係も今後変化していくのかもしれない。

狙われたリゾート地

恐らく「ノヴォロシア」復活への幻想からだろう。陸上の進撃がミコライウ手前で止まった後も、ロシアはウクライナの黒海沿岸地方に対するミサイル攻撃の手を緩めようとしなかった。このうち、先に述べたミコライウ州政府庁舎攻撃と並ぶ大規模被害となったのが、オデッサ州のリゾート村セルヒーウカへの攻撃である。

セルヒーウカは、オデッサの南西約五〇キロに位置している。黒海につながる潟湖に面した保養地で、夏休みの滞在先としてオデッサのみならずキーウからの客も引き寄せてきた。ウクライナの海浜リゾートは何と言っても風光明媚なクリミア半島だったが、二〇一四年にロシアに占領されて以後、セルヒーウカに代表されるオデッサ州が人気を集めるようになった。

ここの夏季宿泊施設をロシア軍のミサイルが直撃したのは七月一日の未明である。宿泊客と付近の住民ら二二人が死亡した。

現地を訪ねた。四階建て約四〇部屋の施設は屋根と壁が吹き飛び、崩壊しかかっていた。廊下や階段にはなお、血痕が生々しく残る。前庭のプールには直径数メートルの大穴が開いており、ここに着弾したようである。

男性数人が敷地内で作業をしていた。建物の木造部分を切り崩し、トラックに積み込んでいる。建物のオーナーの依頼で、薪にするのだという。「この冬は燃料費が高騰しそうだからね」と作業員のアレクサンドル（五六）は話した。

「何か欲しいものがあったら、勝手に持って行っていいよ。オーナーの許可はもらっているから」

村の人口は約三〇〇〇人で、観光以外に大きな産業はない。夏の間に一年分の生活費を稼ぐ生活である。しかし、二〇二二年は戦争でもともと滞在客が少なかったうえ、ミサイル攻撃後はゼロになってしまった。岸辺に並ぶレストランや商店のシャッターも、ほぼすべて閉ざされている。

破壊されたセルヒーウカの夏季宿泊施設.

「ようやく三〇〇人のグループの予約が七月に入ったところでしたが、ミサイル攻撃でキャンセルになってしまった。このまま迎える冬は厳しくなりそう」

岸辺で唯一開いていた雑貨店の店主タチアナ・ドビナ（六〇）は、そうぼやいた。攻撃以後は、空襲警報が鳴るたびに地下蔵に逃げるようになったという。

タチアナはロシアの意図を測りかねていた。

「この村には、軍事施設どころか、警察さえない。なのに標的になるなんて、まったく理解できない。高価なミサイルを飛ばす金があったら、ここに来てそれを落としてほしいな」

セルヒーウカへの攻撃の四日前にあたる六月二七日に

は、中部ポルタヴァ州クレメンチュクのショッピングモールがミサイル攻撃を受け、二〇人以上が死亡した。そのほかにも、ロシア軍のミサイルは民間の施設や住宅ばかり狙っている。在庫が払底し、精度の低い旧ソ連のミサイルを使っているから軍事施設の的を外すのだ、との見方がある一方で、ロシア軍は最初から市民を標的にしているのではないか、とも疑われた。

ザトカの可動橋.

セルヒーウカは、この地方の大河であるドニエストル川の西岸に位置している。ドニエストル川はウクライナ西部リヴィウ近くに発し、モルドバに入って本土と非承認国家「沿ドニエストル」との境界を流れ、再びウクライナ領内から黒海に注ぐ欧州有数の大河である。その河口の湖のほとりには、紀元前数世紀から存在して「世界最古の都市の一つ」といわれる街ビルホロドがある。セルヒーウカはその郊外に当たる。

河口の湖と海との境は砂州で仕切られ、鉄道と道路併用の橋が開口部に架かる。オデッサとルーマニアを結ぶ幹線鉄道がその橋を通るが、一方でビルホロドは港湾都市であり、湖に大型船を出入りさせる必要がある。このため、この橋は船の通過に合わせて垂直に昇降する。鉄道ファンにはよく知られる可動橋である。

　橋の両側に広がるザトカの町は、セルヒーウカと並ぶリゾート地である。しかし、ここの被害はセルヒーウカ以上である。町は何度も攻撃対象となり、宿泊客どころか住民の影もないゴーストタウンと化している。町の入り口にある大型ホテルは、八月一七日にミサイル攻撃を受けて大破した。宿泊客はなく、犠牲者は出なかったものの、敷地内には大穴が開き、滑り台付きのプールも崩れている。

　道路を挟んだ向かいでやはり壊れた民宿の片づけに、オーナーのエドアルド・ドムニチ（五三）が来ていた。

「爆風で民宿が浮き上がって動いた形跡がありますね。ここにいたら危なかった」

　標的となるような軍事施設は付近にないが、思い当たるのは可動橋だと、エドアルドは言う。橋は一度、四月にも攻撃を受けて大破した。ロシア軍は再度この橋を狙って、的を外したのでは、というのである。ただ、セルヒーウカの例も考えると、最初からリゾート地の民間施設を狙ったのかもしれない。

　ロシア軍のミサイル攻撃は、ウクライナ全土に及んでいる。その被害はしばしば、非軍事施設に及ぶ。戦争における民間の「付随的損害」は国際法でもある程度認められているが、民間施設そのものを狙ったとしか思えない多数のロシア軍攻撃は、もはやその範囲を超えている。

　ウクライナ南部を訪ねる直前の八月末、中西部の都市ジトーミルに立ち寄った。ここもミサイル被害が大きい街である。ジトーミルはソ連宇宙開発の父セルゲイ・コロリョフ（一九〇六―六六）の出身地として知られ、軍事施設が多い。実際、町外れの一角や空港周辺などの関連施設は、繰り返し標的

アレクサンドルとガブリエラの夫妻.

となってきたが、これらとは離れて市内中心部に位置するジトーミル第二五学校も二〇二二年三月に被弾した。

すでに被害から半年近く経っていたが、上半分が大きくもぎ取られた校舎はそのままで、教室もがれきと教材が散らかり放題である。門前で、近所の同名同士の女性二人、タマラ（七七）とタマラ（六一）が世間話をしていた。

タマラ（七七）「この学校でウクライナ兵士が寝泊まりしていたからだという噂があります。また、隣にある州庁舎を狙って外したという説も」

タマラ（六一）「反対側の隣の教会を狙ったとも言われますね。あそこの司祭は侵攻に抗議するお祈りをしていましたから」

壊れた学校を訪ねてきたアレクサンドル（三七）とガブリエラ（三四）の夫妻は、七歳の長女をこの学校に通わせるはずだった。「戦争で勉強どころではないですけどね」。授業はオンラインで始まったという。

その後もミサイル攻撃はときどきある。

「ミサイルは低空で来るのです。最初に飛ぶ音が聞こえると怖くなる。しばらくして爆発音が聞こえ、家が振動すると、「ああ、うちでなかった」とほっとするのです」

ガブリエラはこう話した。

爆撃が壁を取り払う

ウクライナの人々は、極限の場面に立たされてもなお饒舌である。修羅場にあって慌てず、物事を冷めた目で見つめ、ブラックユーモアを飛ばし、皮肉をかます。ミコライウ州政府広報官のドミトロ・プレテンチュクが爆発音にも動じず「死ぬときは死ぬよ」と達観し、セルヒーウカの商店主タチアナ・ドビナが「ミサイルを飛ばす金があったらここに来て落としてほしい」とぼやく言葉が典型である。ブチャのイワナフランカで、夫と弟を殺されたイリーナ・ガヴリリュクが「家が壊されなくて幸運だった」と笑い飛ばすのも、その一例だろう。

私は最初、現実に対する「諦め」があるせいではないかと思っていた。しかし、対話を重ねるにつれて、それは違うと確信した。次章で再度検討するが、彼らが抱いているのは、端的に言うと「怒り」なのだ。ブラックユーモアや皮肉は、「怒り」から生じる言葉の武器に他ならない。

欧米各国では、ウクライナ人のこのような意識がはっきりと共有されているように見える。だから、ウクライナの戦いを支え、武器を支援することへのためらいがない。その点、日本の一部の人々は、ウクライナ人の意識を勘違いしていないだろうか。戦争の被害者であるウクライナ人が、嘆き悲しんでいると、勝手に思い込んではいないか。

確かに、複雑な経緯を背景に抱える民族紛争や内戦の場合、争いに巻き込まれた不幸に天を仰ぐ人は少なくないだろう。何が不幸を招いたのか、その原因を突き止めるのは容易でなく、責任を問う相手も簡単には見つからない。しかし、侵略戦争である今回、その原因も責任のありかも明白である。誰がやったのか、何をやったのか、ウクライナではそれが見定められるからこそ、怒りの感情も生まれてくる。

ウクライナ人の意識については、ロシア人もまた、同様の勘違いをしている。攻撃に対して、人々は恐れ、逃げ惑うと信じている。実際には、多くの人々は逃げてもいないし、隠れてもいない。備えを施したうえでごく普通の生活を続けることが最大の抵抗だと心得ている。ひとたび攻撃を受けると、仲間たちを懸命に救出し、がれきを片付けたうえで、ロシアに対する怒りを新たにする。ロシア軍のミサイル攻撃は、怒りを増幅する結果しかもたらさない。

「ミサイル攻撃を命じたプーチンは、爆撃が恐怖を与えると信じ込んだ戦争指導者の長い列に連なることになる」

米ニューヨーク・タイムズ紙コラムニストのマックス・フィッシャーは、その論考「キーウを爆撃で服従させるプーチンの計画、それは通用しないと歴史は語る」でこう指摘した[1]。東京大空襲もドレスデン爆撃も、何万もの犠牲を出しながら敵を屈服させられず、反発と結束を招いただけだった。その教訓は朝鮮戦争でもベトナム戦争でも生かされず、同じことが繰り返された。いまロシアがその愚を犯している、というのである。

戦争が前線にとどまっている限り、それを遂行する兵士や指導者と、銃後で眺める一般市民とで、受け止め方は大きく異なる。市民にとって戦争とは何か抽象的な存在であり、経済的な負担などが気にかかる程度である。ロシア人にとっての今回の戦争は、まさにそういう存在だった。しかし、住民が攻撃の対象とされた途端、兵士や指導者と市民との間に立ちはだかっていた壁は崩壊する。ナチス・ドイツの大空襲を受けたロンドンでは、政府に妥協を求める声が高まらず、逆に英国兵への支持が強まった。自らが脅威にさらされることで、もはや勝利以外に助かる道はないと人々は覚悟を決め、苦難にも耐える。いまウクライナで起きているのはこのような状態なのだと、フィッシャーは分析した。

ミサイル攻撃にさらされるウクライナには、「銃後」などない。全土が前線なのである。

ロシア軍は民間施設への攻撃をさらにエスカレートさせ、高層住宅や学校、病院などに加え、発電所や変電所といったエネルギー関連のインフラを集中的に狙うようになった。ロシア軍内の強硬派として知られるセルゲイ・スロヴィキンが二〇二二年夏以降主導権を握り、秋にはロシア軍総司令官に任命されてから、その傾向はさらに強まった。スロヴィキンは、チェチェンやシリアで民間人殺戮を繰り広げた部隊を指揮したことで知られ、今回も住民に恐怖を与えることで戦意を喪失させようと狙ったと見られる。

しかし、その戦術はほとんど効果を生まず、ロシア軍がミサイルを使い果たすばかりの結果となった。スロヴィキンは三カ月で降格され、ミサイルの在庫が枯渇したからか、ロシア軍の遠距離攻撃の主軸も、威力の弱いドローンへと移っていった。

二〇二三年夏現在、ロシア軍の都市攻撃は続いている。その頻度は落ち、戦術的にもほとんど意味を失った。にもかかわらずロシア軍はやめようとせず、ウクライナ市民の間に多数の犠牲ばかりを出す結果となっている。

穀物輸出再開される

インフラ面からも経済面からも復旧がままならず、非日常的な戦争生活から抜け出せないリゾート地に比べ、オデッサ市内は平穏な日常を取り戻しているように見えた。港湾施設などがときどき攻撃の対象となってきたものの、一〇〇万人の人口を抱える都市の規模のなかでは、被害があまり目立たない。中心部の活気はキーウ以上で、商店や飲食店も概ね開いている。市内観光のミニバスも運行していた。

「もっとも、さすがにこのご時世で観光客が来るとは思えません。ロシア軍に占領されたヘルソン州などから避難してきた人々とかが増えたのでは」

最高会議議員のオレクシー・ゴンチャレンコはこう推測した。

オデッサは、ロシア帝国時代から交易で栄え、その富を背景にして文化を花開かせた。詩人プーシキンらが活躍した歴史を誇り、ユダヤ人をはじめ多民族が集まる国際都市でもあった。その足跡を伝える街並みが攻撃によって破壊されるのを防ごうと、ゴンチャレンコは街の世界遺産登録を国連教育科学文化機関（ユネスコ）に働きかけた。通常は数年間の準備が必要だが、ユネスコ側も協力を表明し、二〇二三年一月に開かれた世界遺産委員会で緊急避難的に登録が決まった。(2)

私はこの街を二〇一一年に一度訪れた。犯罪捜査の国際協力に関する特集企画の取材で、市内の西洋東洋美術館で起きたカラヴァッジョの大作「キリストの捕縛」盗難事件について話を聞いた(3)。わずか一日の滞在だったが、映画『戦艦ポチョムキン』に登場するプリモリスキー階段、いわゆる「ポチョムキン階段」も訪れた。

二〇二二年の今回、階段は閉鎖されて近づけない。港に近く、安全保障上の理由からだろう。階段の上に位置する「エカチェリーナ二世」という名の安宿に泊まったが、その前の広場には、ホテル名の由来であるエカチェリーナ二世の像「オデッサ創設者像」が立っていた。彼女が一七九四年、近代都市オデッサとその港の建設を命じたことにちなむ像だが、ロシア帝国主義を象徴する存在として市民の批判が高まり、この年の一二月に撤去された。二〇二三年夏現在、ホテルの名前はまだ変わっていないようである。

私がオデッサを訪ねた九月初旬は、ウクライナからの穀物輸出が再開されて一カ月あまり後にあたっていた。

国土の七割を農地が占め、「欧州の穀倉」と呼ばれるウクライナは、小麦の輸出量が世界五位、トウモロコシが四位を占める農業大国である(4)。その輸出は、大部分を黒海の海運に頼ってきた。

しかし、侵攻したロシア軍は黒海を封鎖し、漁業とともに輸出入も停止させた。通常は月間二〇〇万トン前後ある農産物の輸出が、二〇二二年三月にはゼロになった。その後、ルーマニアとの国境を流れるドナウ川に面したイズマイル港などから細々と輸出が続いたものの、オデッサからさらに二五〇キロ近く南西まで陸路で運搬しなければならない。港の水深も浅く、大型船は入れない。

供給不安から、世界の穀物価格は跳ね上がった。国連食糧農業機関（ＦＡＯ）や国連世界食糧計画（ＷＦＰ）は、国際的な食糧危機を懸念した。

このため、国連やトルコが調停に乗り出し、七月二二日にロシア、ウクライナそれぞれと、輸出再開に向けた合意文書に署名した。八月一日、最初の貨物船がオデッサ港から出航した。

その後状況はどうなっているだろうか。最大の輸出拠点、オデッサ郊外の入り江に面するチョルノモルスク港に行ってみた。

ようやく再開した輸出だけに、港での事件や事故は単なるトラブルで済まされず、安全保障上の問題となりかねない。港の出入りは厳重に管理され、ウクライナ軍発行の記者証は通用しない。仕方ないので、港の入り口で話を聞いてみた。

チョルノモルスク港.

港への穀物積み込みを待つトラックの運転手二人が地べたに座り、昼間から缶ビールを飲んでいる。

「前回は五日待った。今回は今日で四日目だ。この戦争の前は、待ってもせいぜい二日だったのだが」

地元出身の運転手ウラジーミル（五七）がぼやいた。

「着いたときには船がいたのに、積み込む前に出て行っちゃった」

中部キロヴォフラードから来たバディム(四七)もあきらめ顔である。

この港は、穀物輸出の再開に伴ってオデッサ周辺で開港した三港の一つである。八月一九日に開くや否や、待ち構えていた国内各地のトラックが、輸出用の小麦やトウモロコシ、ヒマワリの種を載せて殺到したという。積み込みが間に合わず、港周辺ではトラックの大行列がとぐろを巻く。

ザポリージャから来たトラック運転手たち.

その最後尾近くのトラックの陰では、ガスコンロで鶏の唐揚げを用意しつつ、五人の男たちがウォッカで宴会中だった。話しかけると、アレクサンドル(三九)が待ち構えたかのように言った。

「言葉を交わしたからには、飲まずには帰さないぞ。明日の朝まで一緒にやるか」

ウォッカ一杯で勘弁してもらう。中南部ザポリージャから五台連ねて来た。二〇〇〇台待つうちの一六五番目だという。

「明日には積み込みができるだろう」と彼は言うものの、他の運転手の話を聞くと、ちょっと甘いのではと思う。もう五日間待っているトラックもあった。新聞記者もそうなのだが、待つ仕事には余裕が不可欠である。

ウクライナ港湾局によると、八月初めから九月半ばまでに一〇〇隻以上が出港し、積み出した穀物は二四〇万トンに達した。ことのほか順調のようである。このうち二隻はWFPの契約船で、エチオピア、ジブチ、イエメンに向かった。他の主な行き先は、北アフリカやトルコなどだという。港湾局は、WFPやこれを支援するスウェーデン政府と密接に連絡を取りながら輸出を進めている。懸念されたロシア側の妨害は小規模にとどまり、港には活気が戻りつつある。

港湾局次長のドミトロ・バリノウ.

港湾局次長のドミトロ・バリノウ(五五)に会った。

「欧州で高騰しているヒマワリ油の価格も落ち着くでしょう。順調な輸出は、ウクライナ経済にとっても重要です。ちょうどいまは収穫期にあたっているだけに、農民にも現金が入って、来年の種や肥料を購入できる。こうしたサイクルがうまく回れば、港への収入も回復します」

合意文書の署名翌日の七月二三日、オデッサ港の施設にロシア軍からと見られるミサイルが撃ち込まれ、先行きが大いに心配された。しかし、以後は攻撃が小規模なものにとどまっている。船舶が通行する海域の機雷除去も進み、事故の報告はないという。

二月の侵攻時、ウクライナの港には計六八隻の大型運搬船が入港したままで、いずれも足止めを食らったという。このうち、二一隻の農産物運搬船は合意に基づいて出港できたものの、合意の範囲外にあたる他のコンテナ船などは出港できないままとなった。

ウクライナには本来、貿易港が一八港あったが、このうち九港はロシア側が占領している。今回開港したオデッサ周辺の三港以外の再開も、ウクライナにとっての課題である。

収穫期を迎えた農村にも足を運んでみた。

オデッサ州の北端、ポディリスクの倉庫では、周辺の農村から運ばれる小麦、トウモロコシ、ヒマワリの種が集積されていた。それぞれ数千トンを出荷するという。

「この夏は天候がよかったので、収穫量は十分。戦争の影響？　ないですね」

倉庫の管理責任者が語った。

小麦を満載したトラックが向かうのは、チョルノモルスク港だという。「四時間から五時間の運転で着きますよ」と運転手のアナトリー・ハイドゥク（五二）は言う。もっとも、現地が大行列なのは、私自身が見てきた通りである。積み込みまで数日間待つようだと伝えたら、「行列に並ぶと疲れるなあ」とぼやいた。

ただ、ウクライナの東部や南部でのロシア軍占領地や戦闘が続く地域では、収穫のめどが立っていない。畑には地雷も多く残り、回復には時間がかかりそうである。

穀物輸出はその後、一年近く順調に続いたが、二〇二三年七月にロシアが合意を延長せず、同年夏現在行き詰まっている。ロシアは、輸出妨害とみられる攻撃に走るようになり、情勢は不透明である。

反転攻勢

ウクライナ軍に反転攻勢の兆候がうかがえたのは、私がオデッサに滞在している途中だった。始まりは、私たちが予想した南部ヘルソン州ではなく、北東部のハルキウ州だった。ウクライナ当局はそれ以前、ヘルソン州での反攻をしきりにちらつかせていたが、陽動作戦だったのかもしれない。

二月二四日のロシア軍侵攻以来、国境からわずか四〇キロのハルキウは激しい攻撃にさらされた。地上部隊も一時市内に迫った。ウクライナ側は激しく抵抗し、多数の犠牲者を出しながら、五月半ばまでに地上部隊を撃退した。ミハイル・ソコロフが鍛えた領土防衛隊は、竹槍部隊などではなかったのである。ただ、州都は死守したものの、州内の北部から東部にかけて広い範囲の制圧を許すことになった。バラクリア、イジューム、クピャンスクといった州内の主要都市や交通の要衝がロシア軍の支配下に落ちた。

この占領地を奪還すべく、ウクライナ軍が動き出したのである。ただ、当初は発表内容があまりに慎ましかったために、それが反転攻勢の始まりだと気づいた人は多くなかった。

大統領のゼレンスキーは九月七日夜に公表したビデオ演説で、ハルキウ州でいくつかの村を奪還した、と表明した。ただ、具体的な村の名前は明らかにせず、攻勢がどれほどなのか、メディアはつかみかねた。

規模の大きさは、翌八日夜の彼の演説動画で浮き彫りになった。ハルキウ州バラクリアが解放されたと、ゼレンスキーが表明したのである。バラクリアはロシア軍占領地のなかでも大きな街であり、周囲を驚かせるに十分だったが、反撃はそれにとどまらなかった。敗色濃厚なロシア軍はそのころ、次々と占領地から撤退していた。一〇日、ロシア国防省は「部隊再編」を名目にイジュームから撤退すると表明した。イジュームはハルキウ州のロシア軍占領地の中心であり、これは事実上の敗走を意味していた。ロシアのポップシンガーでプーチン政権を礼賛してきたオレグ・ガズマノフは九月一一日にイジュームで「ロシアはここで永遠に」と題するコンサートを予定していたが、無期限延期となった。チケットの払い戻しはなかったという。一四日にはゼレンスキーがイジュームを訪問し、ハルキウ州のほぼ全域を奪還したと述べた。

ブチャの経験から懸念されていた占領地での虐待や処刑は、解放が進むにつれて明らかになっていった。イジュームでは四〇〇体以上の集団墓地が見つかった。約三〇体には明らかな拷問のあとがうかがえたという[5]。バラクリアを占領したロシア軍は、自動車修理工場の地下に設けた拠点に住民を拘束し、暴行も加えていた。撤退の際、何千枚もの文書を彼らは処分し切れず、残していった。これを閲覧したロイター通信は、部隊の指揮官や兵士の名前から作戦の詳細まで明らかにした[6]。

一方で、ウクライナ鉄道は早くも一五日、ハルキウ―バラクリア間を復旧させた。失地回復と同時に社会再建に取りかかるウクライナの活力は失われていなかった。

ロシア軍侵攻前に私が訪れたロシア国境近くの村ストリレチャも、この反転攻勢で解放された。領土防衛隊が村の事務所に入り、ウクライナ国旗を掲げると同時に、ロシア国旗を足で踏んづける様子を、ベラルーシの非政府系メディア「ネフタ」が九月一二日にツイッターで発信した。

ただ、状況がまだ安定しているとは言い難い。解放されたストリレチャ村の「ハルキウ第一精神科病院」から人々が退避するさなかにロシア軍の砲撃があり、「医師四人が死亡し、患者二人もケガをした」と、地元のウェブニュースが伝えた。国境に近いだけに、混乱が起きているようである。侵攻前に出会った精神科病院の医師コンスタンチン・エルリフが巻き込まれていないかと、心配になった。

そのコンスタンチンと連絡が取れたのは、少し後の九月下旬だった。彼は二月二四日、ハルキウの自宅で侵攻を知って病院への出勤を諦め、その足でウクライナ軍に志願して従軍医師となった。オンラインでつながった画面の彼は、状況を淡々と語った。

「具体的な場所は言えませんが、五月二〇日からずっと、ハルキウ州内の最前線で活動しています。銃撃が絶えない場所です」

彼は、ストリレチャ村の状況も把握していた。

村は、ロシア軍の侵攻当日にあたる二月二四日に早くも占領されたという。精神科病院の患者やスタッフも、住民とともに村に閉じ込められた。

精神科病院も含め、村は占領初日から電気、ガス、水道が止まった。ロシア軍がインフラを破壊したからだった。暖房が失われた病院では、料理のために戸外でたき火を強いられたが、飢え死にをしたり凍え死んだりした患者がいたという。

占領中、生活面以外にも村は深刻な状態に追い込まれた。村人がウクライナ派とロシア派に分裂したのである。村の行政幹部のなかにも、ロシア派に付いた人がいた。ロシア国籍の取得を勧めて回った村人もいた。

ロシア派の村民の一部は、ロシア国内に避難した。彼らは、ウクライナ側が奪還したいまや、もう村には戻れない。

「裏切り者ですからね。戻ってきたら逮捕されますよ」

ウクライナ軍が九月に村を解放して初めて、ウクライナ側との行き来が可能になった。「病院の患者約六〇〇人を三、四日かけて避難させ、それがようやく昨日か一昨日に終わったばかりです」。その後の村には二、三割の住民しか残っていない。

ただ、なにせ村は国境からは八〇〇メートルしか離れていない。ロシア領内からの銃撃は解放後もずっと続き、ケガ人も頻繁に出ているという。ウェブニュースが伝えた四人の殺害は、実際には医師でなく、看護師と清掃担当者、技術スタッフ二人だった。

「昨日も村人女性が二人、ケガをしたと聞いています」

平和にはほど遠い状態である。

ストリレチャ村に関しては、奇妙な噂が流れていた。ロシア軍の侵攻前、精神科病院内には米軍が駐留して人体実験をしていた、というのである。情報の出どころの一つは、在日ロシア大使館が二〇二二年五月一二日に上げた二つのツイートである。

【ウクライナ―人体実験】
ロシア国防省は、ペンタゴンがハリコフ州の（Ｓｔｒｅｌｅｃｈｅ村）第１精神病院で行った実験について新たな詳細を明らかにした。
被験者の主なカテゴリーは、肉体疲労度の高い四〇～六〇歳の男性患者群でした。(7)

【ウクライナ―人体実験】

米国籍であることを隠すために、生物学研究者は第三国を経由して渡航していた。

ロシア軍放射線・化学・生物学防護部隊のイーゴリ・キリロフ中将は、この人体実験に直接関わったフロリダ生まれのリンダ・オポルトの写真を紹介した(8)。


ツイートには、リンダ・オポルトなる人物の古い写真が添えられていた。

私は村を訪ねた際、病院の敷地内にも入ったが、検問もなければ警備員もいなかった。そんなところで秘密の人体実験などするだろうか。そもそも、そんな実験をするために米国がなぜ、ロシア国境近くまでわざわざやって来るのか。初めから論理が破綻している。

コンスタンチンもこの噂を知っていた。

「秘密研究所の話ね。こちらでも話題になっていましたよ」と苦笑する。

病院内でペンタゴンのスタッフに出会わなかったか。半分冗談で尋ねると、彼も冗談で答えた。

「米特殊部隊の隊員以外は見なかったね」

そう言って笑う画面の向こうの彼は、侵攻前に「やっぱり怖い」と漏らした精神科医師ではなかった。吹っ切れて覚悟を決めた一人の兵士のように思えた。

(1) Max Fisher, "Putin's Plan to Bomb Kyiv Into Submission? History Says It Won't Work", *The New York Times*, 2022. 10. 12.
(2) UNESCO World Heritage Convention News, "Odesa inscribed on UNESCO's World Heritage List in the face of threats of de-

struction", UNESCO World Heritage Centre, 2023. 01. 25, https://whc.unesco.org/en/news/2518/

（3）なお、オデッサ西洋東洋美術館所蔵のこの作品は、アイルランド国立美術館所蔵の同名の作品の複製だと考えられている。複製にはカラヴァッジョ自身がかかわったとの説もある。

（4）「特別分析トピック：ウクライナ情勢まとめ」農林水産省『食料安全保障月報』第二〇号、二〇二三年二月二八日

（5）高野裕介「林の陰、番号だけの十字架」『朝日新聞』二〇二二年九月二五日

（6）Mari Saito, Maria Tsvetkova, Anton Zverev, Zohra Bensemra, "Abandoned Russian base holds secrets of retreat in Ukraine", Reuters Investigates, 2022. 10. 26, https://www.reuters.com/investigates/special-report/ukraine-crisis-russia-base/

（7）駐日ロシア連邦大使館ツイート https://twitter.com/RusEmbassyJ/status/1524671627291623429

（8）駐日ロシア連邦大使館ツイート https://twitter.com/RusEmbassyJ/status/1524671633213956096

第八章　平和のみならず、正義を
――サンマリノ、キーウ

戦争犯罪を裁く

二〇二二年の秋を迎え、ウクライナが抱える課題は大きく三点に収斂されつつあった。

まずは言うまでもなく、目の前にある「戦争」である。ロシア軍の士気の低下はすでに顕著となり、ウクライナ全土を攻略する情勢にはなかった。逆に、ウクライナ軍は九月の大規模反攻で北東部ハルキウ州の大部分を回復し、一一月には南部ヘルソン州のドニプロ川以西を奪還した。ただ、ウクライナの領土の約一八％が依然としてロシア占領下にあり、全土奪還の使命はウクライナに重くのしかかる。首都キーウをはじめ後背の都市や地方も相変わらず攻撃対象となり、防御態勢の充実が求められていた。成否の一つの鍵は欧米各国からの支援であり、米大統領選の帰趨など国外の情勢に影響される面も大きい。

次に、広い意味での「復興」である。インフラ再建だけでなく、難民の帰還や経済の立て直し、医療体制の回復、人的交流の再開などを含む。戦争を遂行すると同時に復興に携わらざるを得ないウクライナの難しさは前章で見た通りであるが、経済と日常生活の回復が順調であれば、戦況にも好影響を与える。これも、各国の支援と深く結びついている。

もう一つは、前者二つに比べるとやや地味だが、ロシアによって破壊された法と秩序の回復であろう。あからさまな侵略戦争によって蝕まれた国際秩序の再建は、冷戦後秩序の担い手である米欧を中心に、国際社会が一丸となって取り組むべき課題である。ただ、ロシア軍がウクライナ各地で刻んだ戦争犯罪行為への対応は、各国や国際機関の支援を受けながらも、ウクライナ自身が担わなければならない。犯罪者の追及だけでなく、被害者や遺族の救済、事実の記録と伝承も含む。

この第三の営みは、目立たない形で、しかし着実に進んでいる。その一端に初めて触れたのはキーウ郊外ブチャのイワナフランカ地区だった。

スヴェトラーナ・ヤコヴェンコ.

この地区で二〇二二年六月から約一カ月にわたり取材を続け、七月にキーウを発つ前日だった。挨拶のため地区を訪ねると、イリーナ・ガヴリリュクが玄関先で、見慣れない女性と世間話をしていた。通りを挟んだ向かい側に暮らす会計士のスヴェトラーナ・ヤコヴェンコ（四四）だと名乗る。殺害されたイリーナの弟ロマンと同い年の幼なじみで、子どものころよく一緒に遊んだという。

スヴェトラーナの家はイワナフランカ通り四番地Aで、第五章の最初に描いたワシリー、ハンナ、テチャーナらのパトキウスカ家と同じ地番である。この二つの家庭は、一軒の家を共有していた。親戚でもない複数の家庭が一つの家に暮らす例は、住宅が当局から割り当てられていたソ連時代にはごく普通であり、その財産がウクライナ独立後も引き継がれたのだろう。パトキウスカ家とヤコヴェンコ家は母屋を共有していたが、離れや物置は別々に所有していた。私はそれまで、この地区の家屋を軒並み訪れて住民に話を聞いていたが、時間が合わなかったのかスヴェトラーナに会ったのはそのときが初めてだった。

「母の手術が今日終わったところです」

彼女はそう語った。母親（六五）が足の切断手術を受けたのだという。

スヴェトラーナと父（六七）、母の三人家族は、二月末ごろのロシア軍駐留からしばらく、砲撃を避けようと自宅の地下蔵に身を隠した。夏の間に食料を蓄えるようつくられている地下蔵は、地上よりも寒い。当時は外気も零下であり、地下蔵のなかはもっと冷え込んだだろう。第五章で短く触れた通り、ヤコヴェンコ一家は三月一〇日に隣家の家族とともに市外に車で避難したが、それまでの一〇日あまりの地下蔵生活の間に、もともと糖尿病を患っていた母は凍傷を発症し、足を失わざるを得なくなったのだという。

「母の体をめちゃくちゃにしたロシア軍を許せません」

そう語るスヴェトラーナは付け加えた。

「いま、ハーグの裁判所に訴えようと準備を進めているのです。弁護士が近く来るはずですよ」

「ハーグの裁判所」とは、オランダのハーグにある国際刑事裁判所（ＩＣＣ）であろう。ウクライナは、ＩＣＣ設立を決めたローマ規程の締約国ではない。しかし、二〇一四年のロシアによるクリミア半島占領を受けてＩＣＣの管轄権を受諾すると宣言しており、事実上加盟していると解釈される。一方、ロシアも締約国ではないが、ローマ規程第一二条は締約国内での行為に対するＩＣＣ管轄権を認めており、犯罪に手を染めた人物がたとえロシア国籍であろうとも処罰は可能である。

このときのスヴェトラーナの言葉を覚えていた私は、九月にウクライナを再訪した際、彼女にもう一度会いに行った。自宅はまだ壊れたままだが、ボランティアの助けを借りて塀や離れの修復が進んでいた。お役所仕事のため行政の手続きに時間がかかるとぼやきつつ、スヴェトラーナは裁判の経緯を説明した。

彼女によると、この地区近くを地盤とするブチャ市議会議員の一人が仲介して、ロシア占領時の被害者と弁護士グループとの関係を築いた。スヴェトラーナはその枠組みで、自らの体験を記した文書を、まずウクライナの弁護士に提出し、それを修正したうえで、国際弁護士の手でＩＣＣに送ったという。

「国際弁護士は、ブチャの市議の知り合いでした。確か、イタリアかどこかから来たのだったと思うのだけど」

そうつぶやきながら、スヴェトラーナは携帯のなかに弁護士の名前を探した。

「あ、この人ですね」

彼女が示した画面には「ＩＣＣ弁護士　アキーレ・カンパーニャ」と記されていた。

戦争犯罪を問う裁判所の試みは、第一次世界大戦にさかのぼる。その講和条約である「ヴェルサイユ条約」に、敗戦国ドイツの戦犯を裁く特別法廷の創設条項が設けられた。国際法廷はこのとき実現せず、一部の戦犯は国内法廷であるライプチヒ最高裁で裁かれるにとどまったが、この流れは第二次大戦後の国際軍事法廷（ニュルンベルク裁判）、極東国際軍事法廷（東京裁判）の設置に結びついた。以後、常設法廷を求める議論は常にあったものの、冷戦時代は事態が動かなかった。一九九〇年代になって、旧ユーゴスラビア内戦にかかわる旧ユーゴ国際刑事裁判所（ＩＣＴＹ）、ルワンダ大虐殺にかかわるルワンダ国際刑事裁判所（ＩＣＴＲ）がそれぞれ設けられ、常設法廷の議論も再燃した。一九九八年、国際刑事裁判所設置をうたったローマ規程が採択され、二〇〇二年には六〇カ国の批准を得て発効し、翌二〇〇三年に国際刑事裁判所（ＩＣＣ）がオランダのハーグに設置された。

この法廷を、私はかつて訪ねたことがある。同じハーグにある国際司法裁判所（ＩＣＪ）を二〇一三年に取材した際、後学のためにと足を運んだのだった。法廷は当時まだ、工場や倉庫が立ち並ぶ殺風景な郊外の元電話会社のビルに間借りしており、「使い勝手がよくない」と報道官がぼやいていた。もっとも、国家間の紛争を扱うＩＣＪは宮殿のような建物のなかにあって物々しく人影がまばらなのに対し、戦争犯罪人個人を対象として捜査や被害者支援の部門も備えるＩＣＣは機能的で活気があった。職員もＩＣＪは一二〇人足らずだが、ＩＣＣはこのときすでに七五〇人に達していた。ＩＣＣはその後完成した新庁舎に移転し、職員も九〇〇人以上に増えた。

一般的に、裁判に迅速さを求めるのは難しい。司法に携わる人員が限られるし、拙速な準備や判断は誤審につながりかねない。多くの場合司法手続きが本格化するのは事件が一段落してからである。国際法廷の場合も基本は変わらず、ニュルンベルク裁判や東京裁判が設けられたのは戦後だった。その後は簡素化と迅速化が図られたものの、違法行為から裁判までは何年かを要していた。

その意味で、ロシアのウクライナ侵攻をめぐる国際刑事裁判所の対応は特筆に値する。ロシア軍侵攻からわずか四日後の二〇二二年二月二八日、ＩＣＣの主任検察官カリム・カーン（五一）は捜査の手続き開始を表明した。四月一二日、ブチャを訪れた私がフランス国家憲兵隊犯罪調査研究所の調査団に遭遇した話は第三章で触れたが、これはＩＣＣと密接に連携してのことである。二〇二三年三月一七日には、ウクライナの子どもらをロシアへ違法に連れ去った容疑で、ロシア大統領ウラジーミル・プーチン（七〇）と「子どもの権利」担当大統領全権代表マリア・リヴォワ＝ベロワ（三八）への逮捕状発行を、ＩＣＣが表明するに至った。

ただ、ブチャの住民たちの多くにかかわるのは、これとは別の容疑だろう。その手続きはどのような規模で、どう進められているのか。

スヴェトラーナが教えてくれたアキーレ・カンパーニャを探ると、イタリアではなく、サンマリノにその名の弁護士登録があるとわかった。

サンマリノの邂逅

サンマリノは、イタリア半島のティターノ山（標高七三九メートル）の山頂とその麓に開けたマイクロ国家である。周囲をすべてイタリアに囲まれた六〇平方キロあまりが領土で、東京都大田区や東大阪市程度の広さにあたる。人口は三万三〇〇〇余人である。一六三一年にローマ教皇から独立を承認された「世界最古の共和国」だが、欧州連合（ＥＵ）には加盟していない。

ロープウェーでのぼるティターノ山の頂上の街サンマリノ市からは、アドリア海まで続くすばらしい眺望が開け、一帯は世界遺産に登録されている。街の人口は約四〇〇〇人に過ぎないが、首都機能がここに凝縮され、時計台付き四階建ての庁舎に政府と市役所が同居する。

「ここには一応、刑務所も存在します。あの少し大きな屋根の建物で、独房はいつも空っぽでした。ところが、一時期大きな疑獄事件が起きたことがあり、独房が足りなくなるとみんな心配したものです」

ひしめき合う屋根の一つを指さしながら、アキーレ・カンパーニャ（四三）が冗談めかして説明した。この街で生まれ育ち、山の麓に弁護士事務所を開き、国際弁護士として活動している。

弁護士アキーレ・カンパーニャ.

ロシア軍侵攻の二〇二二年二月以降、自らができる貢献は何か、彼は自問したという。最初は、裁判になりそうな事例をメディアで探り、データベース化した。ウクライナからイタリアに来た難民のもとに通い、聞き取りもした。そのうえで大きな助けとなったのは、弁護士事務所と偶然同じビルに事務所を構えるウクライナ人ビジネスマンの存在だった。このビジネスマンとの会話を通じて以前からウクライナに関心を抱き、初級ウクライナ語も身につけていたアキーレは、今回の被害者支援にボランティアとして没頭することになった。

「だけど、私はウクライナ語を、まだ流暢にはしゃべれない。だから、やはりウクライナ国内に協力者が必要だと考え、友人のビジネスマンから現地の弁護士を紹介してもらったのです」

それが、中西部ジトーミルの弁護士オレクシー・ヤシュネツキーと、キーウの弁護士マルタ・ベスメルトナだという。二人ともブチャに知人が多く、ロシア軍占領期の被害についてすでに調査を始めていた。アキーレは彼らと連絡を取り、四月に協力関係を築いた。

「二人は非常に信頼できる法律家です。彼らの助けで裁判の事例を探し、最初の原告となるイリーナ・ハヴリリュクに行き当たったのです」

イリーナ・ハヴリリュク？　アキーレの説明に、私は素っ頓狂な声を上げてしまった。ハヴリリュクは、ガヴリリュクのウクライナ語読みである。イワナフランカのイリーナのことではないか。

「たぶんご存じでしょう。日本人記者が毎日訪ねて来ると、彼女が言ってましたから」

アキーレは笑った。スヴェトラーナ・ヤコヴェンコの裁判準備の話に気を取られていた私は、日々会っていたイリーナもまた訴訟を準備していることに思いが至らなかったのである。

アキーレによると、イリーナは訴訟に積極的で、準備も順調に進んだ。彼女は、帰郷して目にした夫や弟の遺体、その後樫の木の下で確認したシャピロ家やシドレンコ家の切断黒焦げ遺体を、しっかり撮影して記録にとどめていた。訴訟活動を支援する研究機関やNGOとの情報共有にも彼女は同意した。

「ただ、物事をすべてICCに持ち込めばいいとは思いません。他の法廷の可能性も探るべきだと考えました」

イリーナの意向も考慮したうえで、アキーレは彼女の裁判を、欧州人権裁判所に持ち込むことに決めた。「ICCに比べて、欧州人権裁は手続きが簡潔で判断も速く、影響力があると考えました」。アキーレはすでにこの法廷で、いくつかの裁判を担当した経験があった。

フランス・ストラスブールにある欧州人権裁判所は、ＥＵ加盟国のほかロシアやウクライナ、トルコなど四七カ国加盟の欧州評議会（ＣＥ）が運営し、欧州人権条約に照らし合わせて、国家による人権侵害から個人を救済する役目を担う。国家主権を上回る組織で、その判決は加盟国を拘束する。ＩＣＣが国家の首脳や軍指導者といった「個人」を訴追するのに対し、欧州人権裁で被告となるのは「国家」である。ロシアは、侵攻後の二〇二二年三月に欧州評議会からの脱退を表明し、これを受けて評議会から追放されたが、表明後六カ月は管轄権が残るため、イリーナの事例も提訴が可能だと思われた。

アキーレはブチャの後、ジトーミル市内とその北方の街マリーンでも、被害者や遺族を集めた会合を開いた。その経験から一つのことに気づいたという。

「個別に話を聞くと、彼ら彼女らはみんな泣くのです。一人ひとりはとても弱い。でも、みんなが一堂に会すると、ずっと強い意識を持つことができる。だから、私たちは一緒に行動しなければならないと思いました。団結こそが鍵なのです」

ウクライナから戻ったアキーレは、イリーナ・ガヴリリュクを含め、肉親をロシア軍に殺害されたと訴えるブチャの四遺族九人を原告として、大急ぎで訴訟を準備した。通常は一つの訴訟準備に二カ月ほどを要するが、このときは四件の作業を三週間で乗り切った。ウクライナや英仏などの弁護士らの支援も得て、ロシア政府を相手にした申立書（訴状）を八月四日、欧州人権裁に送付し、八月一一日に到着の連絡を受けた。その後、正式に受理するかどうかを裁判所が審査しているはずだという。

私はイリーナに連絡を取り、その訴状を見る許可を得た。

訴状は、イリーナの夫セルゲイと弟ロマンの二人を殺害したことが、生命の権利をうたう欧州人権条約第二条に違反する、などとして、ロシア政府の責任を問うている。そのほか、▽遺体放置は、品位を傷つける扱いを禁止した第三条違反、▽ペットを惨殺し家財品を盗んだのは、私生活の尊重を定めた第八条違反、▽ロシアがブチャ虐殺を否定したのは、救済手段を得る権利をうたう第一三条違反、▽ウクライナ人であることを理由にした殺害は、差別禁止をうたう第一四条違反、▽家屋破壊は、財産の保護をうたう同条約の第一議定書第一条違反、とも主張した。イリーナは「兵士個人よりも、ロシアという国を裁いてほしかったので、訴える先として欧州人権裁を選びました」と話した。

ロシアのウクライナ侵攻に関しては、ウクライナ政府が二〇二二年六月に、人権侵害を終わらせるよう求めて欧州人権裁に訴えていたが、個人の提訴はこのときまだ珍しいと思えた。ただ、二〇一四年から続いているウクライナ東部ドンバス地方での紛争に関しては、多数の訴えがすでに欧州人権裁に出されている。

極東から来た虐殺者

イリーナの件に関して、アキーレは最新の情報を入手していた。イリーナの夫と弟、「イルピンの男」の三人を裏庭で殺害したロシア兵の氏名が判明したのだという。ウクライナ最高検はすでに二〇二二年五月の段階で容疑者を特定し、それぞれに召喚状を出していたのだった。

対象となったのは、ロシア極東ハバロフスクに登録住所を持つザファル・ソビロフ（四五）[一]、アマンジェルド・ベケンタエフ（二八）[2]、エルボル・アビルハイロフ（二八）[3]である。三人は、ハバロフスク近郊に拠点を置く第六四独立自動車化狙撃旅団に所属していた。

ハバロフスクを、私は一度訪れたことがある。二〇一二年、ロシア社会の多様な姿を報告する企画を立てて、モスクワからウラジオストクまで途中下車しながらシベリア鉄道をたどったときだった。ブランド品があふれるモスクワの金満世界から、エカテリンブルク、ノヴォシビルスク、イルクーツクと東に向かう九三〇〇キロの道のりは、欧州側の華やいだ消費社会からソ連の痕跡の色濃いシベリア極東へと、時代をさかのぼる旅でもあった。たどり着いたハバロフスクは、アムール川を望んで坂道が続く、古風で田舎っぽい街だった。ソ連時代からずっと同じだろうと思える静けさに包まれ、出稼ぎの中国人商店が集まるマーケットばかり活気があった。この旅団は、その街の東郊に駐屯しているはずである。

三兵士への召喚状は、状況をこう描いている。

「三人は三月一二日、酔っ払って、まずイワナフランカ通り五番地のグリゴリー・カシャンを武器で脅して敷地内に侵入し、違法な捜索をした後、セルゲイ・ドゥフリイとロマン・ガヴリリュクが暮らすマキシマ・リザニチャ通り一番地Aに回り、セルゲイの頭部、ロマンの頭部に発砲して致命的なケガを負わせた疑いがある」

ここで、第五章のグリゴリー・カシャンの証言を思い出してほしい。イワナフランカ通り五番地の彼の家にロシア兵が押しかけ、「女の子を出せ」と迫った。しかし、グリゴリーの娘はすでに避難して不在だった。いらついたロシア兵らは「次のところに行こう」と出ていった。その「次のところ」

こそ、三軒先のガヴリリュク家だったのであろう。ロシア兵らは、そこにいたセルゲイとロマン、「イルピンの男」を殺害したのである。

ウクライナの法廷専門サイト「裁判報告」は、三兵士の顔写真を掲載していた(4)。このうち、アマンジェルド・ベケンタエフとエルボル・アビルハイロフは確かに、東アジア系の顔立ちをしており、「ブリヤート（アジア系）だった」との住民証言と一致する。

ウクライナ検察当局がこれらの情報を入手した経緯は不明だが、情報機関「ウクライナ保安庁」（SBU）を通じてだろうと、イリーナは考えている。イリーナのもとには、知り合いのジャーナリストから連絡が来たという。

アキーレが言う。

「ただ、ロシア第六四独立自動車化狙撃旅団はその後、全滅したと聞いています。もし容疑者も死亡していたら、ICCでの裁判はできないですね。ICCは存命の人物しか訴追しませんから」

この旅団はブチャ虐殺から間もない二〇二二年四月、プーチンから「親衛隊」の名誉称号を授けられ、指揮官の中佐アザトベク・オムルベコフは大佐に昇任した。しかしその後、部隊はハルキウ州イジュームの戦線に再投入され、多くが戦死したと伝えられている。ブチャの虐殺にかかわったため、ロシアが証人を消し去ろうとして、わざと危ない戦線に回した、とも取りざたされた。三兵士もすでに死亡している可能性が否定できない(5)。

ただ、訴追対象となるのは、実行犯だけではない。兵士らに命令を下した者にさかのぼれるのではないか。最終的にはプーチンの責任も問えるのではないか。

「確かにそうです。ローマ規程二五条の規定が高位の人物の責任について触れていますね」

その規程は、犯罪の命令、教唆、勧誘も刑事上の責任を有すると定めている。

「ただ、プーチンの場合は人道に対する罪か、ジェノサイドかで訴追されるかもしれません。ジェノサイドの場合は多くの要件をクリアしなければならず、ハードルが高いので時間がかかるでしょう」

アキーレが説明する。

「ただ、プーチンの訴追については、否定的な国も少なくないのですが」

その後、二〇二三年に入ってプーチンに対する逮捕状が出されたとわかったのは、すでに述べた通りである。ただ、アキーレとこの問題を話した二〇二二年一一月、プーチン訴追が現実のものとなるなどと、私たちは思いもしなかった。

アキーレは、欧州人権裁に提訴した四例のほか、国連人権理事会に書類を提出する準備も進めていた。

国連人権理事会は、ウクライナの人権状況を調べる独立国際調査委員会を立ち上げている。私は二〇二二年六月、キーウで開かれた委員長エリク・ムースの記者会見に出た。ムースは、ブチャやハルキウなどでの調査を踏まえ、「人道法上の深刻な侵害があったとの主張を裏付ける情報を得た」と説明した。調査委員会が集めた情報はＩＣＣにも提供される。これまでも、ミャンマーでのロヒンギャへの残虐行為に関する調査委員会などで取られてきた措置である。

これらに加えて、スヴェトラーナ・ヤコヴェンコの例などＩＣＣへの書類提出をアキーレが進めているのは、すでに述べた通りである。

ＩＣＣは刑事裁判だが、大陸欧州各国に見られる「付帯私訴」に似た制度を備えている。刑事裁判に伴って民事の賠償も進める手法で、被害者は検察官、被告人とともに法廷に入り、意見を述べることもできる。時間と手間がかかることからこれまでの戦争犯罪法廷では採用が見送られてきた枠組みである。スヴェトラーナの訴えは、ＩＣＣの被害者参加賠償局（ＶＰＲＳ）に送られ、裁判が始まるのを待つことになる。

ＩＣＣは、いわゆるジェノサイドにあたる「集団殺害犯罪」や「人道に対する犯罪」「戦争犯罪」「侵略犯罪」を扱う。ただ、侵略の罪を問う場合には条件が厳しく、ロシアは管轄外と解釈される。このため、ロシアの侵略に特化した「特別法廷」の設置を求める声もある。欧州連合（ＥＵ）の政府にあたる欧州委員会は二〇二二年一一月、この問題を追及する特別法廷設置の選択肢を、加盟国に示した。多国間条約に基づく特別独立国際法廷とする案のほか、ウクライナの国内法に基づく裁判に国際裁判官が参加する「ハイブリッド法廷」とする案を挙げた[6]。二〇二三年七月、ＥＵが主導し、米国などが協力する形で「ウクライナ侵攻の犯罪訴追国際センター」（ＩＣＰＡ）が設立され、この課題に取り組むことになった。

また、国際法廷とは異なり、ウクライナ国内の裁判所でも、戦争犯罪をめぐる裁判は進んでいる。問題を複雑にしているのは、ウクライナ国内で訴追されそうな人物の存在である。ロシア軍の占領は、地元ウクライナ人の協力者や内通者に支えられていた。軍が撤退した地域では、これらの人物の責任を問う声が高まり、実際に当局による捜査も進む。一方で、その営みは地域社会に亀裂を生みかねず、特に戦争が続いている以上、国家総動員態勢と国民の団結心にも影響する。

この問題は、優先するのが「正義」か「和解」かの選択肢に結びついている。この問いの先にはさらに、「正義」を追求した方が「真の和解」を呼び起こすのか、それとも逆か、といった課題も広がる。戦争の最中と戦争の後とで異なる選択を求められる可能性もあり、複雑である。

「国家の戦争」から「個人の戦争」へ

ジュネーブで語る古谷修一.

ロシア軍のウクライナ侵攻で、戦争犯罪を追及する動きはなぜ、これほど早く生まれたのだろうか。従来の国際法廷と何が異なるのか。国際人道法、国際刑事法などの専門家で早稲田大学教授、同大学院法務研究科長の古谷修一(六四)に連絡を取ると、国連自由権規約委員会に出席するためにジュネーブに来ているという。

国連自由権規約委員会は、生命の権利や表現の自由、差別の禁止など、人間の尊厳にかかわる義務を各国が果たしているかについて審査する。彼はその副委員長を務め、二〇二二年秋にはロシアの審査にも取り組んでいた。審査対象は本来、当該国の国内に関してだが、国際法学者が多数を占める一八人の委員の間では「侵攻先のウクライナでの殺傷についても無視し得ない」との認識で一致し、生命の保護や武力攻撃の停止を勧告したという。国際世論を強く意識した対応である。ジュネーブの国連近くのカフェで夕方、会議を終えた教授に話を聞いた。

第二次世界大戦で、東京裁判やニュルンベルク裁判が設置されたのは戦後だった。旧ユーゴ紛争で法廷が設けられたのも、勃発から二年以上後だった。しかし、今回はＩＣＣが極めて素早く動いた。この違いの背景には、戦争観の根本的な変化があると、教授は考える。

「第二次大戦を例に挙げると、連合国にとって何より重要な戦争犯罪は「日本が侵略した」ことであり、戦場での残虐行為などは侵略の結果に過ぎないと受け止められました。今回はむしろ逆で、「民間人が殺されるから侵略すべきではない」との論理になっています。ロシア軍は、その侵略行為以上に、市民殺害に対する責任が、戦争の初期から問われているのです。つまり、「人権」を主体として、戦争のあり方が決められているといえます。欧州の人々がこれほどウクライナの立場を支持する理由も、ここにあります」

では、なぜ世論がこれほど、被害者の人権に関心を持つようになったのか。大きな要因は、「テレグラム」などＳＮＳの急速な発達によって市民のスマホ映像が世界に流れ、現場が可視化されたことだという。

「ミサイルを受けて崩れたアパートの様子が実際に見える。亡くなった人の遺体が実際に見える。人々はその映像から「自分のところにミサイルが落ちたら」と考える。戦争を、国と国との戦いという抽象的なレベルではなく、もっと身近なものとして受け止めるようになったのです。こうした変化を、おそらくプーチンは予想しませんでした。だから、ピンポイントの攻撃でなく、日露戦争と同じように相変わらず「面」で攻める古典的な攻撃を続けたのです。逆に、ゼレンスキーはこれを理解して、情報をＳＮＳで発信しました」

日本でも、ウクライナへの関心は衰えていない。

「具体的な人の情報が入ってくるからだと思います。遠い国であっても、子どもが殺された、家族が殺された、ということに対しては、同じ人間ですから同情を感じますよね」

ただ、ＳＮＳの発達によって変わるのは、戦争のイメージだけではないのだという。

「実は、戦争の終わり方も変わると思います。昔だったら、戦争には落としどころがありました。首脳同士が「このあたりでやめよう、領土はここまで」などと交渉したかもしれません。でも、今回は誰もプーチンと交渉できません。プーチンはロシアの指導者であるとともに、重大な戦争犯罪人です。「犯罪人と交渉するのか」と問われますから」

教授はこれを「正義と平和との相克」と呼ぶ。これまでは、清濁併せ呑んで妥協することで戦争は終わり、「平和」が実現した。しかし、「正義」には妥協の余地がない。妥協は、犯罪者との交渉を意味するからである。

戦争をやめられないとなると、どうすればいいのか。

「そこが問題です。戦争は、永遠には続けられません。どう譲歩してどう終わらせるかと考えながら進めるのが、従来の戦争のやり方でした。でも、戦争が「犯罪」と化した、あるいは戦争が「人権問題」と化した世界では、妥協が難しい。それを世論が許さないからです」

「クラウゼヴィッツの理論を持ち出すまでもなく、戦争はかつて、政治の道具でした。政治的妥協を引き出すための方法の一つだったのです。いまは、そのようなものではない。明確な人道問題なのです。簡単には妥協できないし、落としどころも見つけにくい」

「それは、戦争が国レベルではなく、人間のレベルで語られるようになったからだとも言えます。「戦争の犯罪化」は、つまりは「戦争の個人化」です。個人の話として議論されるために、国家の話として妥協するのは難しくなったのでしょう」

一方で、こうした傾向は、新たな時代の幕開けを意味するかもしれないという。一例は、ウクライナ侵攻に関して二〇二二年三月から四月にかけて、ＩＣＣに捜査を付託した国が、日本を含めて四三カ国に及んだことである。

「ウクライナをめぐる国際裁判は、ウクライナの利益にとどまらず、国際社会全体の利益と位置づけられています。これには、世界が何か違う時代に入りつつある予感が伴います。今回の出来事は、「冷戦後の世界」から「さらに次の時代」に入る境目にならないでしょうか」

ロシアがウクライナに侵攻したとき、これで時代が変わると考えた人は少なくなかった。しかし、そこで想定されたのは、軍事大国が力にモノを言わせて好き勝手に振る舞う秩序なき時代の到来だった。ウクライナ側の反撃によってその恐れは遠のいたが、教授の考える新時代は、そのような恐怖の時代とは逆で、人権を中心に据えた希望の抱ける時代である。

「やや理想を込めて考えると、人権への価値観がいま以上に共有され、市民同士の連帯感が生まれる世界にならないか」

実際、ウクライナでいま、人々が求めるのは、「平和」だけではない。踏みにじられた「正義」を回復したいと、多くの人が願っている。その思いは実際に、世界に広く共有されつつある。「新たな世界に向けた枠組みやルールをつくらなければならない。多くの人が、そう思い始めているように感じます」

その「新たな世界」は、この戦争には間に合わないかもしれない。それでも、来たる時代に向けて、一歩ずつ先に進む努力が欠かせない。ウクライナで次第に広がりつつある戦争犯罪の追及が、その具体的な営みである。

体験を歴史に残す

二〇二二年で六度目となる私のウクライナ行きは、一二月後半から翌年一月半ばまでを予定していた。クリスマスや正月の休みが間に入り、取材に割ける時間は限られる。いわば年末年始の留守番だが、貴重な機会でもあった。この間、戦争犯罪の訴追に現地で取り組む人々に会うとともに、侵攻直前に訪れたハルキウを再訪し、その変貌ぶりを報告すべく、取材計画を立てた。

一二月二三日、氷雨のロンドンを出て、空路でクラクフに向かった。ここで一泊し、バスでリヴィウに入ってさらに一泊の後、キーウ入りする旅程だった。途中二泊するのは、クリスマスシーズンで列車の席が確保できなかったからである。雪景色のクラクフ中央広場には、電飾きらびやかなクリスマスの市が立ち、家族連れで賑わっていた。リヴィウまでのバスの乗客は私と一人を除いて全員が女性で、ウクライナで男性が出国を禁じられた現実を考えさせられた。

キーウ駅のクリスマスツリー.

小雨のリヴィウは、真っ暗なクリスマスイブを迎えていた。この少し前から、ロシア軍は発電所や変電所など電力インフラを集中して攻撃するようになり、ウクライナは深刻な電力不足に見舞われていた。リヴィウに電灯が乏しいのも、その影響である。それでも、若者たちがオペラ座前の広場に集まり、携帯の明かりを頼りに談笑と街頭コンサートを楽しんでいた。九カ月前に滞在したころに比べ、暗いながら随分余裕が生まれているように思えた。

旅程の三日目、リヴィウからキーウに向かう列車はおおむね時刻表通りだった。西方からキーウに入る鉄道路線は南西からと北西からの二ルートあるが、今回は初めて北西ルートを取った。ジトーミル州北部からボロジャンカ、ブチャ、イルピンを経由する路線で、ロシア軍占領の際に激しく損傷したが、復旧したのである。ブチャを過ぎると、列車は盛り土に上がり、ブチャ川を越える。その手前では、イワナフランカ通りの勝手踏切を通る。通りの様子をうかがおうと窓から目を凝らしたが、すでに夕闇が深く判別できなかった。

キーウ駅のコンコースには、巨大なクリスマスツリーが飾られていた。足元に置かれた自転車を待合客が漕いで発電し、電飾を灯す。電力不足ならではのアイデアで、若者たちがふざけながら漕ぎ合っていた。何事にもへこたれないウクライナ精神は十分発揮されているようである。

駅舎を出ると寒さが身にしみた。侵攻以来の冬が、キーウに再び訪れていた。

アキーレに協力する弁護士二人のうち、中西部の街ジトーミルで開業しているオレクシー・ヤシュネツキー(四四)と連絡が取れた。ジトーミルはキーウからまっすぐ西に車で二時間あまりで、八月に一度足を運んで以来である。中心部のカフェで待ち合わせをした。

オレクシーは、サンクトペテルブルク出身の元ロシア人である。「隣の通りにプーチンが住んでいましたよ」と笑う。夏休みのたびにジトーミルの親戚宅に来るうちに気に入り、キーウ大学を出た後、二二歳でジトーミルに移住して弁護士を開業した。政治にもかかわり、ジトーミル市の法律顧問や副市長、ジトーミル州副知事を務めた経験も持つ。

二〇二二年四月、キーウ周辺からロシア軍が撤退して間もなく、アキーレから協力の依頼を受け、二つ返事で引き受けた。オレクシー自身、ロシア軍の侵攻後は地元の領土防衛隊に入って戦ったが、弁護士としての貢献ができないかと考えていたところだった。地元ジトーミルで被害者や遺族から聞き取りを進めたほか、ジトーミル出身でブチャ市議を務める旧知の女性に依頼して、ブチャやイルピンでの事例も探った。こうして、イワナフランカ地区のイリーナ・ガヴリリュクやスヴェトラーナ・ヤコヴェンコが訴訟に加わることになったという。それぞれの書類を用意してアキーレに送り、その後の判断を任せる。これまでＩＣＣのために用意した事例は約五〇件に達するという。

そのなかには例えば、避難する途中に銃撃を受けて車が炎上し、妻と子ども二人を目の前で失った男性の例も含まれる。

「この出来事を一つの家族の悲劇にとどめず、裁判に訴えることによって歴史に残し、世界に伝えることが重要です。彼の苦しい経験は、次の世代に引き継がれるのですから」

被害者にもその意義を説明しつつ、訴訟参加を説得する。最初は「裁判をしても家族は戻ってこない」などと渋る人もいるが、彼の言葉に納得して訴訟に賛同する場合が少なくないという。

ただ、被害者や遺族への精神的なケアの態勢はまだ整わず、今後の課題である。ジトーミルで、ミサイル攻撃によって妻を殺害された男性に裁判を持ちかけたが、「いまは精神的につらいから少し待って」と言われてすでに半年が経つ。

オレクシーはその後、ジトーミルとキーウ周辺に加え、ロシア軍に一時占領された南部のヘルソン州やミコライウ州にも調査の範囲を広げている。第七章に登場した無料語学教室のネットワーク「ゴンチャレンコ・センター」を通じて、事例を寄せるよう呼びかけているという。

「戦争犯罪を裁く国際法廷は、これまで旧ユーゴスラビアやルワンダで設けられましたが、いずれも戦争の当事者が対等な関係でした。今回は事情が異なり、ロシアが一方的に攻めてきた非対称の戦争だけに、裁判の性格も少し異なるかもしれません」

オレクシーは、ロシア国内に住む親戚にブチャの写真を送り、何が起きたのかを説明したことがある。しかし、親戚は「ウクライナ兵の犯行をロシア軍のせいにしているのでしょう」と言って信じない。ロシアに広がるプロパガンダの悪影響を実感する。

「これに対抗するためには、証拠固めをしっかりしなければなりません。自分にそう言い聞かせています」

オレクシーの紹介で、裁判に協力するブチャ市議の女性を翌日訪ねた。ナタリヤ・エフィモヴィチ(四〇)で、イワナフランカ地区に近いマンション群に暮らしている。

ナタリヤ自身はロシア軍侵攻の二〇二二年二月二四日、三人の子どもと一緒に市外に避難した。まだ状況は落ち着いておらず、銃撃戦も起きてはいなかったという。そのときは侵攻の規模が予想できず、退避しようとしない家族が少なくなかった。特に、二〇一四年にクリミア半島からここに逃れてきた女性は「もう二度と逃げない」と避難を強く拒んだ。マンションの管理人もしていたナタリヤは、残留する人々のために飲料水や食料、寝具を地下蔵に用意した。

「みんなそのときは、街が長期間占領されるなどと思わなかったのです。避難生活もせいぜい一日か二日程度だと考え、ペットを残したまま家を出た家庭もありました」

イワナフランカ地区とは異なり、マンション周辺に駐留したロシア軍の部隊は比較的穏やかで、拷問や虐殺はなかったという。住民の間で占領中唯一の死者は、以前から重い病気を患うお年寄りだった。ロシア軍は、地下蔵に残った人々のところに来て食料を配ろうともした。住民らは「自分たちで用意しているから」と断ったという。クリミア半島から逃げてきた女性はロシア軍に反発し、毎日けんかをしていたが、それを理由に虐待を受けることもなかった。ただ、ロシア兵は約六〇〇あるマンションの全世帯に入り、電化製品や調度品を盗んでいった。また、残留した市民を支援しようと出入りしていたボランティアの若者三人が、途中で殺害された。

ナタリヤは四月一〇日に避難先から自宅に戻った。以前から残留者とは連絡を取り続けており、何が起きたかはおおむね把握していた。帰宅後も、ブチャ市役所を通じて被害の報告が入ってきた。状況が特にひどいのは、「死の通り」ヤブロンスカ通り周辺と、近くのイワナフランカ通り周辺だった。一家全滅となった教師のテチャーナ・シャピロはよく知る仲だった。

オレクシーからの話を受けて、ナタリヤはこれらの地区で聞き取りをし、裁判への参加を促した。それを機にスヴェトラーナ・ヤコヴェンコがＩＣＣでの裁判に向けて準備を進めたのは、すでに述べた通りである。イワナフランカ地区ではイリーナ・ガヴリリュクのほか、父母のシドレンコ夫妻を殺害されたテチャーナ・ナウモヴァや、一家で避難したものの自宅を破壊されたパトキウスカ家も裁判参加を決めた。

平和とは異なる価値

サンマリノのアキーレからジトーミルのオレクシー、ブチャのナタリヤへとつながるグループとは別に、やはりロシアの戦争犯罪に対する訴追活動を続ける弁護士がキーウにいると聞いた。通訳のイリーナ・シェペリスカの友人である。その紹介で、当人のユーリ・ビロウス（三四）に会った。法律コメンテーターとしてテレビに頻繁に出演し、ウクライナでは有名人だが、そうした仕事の傍らで被害者や遺族の証言を集め、ＩＣＣに提出する活動をボランティアで続けている。

ロシア軍侵攻翌日の二月二五日にキーウを離れ、故郷の中部キロヴォフラード州に避難した。その先で自分に何ができるかを考え、調査権を持つ弁護士の特性を生かして戦争犯罪の証言の収集に乗り出した。

三月四日に取り組みを始めて最初に話を聞いたのは、北東部ハルキウから逃れてきた二人の経験だった。退避の途中で、キロヴォフラード州を通りかかったのである。その証言をもとに裁判書類をつくると同時に、テレビに出演して証言を寄せるよう呼びかけた。インスタグラムやフェイスブックでも協力を募った。

電話やネット経由でなく、被害者や遺族のもとを一軒ずつ訪ね、直接会うのを原則としている。

「小さいころ、医者だった両親の仕事ぶりを見ていたからです。患者とこと細かにやりとりを重ねるその姿は、弁護士として被疑者や被害者と普段接する私の仕事の指標となってきました。今回は戦争がテーマなのでさらに難しいのですが、質問リストに紙で答えてもらうより、実際に会ってゆっくり話してもらう方が、より具体的な証言を得られると考えました」

弁護士ユーリ・ビロウス.

証言はビデオで記録する。撮影を嫌がる場合には録音する。これまで三人がビデオを断った。国外に避難して対面で会えない人の場合はオンラインで話を聞き、それを録画した。時間は人によってまちまちで、米国にいる被害者が四時間ずっと話し続け、終わったら明け方になっていたこともあったという。「だけど、本人が懸命に話すものだから、もう眠いなんて言えないですよね。長く占領を受けた地域にいた人は、話すべきことも長くなります」

証言にはしばしば、日時や人数に間違いがうかがえる。それでも、本人が語るままを録画し、あえて編集はしない。多少のデータの揺らぎは証言の信頼性そのものに影響しないと考える。

「話しやすい雰囲気をつくろうと努めています。隣に腰かけ、一緒に涙を流すこともあります。時が経つにつれ記憶は薄れていきますから、戦争が終わるのを待ってはいられません」

ユーリはICCに、このときすでに約七〇人分の資料を送っていた。アキーレの資料がICCの被害者参加賠償局(VPRS)に送られ、裁判の際の被害者支援に役立てられるのに対し、ユーリの送り先はICCの検察局である。ロシア軍の犯罪を追及する際の捜査情報として扱われる。

その一例、キーウ近郊の農村に暮らす老人は、ロシア軍によって拉致され、当初ベラルーシに、続いてロシア国内に連行されて暴行を受けた。毎朝ロシア国歌を歌わされ、プーチン礼賛の言葉を唱えさせられたという。その後、クリミア半島に連れて行かれたところで、捕虜交換の枠組みで帰国した。村に戻ると、家は破壊されてなくなっていた。ユーリはその話を聞きつけて村を何度も訪ね、証言をするよう老人に促した。

戦闘が続く東部から車で避難しようとした二〇歳の青年は、ロシア軍の検問所で監禁され、兵士から繰り返し性的暴行を受けて気を失いそうになった。その体験を、避難先の国外からオンラインを通じて語った。

ICCにロシアが協力する兆しは見られない。違法行為にかかわった兵士らも、ロシアに逃げ戻れば捜査の手が及ばない。ましてやプーチン本人の場合、実際に裁かれる可能性は極めて薄いだろう。

「だから結局、無駄ではないか」との疑問を口にする人もいる。

しかし、長期的にはさまざまな可能性があると、ユーリはいう。ロシアの体制がいずれ変わるかもしれない。責任者がウクライナで捕虜となる確率もゼロではない。対ロ制裁をめぐる駆け引きから、ロシア側の譲歩を引き出す可能性も考えられる。何より、踏みにじられた法と秩序を取り戻そうと努めることは、被害者や遺族にとって大きな励みとなる。

この後、ユーリのことをアキーレに話すと、彼は早速連絡を取った。二〇二三年にウクライナを再訪したアキーレは、ユーリと会い、協力を進めることにしたとのことである。

一般的に、「平和」を希求しない人はいない。ましてやウクライナのような戦乱の地であれば、その思いはひときわ強いと思われがちである。

しかし、二〇二二年一一月に「ミュンヘン安全保障会議」（ＭＳＣ）がウクライナで実施した世論調査は、そのような常識を裏切る結果となった[7]。ロシア軍による占領が続く状態での停戦を求めた人は、一％に過ぎない。停戦の条件として、九三％が「クリミア半島を含むウクライナ全土からのロシア軍撤退」を挙げた。多くの人々は、即座に平和を得るよりも、戦う道を選ぶ。つまり、ウクライナの人々は、「平和」とは異なる価値を重視しているのである。

これは、私が実際に取材で得た感触とも一致する。二〇二二年の六度のウクライナ訪問で話を聞いた人はゆうに一〇〇人を超えるが、「戦いをやめよう」と言う人は誰一人いなかった。田舎のおばあさんから「武器をください」と懇願されたこともある。

誤解を恐れずに言うと、人々が追い求めるのは「平和」よりも「正義」なのである。もちろん、究極的にはみんな平和を望んでいるのだが、それよりも「おかしいじゃないか」「理不尽ではないか」という憤りの意識が広く共有されている。このような市民の怒りが、生命を賭しても「正義」を望む声に結びつく。何より、いま戦うのをやめてしまえば、そこに本当の平和は到来しないと、みんなが気づいている。

ロシア軍の戦争犯罪を国際法廷で問おうとする動きも、このような世論が支えている。二〇二三年二月にドイツのミュンヘンで開かれた「ミュンヘン安全保障会議」で、ICCの主任検察官カリム・カーンは「ウクライナの人々が求めているのは「裁き」である」と述べた[8]。その翌月にICCがプーチンに対して逮捕状を出したのも、そのようなウクライナの潮流に後押しされてこそのことだろう。

「正義」の実現を願う声は、パワーがモノを言う国際社会の現実の前に、しばしばかき消されてきた。一方で、今回の戦争では市民の思いが世界の世論に共有され、欧米では政府に行動を促す力ともなっている。確かに「正義」は、建前にとどまりがちである。ただ、建前が少しでも通用する世の中を実現できないかと、切に願う。

被弾

激動の年として歴史に刻まれるだろう二〇二二年が暮れかかっていた。キーウはしかし、何より電力不足で真っ暗である。冬の早い日が落ちると、ぽつぽつと残るレストランや飲み屋以外、多くの店はたたんでしまう。年末の華やぎとは無縁だった。

一二月二八日、一仕事終えた私は、ブチャのイワナフランカにガヴリリュク家を訪ねた。オリガとイリーナは、ウクライナ名物のベリャーシを用意して待っていてくれた。ひき肉入りのパンでピロシキに似ているが、膨らんでおらず平べったい。もともとはタタール料理だという。通訳のイリーナ・シェペリスカを含め四人の慎ましいクリスマス・パーティーとなった。停電の真っ暗ななかでワインを開け、世間話に花を咲かせながら、香ばしさを味わった。

食べ残したベリャーシを、オリガがいっぱい包んでくれる。持って帰って冷蔵庫に保存し、小腹が空くたびにちびちびかじった。

当初、私はキーウの新年を一人で迎えるつもりでいた。フォトグラファーの同僚関田航(三六)が一月二日まで滞在するものの、彼は、私が滞在する住宅街のアルファヴィート・ホテルを大晦日に出て、キーウ中心部のウクライナ・ホテルに移り、その窓から見下ろせる独立広場(マイダン)の新年の光景を撮影する手はずとなったからである。

一二月三一日は土曜日である。私は一人、朝からホテル二階の南向きの自室でデスクに向かっていた。欧州では週末、出番の特派員一人が全域のニュースをカバーしており、この日は私が当番だった。キーウからニュースを探り、この日朝死去した前ローマ教皇ベネディクト一六世に関する情報を集めていた。正月明けの一月二日から私はハルキウに行くことにしており、そのための準備

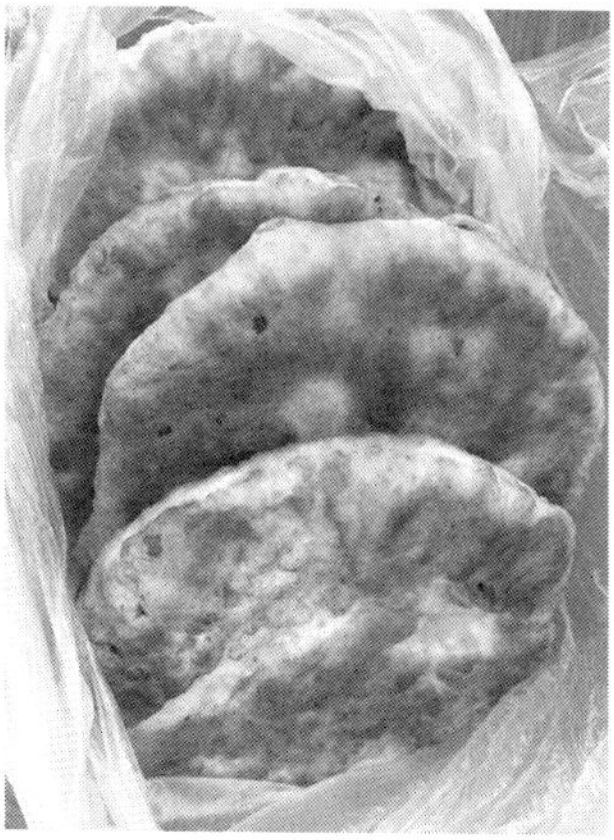

ウクライナ名物のベリャーシ.

も進めた。侵攻前に会った民主化運動家ボリス・レディンが私を待っているはずだった。可能なら国境の村ストリレチャも再訪したいと考えた。

この日は、ロシア軍の攻撃が散発していた。午後一時ごろに警報が鳴ったが、街路の様子は普段と変わらず、週末の買い物に向かう人々がいた。地下蔵やシェルターに避難する市民はごく一部に過ぎない。警報は一日に何度か鳴ることもあり、多くの人は最小限の対応で済ませ、日常をそのまま維持しようとしていた。しばらくすると、窓から見えるホテル南側の道路に人影が多くなり、危険は遠のいたように思えた。

午後一時五五分ごろ、遠くで雷が鳴るような音が聞こえた。実際、雷かと思い、窓から南の空を見上げたが、雨が降る気配はなかった。続いて二時ごろ、ポコポコと遠い爆発音が二回空に響いた。これは、ドローンかミサイルをウクライナ側が迎撃したのだろう。再び窓の外を見たが、特段の異変はうかがえない。街路にいた数人の市民が北の空を見上げている。そこに何かあるのだろうか。

部屋を出て、廊下の反対側にあるエレベーターホールの窓から、北の空を見上げた。しかし、やはり何も見えない。そう思って、窓のカーテンを閉じた瞬間だった。落雷を受けたかのような大音響とともにホテルが振動し、体が吹き飛ばされそうになってよろけた。粉々に割れた窓ガラスが、閉めたばかりのカーテンに当たって止まった。天井が頭の上に崩れてきた。幸い、素材が柔かく、ケガはない。廊下に粉塵が立ちこめ、数メートル先の視界もおぼつかない。機械室から空調らしき音がうなりを上げ、ピーピーと金属音が響き続ける。よろめきながら部屋に戻る。時計は午後二時二分を指していた。

ミサイルの直撃をホテルが受けたのは明らかだった。いったいどこに被弾したのか。そこから離れるのが鉄則だが、どちらに向かうべきなのか。これから建物全体が崩れるかもしれないし、火災の恐れもある、実際、普段薄暗い廊下が妙に明るい。電気系統がおかしくなっていたからだろうが、どこかで火が出ているようにも思えた。ともかく脱出しなければならない。

電話は生きていたので、会社に連絡を入れ、家族にも一言伝えた。恐怖感はなく、動転もしなかったが、起きたことがまだピンときていなかった。頑丈そうに思えるトイレに入り、落ち着くよう自分に言い聞かせる。

私はこれまで二度、ミサイルを至近に受けたことがある。一度は二〇〇二年、第二次インティファーダのさなかのパレスチナ自治州ガザだった。イスラエル軍の空爆被害を取材していたら、新たな空爆が突然始まった。ヘリコプターが飛来し、その尻から煙が出たなと思ったら、爆発音とともに数百メートル先の警察署から黒煙が上がった。ミサイルが撃ち込まれたのである。阿鼻叫喚と救急車のサイレン。それまでの色彩豊かな世界が一瞬のうちに単色になったように思えたが、それは付近に煙が立ちこめたからかもしれない。

もう一度は二〇二〇年、ナゴルノ・カラバフ紛争の取材で訪れた中心都市ステパナケルトである。夜中の記者会見が終わり、ホテルに徒歩で向かっていると、夜空が突然真っ赤になった。間髪を入れず大音響がとどろき、その後もしばらく爆発が連続した。アゼルバイジャン軍のミサイルが着弾したのである。翌朝確認すると、三〇〇メートルほど離れた住宅街の家屋が大きく壊れていた。住民は地下室に避難して無事だった。

いずれの場合も、着弾点付近の被害は心配したが、自ら怖いとは思わなかった。戦地とはいえ、ミサイルは雨のように降り注ぐわけでなく、多くの場合は標的を正確に狙ってくる。影響を受ける範囲は限られ、被弾するのは万が一の場合に過ぎない。それをわかっていたからである。

私はそれまで「三〇〇万都市のキーウでミサイルに当たる可能性は極めてまれだ」と説明してきたし、その考えは被弾した後も変わらない。今回は、極めてまれなその機会に遭遇したに過ぎない。

アルファヴィート・ホテルは東西に細長く、その真ん中あたりに私の部屋があり、非常階段は両脇にある。廊下をうかがい、まず西の端の非常階段を目指してみた。しかし、ひどい粉塵に阻まれ、一〇メートルほどで諦める。その間に開いたドアから見えた客室は、窓が開け放たれ、家具がひっくり返り、大変な惨状である。後でわかったことだが、ミサイルはこの西の端に落ちていた。

続いて、反対側の非常階段に向かおうとしたが、やはり粉塵が激しく、途中から何も見えない。その時点では、ミサイルがどこに落ちたかわからない。さらなる爆発が起きるかもしれないと考え、引き返す。

ここは二階だから、窓から脱出できるかもしれない。部屋から窓の外を見ると、目の前に倉庫の屋根があり、その上を伝えば抜け出せそうだった。ただ、がれきが崩れてくる可能性もあり、見通しもなく自ら外に出るのは冒険である。

一〇分ほどが経過し、さすがに途方に暮れてきた。もう一度廊下に出ると、東端の粉塵の向こうに懐中電灯の光が見えた。おおい。手を振って叫ぶと、向こうも気づいたようだった。ホテルのスタッフ三人が、閉じ込められた客を探していたのである。漂流する筏から、船の影を波間に見つけた気分である。

「おい、大丈夫か」。三人にしきりに励まされながら、非常階段を階下に降りる。一階のロビーに出ようとしたら、関田と鉢合わせになった。彼の足からは血が流れ、ホテルのスタッフの応急措置を受けている。てっきり別のホテルに移っていたと思っていたが、彼によると警報が解除されるまでこのホテルのロビーで待っていたという。私と同様に爆発音に気づき、外に出て、飛ばされたがれきの破片を足に受けたのである。彼は負傷しながらも、被弾間もない場面をしっかりと動画で撮影していた。その映像は、私たちの新聞のデジタル版に掲載された。彼の動画がなければ、ここで何が起きたのか、正確に伝えるのは難しかっただろう。

歴史の一つの岐路となるだろう戦争のさなかに日本のメディアが入り、その詳細を報じる意義は大きい。その現場で異変を感じれば、確かめに行くのがジャーナリストの責務である。その意味で、爆発音を受けて外に出た彼の行為は、何ら責められるべきものではない。キーウに来る記者のなかには、危険を恐れてかずっとホテルに閉じこもる人もいたが、それだと戦争は報じられない。

イラク戦争の際、現地に入った市民団体のメンバーらが拘束されて「自己責任論」が湧き起こったのはすでに述べた通りである。そのような声は今回、ウクライナ国内ではもちろん皆無であり、日本からもほとんど出なかった。社会が成熟したからでもあろう。今回は侵略を受けてウクライナ側が戦う理由も明確であり、それを取材する根拠も明白だったからでもあろう。

ホテルのスタッフの誘導で、私たちは戸外に出た。ミサイルはホテルの西の端に落下し、上階から地階まで客室縦一列を垂直に巻き込んで崩れ落ちていた。そこはホテルの角部屋にあたり、他の部屋

被弾したアルファヴィート・ホテル.

よりも多少広々として、私は以前何度か泊まったことがあった。その縦一列の地下にはシェルターが位置している。もしそこに避難していたら、ボロジャンカのマンションと同じように私は生き埋めになっただろう。後に、なぜシェルターに避難しなかったのかと私を責めた人がいたが、そうしていたら私は死んでいたかもしれない。

幸い、当日はシェルターに誰も入っておらず、関田以外の宿泊客やスタッフにケガはなかった。ただ、通行人が一人巻き添えになり、重傷を負ったとのことだった。

ミサイル着弾の瞬間は、ホテルの隣にある国際会議場「パラッ・ウクライナ」の監視カメラがとらえていた。後日SNSに流れたその映像では、ホテルの端にミサイルが真上から落下し、その途端に会議場のガラスが一斉に割れた[9]。周囲のアパートや事務所のガラスも崩れる衝撃だった。

ホテルの門前には、事件を知ったウクライナのメディアが多数詰めかけてきた。腕を抱えられて救急車に担ぎ込まれる関田の姿を一斉に撮影する。彼のケガは、素人目にさほど深刻には見えなかったが、それでも骨折の恐れがあり油断できない。救急車内で彼が再度措置を受けている間、勤務先の上司から私に連絡が来た。すぐに西部リヴィウに退避せよ、との指示である。ミサイルが飛んでくるような危ないところから早く離れろという思いつきだろうが、ケガ人を放っておいて行くわけにはいかない。

救急車に私も同乗して、ホテルの裏手の丘の上にあるキーウ第一七病院に向かう。傷病軍人用の大規模病院である。関田が精密検査を受ける間、彼のカメラを預かっていたら、取材に来たメディアと間違われたのか、病院スタッフによって外に追い出されてしまった。寒いなか、玄関先で一人で待つ。目の前にシェルターの入り口がある。医師が出てきて「攻撃が始まったらここに逃げ込め」とブロークン英語で説明する。

三〇分ほどで差し当たっての治療は終わり、私も病院内に招き入れられた。間もなく、東洋人が二人訪ねてくる。日本大使館の館員で、ウクライナ内務省からの連絡を受けたのだろう。経緯を説明する。続いて、通訳のイリーナ・シェペリスカが車で駆けつけてきて、病院との片言会話から解放された。イリーナの助けを借りて関田は警察の聴取を受け、被害届を作成した。外国語での聞き取りによる被害届には公式通訳資格保持者の署名が必要だが、彼女はその資格を持っていた。

アルファヴィート・ホテルにはもう滞在できない。より安全なホテルを探さなければならない。四月にキーウ入りした際に使ったインターコンチネンタル・ホテルが最適だろう。マネジャーをよく知る通訳のラリーサ・クラマレンコに連絡を取り、交渉の結果、二部屋を確保できた。

ひとまず年は越せそうである。しかし、思わぬ形で迎える正月となりそうだった。

戦地を離れて

病院での検査の結果、関田の足に骨折はなかった。ただ、傷は見た目より深く、二針ほど縫ったという。打撲だと思われるが、腫れが大きく、足を引きずりつつ歩くのが難儀のようだった。

関田は財布も旅券もホテルに置いていた。私も、身の回りの物以外の荷物はホテルの部屋に残しており、回収しなければならない。アルファヴィート・ホテルに戻る。午後六時で周囲は真っ暗である。門前は警察と軍が固め、当然ながら潜り込む隙はない。イリーナが若い兵士と粘って交渉し、上司を呼んでもらう。ホテルの管理者にも話を通じてもらい、駆け引きの末に短時間内部に入れることになった。

ホテルの事務室は停電もなく、通常通りあかりが灯っていた。関田の荷物はそこにまとめられていた。私が滞在していた客室を開けてもらう。ここは電気が通じず、ホテルのスタッフの懐中電灯を頼りに荷物をまとめる。クロークに預けていた防弾チョッキとヘルメットを引き取る。急いでいたので、すべて持ち出せたかどうか自信がない。出発した後で、忘れ物に気づいた。ガヴリリュク家でもらって冷蔵庫のなかにしまっていたウクライナ名物のベリャーシである。しまったと思うが、取りに帰るわけにもいかない。次回の訪問のときにまたつくってもらおう。

午後七時ごろ、インターコンチネンタル・ホテルに入った。地元のニュースで大々的に報道されたからだろう。関田はホテル内ですれ違う人から次々に声をかけられる。

私にも、ウクライナの取材先からメッセージが寄せられた。会ったばかりのユーリやオレクシーら弁護士たちからも、これから会う予定の人々からも、プチャの遺族からも、心配と励ましの言葉をもらった。日本からも、つきあいのある研究者、古い取材先、同級生、同業者からメッセージが相次いだ。日本ではすでに年が明けている。正月からお騒がせをして申し訳ないが、悪いのは私たちでなくロシア軍なのである。

そのロシア側の説明だと、あの建物がホテルだというのはカムフラージュで、実は北大西洋条約機構（NATO）のドローン秘密工場があったのだという。ロシア国境の村ストリレチャの精神科病院で人体実験をしていた、というフェイク以上にユニークな言い訳である。実際には恐らく、どこか別の場所を狙って外したのだろう。ホテルの北隣の建物はその昔、工場だったというから、そこが標的だったのかもしれない。一方で、年末年始のホテルに私以外の宿泊客はほとんどいなかったことから、ロシアにとって不利益な情報を発信し続ける私たち自身に的が絞られていたのでは、との考えもふと脳裏をよぎる。それを声高に言うほど自意識過剰ではないが、可能性を排除する理由も見当たらない。

ロシア軍の戦争犯罪を追及する流れのなかで、この一件の背景も解明される日が、いつか来るだろうか。

二〇二三年が明けた。ウクライナも元旦は、公共機関や事務所が全部閉まる。ただ、飲食店は開いており、家族連れで賑わっていた。

この日は、関田の傷の回復具合を見る必要があった。急いで動くと悪化を招きかねない。

彼は、二日夕方にキーウからモルドバの首都キシナウに夜行列車で出て、三日夕方の飛行機でワル

キーウの正月，ロシア軍車両の展示に集まる人々．

シャワを経由して日本に帰国する手配をしていた。ただ、ケガをした身で、大きな写真機材を担いで移動するのは、とても無理である。列車のチケットは完売しており、私の同乗は難しい。ポーランドに直接出る列車も満席で、一方でバスは半日車内に閉じ込められるのでリスクが大きい。

車を手配する以外に方法はない。ポーランドまでは距離があり、しかも交通量が多く、国境の通過時間が見通せない。距離的に近いキシナウに向かうのが現実的だろう。一方で、翌二日に関田は破傷風の接種を受けるよう病院から指示されていた。今後の証明のために、警察からこの日ウクライナ保安庁に転送されるはずの被害届の写しも入手しなければならない。翌三日朝早くキーウを車で出たとして、午後六時一五分キシナウ発の航空便に間に合わせるのは、相当の綱渡りのように思えた。

国境は通常、午前中は行列が短く、次第に混み始める。朝キーウを出る車が午後になって国境に集まるからである。ならば、一月二日に接種と被害届の取得を済ませた後、その日のうちに国境近くまで車で行き、翌朝早く出国したらどうか。やや奇策だが、他に方法はなさそうだった。キーウ―キシナウ間はモルドバ国内が悪路だが、イリーナの車はSUVで問題ない。彼女は病院で医療関連の通訳を長く務め、途中で関田のケガが悪化しても対応できそうだった。勤務先の上司からは「男性の運転手を雇え」との指示がきたが、思いつきに付き合う余裕はもうなかった。そもそもウクライナ男性は出国できないのである。

一日午後、ホテル近くの広場に出てみた。ここには、戦場で鹵獲《ろかく》したロシア軍の装甲車両や兵器を屋外展示しており、大勢の家族連れが集まっている。関田の姿を見て市民が一斉に集まってくる。大晦日の夜のニュースで、彼はこの国ですっかり有名人になっていた。「英雄だ」。人々は彼に握手を求め、記念写真に納まった。

翌二日、関田の接種は早々に終わった。被害届の写しは、保安庁の対応を待っていると三日になってしまうことがわかった。イリーナが独自の人脈を使い、その写しを午後、警察から入手してきた。荷物をまとめ、防弾チョッキとヘルメットを預け、キーウを後にしたのは午後四時である。ジトーミル経由で、中西部の中心都市ヴィンニツァを目指す。休憩もなく随分飛ばして、午後八時ごろに住宅街の安宿に入った。関田は歩くのがつらそうだが、ケガが悪化した様子はなかった。

翌朝、八時過ぎにホテルを出て国境に向かう。ウクライナは、中部から東部や南部にかけて広い平原が続くが、モルドバに近い地区はなだらかな丘陵地が多く、北海道に似た雄大な風景である。モルドバはワインの産地として知られるが、ウクライナ国内でもこのあたりはブドウ畑が目立つ。午前一一時、国境の町モヒリウ＝ポジルスキーに到着した。

ありがたいことに、国境検問の行列はまったくない。国境越えの車が大行列をつくるポーランド国境だと短くても二、三時間、長いと丸一日かかるが、ここで、出国手続きはものの二〇分程度で終わった。ドニエストル川にかかる橋をそろそろと渡る。約四カ月前に訪れた河口のザトカで大河だったドニエストルは、ここまでさかのぼると深い峡谷をつくっている。

モルドバ側の町オタチにある入国検問も、待っていたのは車一台だけだった。荷物チェックを受け、車の保険を購入し、一時間もかからず国境を通過した。

私たちは、モルドバの地に踏み出した。このあたりは国内でも僻地にあたり、インフラは期待できない。完全舗装二車線だったウクライナ側とは変わって、こちらは簡易舗装の田舎道であり、しばらく進むと舗装が途切れて砂利道になった。車体を傷めないよう、注意深く進む。それでももはや、ミサイルに追いつかれることはなかった。

（1） Офіс Генерального прокурора, "Повідомлення про підозру Собирову З.Ш.", 2022. 05. 09, https://www.gp.gov.ua/ua/posts/povidomlennya-pro-pidozru-sobirovu-zs

（2） Офіс Генерального прокурора, "Повістка про виклик Бекентаєву А.Н. на 20. 05. 2022", https://www.gp.gov.ua/ua/posts/povistka-pro-viklik-bekentajevu-an-na-20052022

（3） Офіс Генерального прокурора, "Повістка про виклик Абільхаірова Е.Ж. на 20. 05. 2022", https://www.gp.gov.ua/ua/posts/povistka-pro-viklik-abilxairova-ez-na-20052022

（4） "За подвійне вбивство в Бучі оголосили підозру трьом російським військовим", Судовий Репортер, 2022. 05. 09, https://sudreporter.org/za-podvijne-vbyvstvo-v-buchi-ogolosyly-pidozru-trom-rosijskym-vijskovym/

（5）　指揮官のオムルベコフは、ハバロフスクで二〇二三年五月九日に催された戦勝記念日のパレードに、装甲車両に乗って参加し、存命が確認された。https://t.me/chtddd/63454

（6）　European Commission IP/22/7311, “Ukraine: Commission presents options to make sure that Russia pays for its crimes”, 2022.11.30, https://ec.europa.eu/commission/presscorner/detail/en/ip_22_7311

（7）　Munich Security Conference, “Spotlight Ukraine”, *Re:vision, Munich Security Report 2023*, 2023. 02.

（8）　Munich Security Conference, Panel Discussion, “Against Lawlessness: Ensuring Accountability”, 2023. 02. 17, https://securityconference.org/msc-2023/agenda/event/against-lawlessness-ensuring-accountability/

（9）　ベラルーシの非政府系メディア「ネフタ」（NEXTA）のツイート https://twitter.com/nexta_tv/status/1610344134153216009

展示の車両の上で遊ぶ子どもたち.

終章　「侵攻」から「戦争」へ

ウクライナ国境からキシナウへの行程は、概ね順調だった。道路は最初のうち未舗装が続いたものの、やがて快適な街道から高速道路へと変わった。午後二時過ぎ、私たちはキシナウの街に入った。この街の人口は六〇万人程度で、キーウの五分の一に過ぎない。それでも、車が縦横に走り、人々は遠慮なくレストランに集う。隣国の動静に大きく影響されているとはいえ、もはやここは、戦場ではない。

夕方空港で関田を送り出した後、早々と暮れた冬の街に、色鮮やかな電飾が浮かび上がった。平凡だが、ウクライナでは味わえない正月の風景である。イラク戦争のころ、バグダッドから砂漠の一本道をアンマンまで引き揚げてきたときに似た気だるさを感じる。これを平和と呼ぶのだろう。

侵攻前からこの場に至るまで、一年近く取材したこの戦争を振り返ると、二つの大きな岐路があった。この二つの分かれ道で選択が異なっていたら、現在のウクライナも世界も大きく違っていただろう。

一つは、ロシア軍が侵攻を始めた翌日二〇二二年二月二五日の夕刻である。ウクライナの大統領ウォロディミル・ゼレンスキーは、自撮りした動画をＳＮＳで発信した。夕暮れの街角に、政権幹部たちの顔が並ぶ。


与党党首はここにいる。

大統領府長官はここにいる。

首相シュミハリはここにいる。

ポドリャク（大統領府長官顧問）はここにいる。

大統領はここにいる。

私たちはみんなここにいる。


ゼレンスキーはその場にいた一人ひとりの存在を告げ、彼らが首都から離れず、迫り来る敵に抗して独立を守り抜こうとする姿を伝えた。

それ以前、ゼレンスキーは欧米首脳たちから、キーウを出て安全な場所に避難するよう助言を受けていた。彼はそれを拒み、政権幹部らにも残るか去るかの決断を迫った。幹部らの間では相当な葛藤と逡巡があったという[1]。

もし彼らが首都を離れていたらどうなっていたか。二〇一四年のマイダン革命の際、大統領のヤヌコヴィチはキーウから逃れ、ロシアに事実上亡命した。ヤヌコヴィチが恐れたのは国内の民主化勢力だったが、今回はロシア軍である。彼らが、浮足立つウクライナ軍を撃破して首都キーウになだれ込み、ブチャのように虐待と処刑を繰り広げた恐れは十分あった。国内の求心力も、欧米の支援の受け皿も失われ、プーチンが望むような展開になったかもしれない。それは、ウクライナという国家だけでなく、国際秩序の崩壊を招いていただろう。

ロシア軍の侵攻に対し、ゼレンスキーが踏みとどまったことは、それほど大きな意味を持っていた。

もう一つは改めて言うまでもなく、四月二日にブチャ虐殺が明らかになったときである。この日、「死の通り」ヤブロンスカ通りに放置された遺体のイメージが世界に流れ、この戦争の性格を決定づけた。それまで一カ月あまり「ロシアの侵略」と位置づけられてきた一連の出来事は、「ロシアの戦争犯罪」に取って代わられた。このイメージは、一本の通りで起きた単発の衝撃にとどまらない。占領地での残虐行為の実態が明らかになるにつれて記録も付け加えられ、多くの国の平和観や安全保障観を覆すに至った。ロシアのプーチン政権は、かつてのナチス・ドイツと同様に、秩序とモラルの破壊者として私たちの前に立ち現れたのである。

この一件はまた、ロシア軍の立場が「侵略者」から「敗北者」へと転換する節目ともなっていた。以後、この原稿を執筆している二〇二三年夏までの一年あまりにわたって、ロシア軍は基本的に敗走し続けている。侵略されたはずのウクライナが逆に士気と自信を保ち、侵略したはずのロシア軍を狙い撃ちする。戦後の和解のあり方から国際関係を論じるルーヴァン・カトリック大学教授のヴァレリー・ロズは、この戦争が「植民地戦争」の性格を含んでいると指摘するが[2]、アイデンティティーを否定されたウクライナが、優越であるはずのロシアを追い詰めていく姿は、確かに植民地解放闘争を思わせる展開である。

こう見ていくと、本来の「ロシアによるウクライナ侵攻」は最初の一カ月あまりであり、今回の戦争全体の流れを決定づける要素はこの期間に集中している。その後はむしろ、ウクライナにとっては侵攻に対する反攻として、ロシアにとっては侵攻の後始末としての「戦争」の段階に移ったのである。一九九〇年の「イラクによるクウェート侵攻」が翌九一年に「湾岸戦争」に発展したほど明確な境目はないものの、第一段階から第二段階への移行はここでも、戦争の構造の変化を伴っていた。

二〇二三年夏にこの文章を執筆している時点で、多くのメディアはこの出来事を相変わらず「ロシア軍によるウクライナ侵攻」と呼んでいる。第二段階を含めた名称はまだ定着していないが、「ロシア・ウクライナ戦争」という表現が次第に増えており、私もこれが適当ではないかと考える。この戦争がウクライナの将来だけでなく、ロシアの将来にも大きく影響すると思うからであり、世界は早晩、「戦後のロシア」問題に直面せざるを得ないだろう。名称について議論を牽引する知識や大胆さを持ち合わせているわけではないが、本書もこの流れに沿って「ロシア・ウクライナ戦争」の表現を使っている(3)。

この戦争の見通しを語るのは難しいが、唯一予想できそうなのは、戦闘が近い将来収束する状況にないことであろう。ウクライナは全土奪還を掲げており、その姿勢を欧米諸国は、少なくとも公式には支持している。戦争を唯一早期収束させる道はロシア軍の全面撤退だが、そのような気配はうかがえない。現時点で停戦や和平を持ち出すのは、ウクライナに降伏を求める振る舞いと見なされても仕方ない。

一方でそれは、政治的解決に向けた外交努力がまったく停滞していることを意味するわけでもない。

欧米諸国にトルコや中東諸国、インド、国際機関も入り交じり、水面下でさまざまな動きが同時進行しているに違いない。

二〇二三年一月四日にキシナウからロンドンに引き揚げた私は、間もなく東京への転任辞令を受け取り、四月に帰国した。ウクライナの現場に出る機会はなくなったが、ウクライナ情勢を注視し、関係者や識者にインタビューをする活動は続けている。ウクライナではその後、ドニプロ川のカホウカダムがロシア軍によって破壊され、水害と環境破壊をもたらした事件が大きく報じられた。ただ、すでに述べた二つの「岐路」に匹敵する変化には結びついていない。

五月末、第一章に登場するウクライナ公共放送の会長ミコラ・チェルノティッキー(三九)が訪問団を引き連れて来日した。ウクライナ公共放送の機材調達などを支援する国際協力機構(ＪＩＣＡ)やＮＨＫと打ち合わせをするためだった。ウクライナで私の取材を支えたイリーナ・シェペリスカが公式通訳として同行していた。

会議や研修で詰まった一週間のスケジュールの最終日、短パン姿で宿舎を抜け出してきたミコラにイリーナも加わって、新宿に繰り出し、昼間から大衆和食店で乾杯した。ミコラの大好物はワサビである。生ビールと刺し身を注文した彼は、ワサビを何度もおかわりして、店員を驚かせた。

ウクライナでの最近の出来事、戦況の行方から仕事上の愚痴まで、情報と見解を交換するなかで、興味深い話を彼から聞いた。ミコラが以前勤務していた北東部スーミ州はロシアと国境を接し、ロシア軍の激しい攻撃を受けている。ところが、一部の地域では建物被害が少なく、畑にばかりロケット弾が落ちていた。現地の放送局の記者が不思議がっていたという。

その記者にとって謎が解けたのは、前線でロシア軍と非公式に接触したウクライナ軍からの情報が流れてきてからだった。ロシア側はウクライナ側に「当たらないように撃っているから安心しろ」と明かしたという。ロケット弾を撃ち尽くすと部隊は交代できる。だから早く在庫切れにして、前線から立ち退きたい。ロシア側はこう説明したというのである。

上層部と現場との意識のずれは、大きな組織だとしばしば起きる。規律を重んじる軍隊でも、その傾向は避けられないのだろうか。あるいはロシア軍の一部で、規律自体のほころびが生じているのだろうか。

このエピソードは、多少誇張されているかもしれないが、まったくのつくり話とも思えない。第一章で紹介した二〇一五年のドンバス紛争の取材時と似た状況であるからだ。ロシア側、ウクライナ側双方が連日何百発も撃ち合いながら、ケガ人はそれほど多くない。両軍が互いに配慮しているのではと、地元の人は疑う。

敵を倒すために戦うのでなく、戦っているのだと味方に見せるために戦う。このように膠着化して内向きになった戦場が、今回の現場に出現しているのかもしれない。

一方で、南部戦線では二〇二三年六月以降、ウクライナ軍による反転攻勢が始まり、戦場はますます熱を帯びつつある。また、スーミ州でもその後、死者を伴う大きな被害が出た。戦況が激しく動くと同時に、別の場所では停滞する。そのような二面性、多様性を同時に抱えつつ推移する戦況は、今回の戦争が持つ規模の大きさならではであり、日常的な側面と非日常的な側面の双方を戦争がウクライナ社会に強要することにもつながっている。だからこそ、戦争全体の情勢を判断するのは難しい。これから何が起きるのか、私たちは見通せない。

戦いが収束し、「平和」と「正義」が実現し、ウクライナの人々が苦しみから解放されるのは、いつのことだろうか。その日の一刻も早い到来を祈念しつつ、この報告の結びとしたい。

（1）　第二章注（4）のNHKスペシャル「ウクライナ大統領府　軍事侵攻・緊迫の72時間」参照。

（2）　宮川裕章「過去の戦争に見るウクライナ侵攻――当事国の国民は和解できるのか」『毎日新聞』二〇二三年六月一日

（3）　Plokhy（2023）など。日本語ではこのほか、「ウクライナ戦争」（小泉　二〇二二a、二〇二二b）、「露ウ戦争」（松里　二〇二三）などの呼称が提示されている。本書の表記は、これらの呼称を排除するものではない。

終わりに

侵攻開始からすでに一年半あまりが経つにもかかわらず、本書を閉じるいま、戦争が終わる兆候はどこにもうかがえない。ウクライナとロシア双方に疲労は色濃く、消耗戦の気配さえ漂う。一方で、冷ややかな傍観者から「そのうち息切れするだろう」と言われたウクライナ側に、士気の低下は見られない。国力に勝る相手を前にした厳しい戦いを、圧倒的な世論が支え続けている。

その耐久力の背景にあるのは、退路を断たれたウクライナの人々の覚悟というものだろう。ウクライナにとって、敗北の先に問われるのは、国家の存亡にとどまらない。自らが培ってきた文化、築いてきた社会、曲折をたどりながらも育んできた自由や民主主義が奪われ、命を脅かされる未来が待つ。侵略者ロシアの存在はそれほど巨大であり、その振る舞いは悪意に満ちている。ウクライナ社会が揺るがないのは、人によって濃淡はあれど、こうした覚悟が広く共有されているからに他ならない。

ウクライナを支援する欧米側の足並みに大きな乱れが見られないのも、一つにはその覚悟が伝わるからである。欧米の首脳や閣僚、企業家、NGO、ジャーナリストらは頻繁に現地を訪れ、ウクライナの人々の認識を受け止めている。ウクライナの次に狙われるのは自分たちであり、民主主義や人権、法の支配といった欧米の基本的な価値観が危機に立たされているのだと、実感もしているに違いない。

日本の一部で盛り上がる特異な言論状況は、そのような覚悟や危機感を共有せず、この戦争を他人事と受け止めているからではないか。主要政党の政治家や高名な知識人が、現地の実態を把握することなく、停戦や和平を口にする。現地の姿と人々の意識を日本に伝えようと試みてきた私は、自らの非力について恥じ入らざるをえない。ウクライナと日本との間にあるこのような溝を、本書が少しでも埋められたらと願う。

本書は、キーウ国立言語大学講師イリーナ・シェペリスカと、キーウで英会話学校を経営してきたラリーサ・クラマレンコという二人の通訳なくしては生まれなかった。二〇〇九年以来ウクライナでさまざまな仕事をともにしてきたイリーナが持つ交渉力や人脈には、今回も大いに助けられた。ラリーサは、侵攻後のキーウや攻撃下の南部ミコライウなど危険な現場で、的確な判断を示してくれた。ヴィンニツァのユリヤ、リヴィウのユーリ、ドネツクのヴィクトル、ブカレストのダニエル、ブダペストのエンドレ、ロンドンのチャーリーといった通訳や助手の助けも借りた。

取材にあたっては、本文に記した方々のほか、ウクライナのユーリ・コステンコ元環境保全相、ポーランドのテレビ司会者ステファン・トンプソン氏、北海道大学の青島陽子准教授、立命館大学の越智萌准教授、ウクライナ公共放送の各地の支局長から、特に協力を得た。感謝申し上げたい。

本書は書き下ろしで、内容の責任を筆者一人が負うのは言うまでもないが、日々の取材は、朝日新聞の担当デスクだった伊東和貴氏と相談しながら進めた。伊東氏との共同作業としては、朝日新聞取材班著『検証 ウクライナ侵攻一〇の焦点』(朝日新聞出版)が刊行されている。その後私の担当デスクとなった其山史晃氏をはじめ、朝日新聞社のスタッフや記者、フォトグラファー、同業の仲間からの協力と励ましは、大きな支えとなった。出版のコーディネート役として尽力いただいた写真家の岡村啓嗣氏、担当の編集者として適切な差配と助言をいただいた岩波書店の田中朋子氏なくしては、本書は世に出なかった。深く御礼を申し上げる。ロンドンでの単身赴任期間を含め、この間迷惑をかけた家族にはこの場を借りて詫びたい。

昭和末期の一九八七年一一月末、寒々とした夕暮れの富山駅に降りたって以来、三六年近くを私は朝日新聞の記者として過ごしてきた。その三分の一あまりは西日本を転々とし、三分の一近くは東京で編集者や論説委員を務め、特派員として海外報道に携わったのは残りの三分の一ほどに過ぎない。現代史に残るであろうこの戦争が起きたのは、そのような限られた時のなかで、また組織ジャーナリズムの一員として終盤に差しかかったころだった。そこに多少の巡り合わせを感じずにはいられない。自らが今後どこにいて何になろうとも、何らかの形でこの戦争を追い続けたいと考えている。

国末憲人

二〇二三年九月　カンパラで、ロシア・ウクライナ戦争の犠牲者を思いつつ

参考文献

単行本、論文等を主とし、記事などは注に記した

A. Anatoli（Kuznetsov）, translated by David Floyd, 1970, *Babi Yar: A Document in the Form of a Novel; New, Complete, Uncensored Version*, Farrar, Straus and Giroux（A・アナトーリ（クズネツォフ）、平田恩訳『バービイ・ヤール』講談社、一九七三年）

Maurice Gourdault-Montagne, 2022, *Les autres ne pensent pas comme nous*, Bouquins

Alain Guillemoles, 2015, *Ukraine : Le Réveil d'une nation*, Les petits matins

Volodymyr Kadygrob et al., 2014, *#EUROMAIDAN——History in the Making*, Art Management

Ivan Krastev, Stephen Holmes, 2019, *The Light that Failed: A Reckoning*, Penguin（イワン・クラステフ、スティーヴン・ホームズ、立石洋子訳『模倣の罠——自由主義の没落』中央公論新社、二〇二一年）

Andreï Kourkov, 2014, *Journal de Maïdan*, LIANA LÉVI（アンドレイ・クルコフ、吉岡ゆき訳『ウクライナ日記——国民的作家が綴った祖国激動の一五五日』ホーム社、二〇一五年）

Andrey Kurkov, 2022, *Diary of an Invasion*, Mountain Leopard Press

Lincoln A. Mitchell, 2012, *The color revolutions*, University of Pennsylvania Press

Serhii Plokhy, 2023, *The Russo-Ukrainian War*, Allen Lane

Samir Puri, 2022, *Russia's Road to War with Ukraine: Invasion Amidst the Ashes of Empires*, Biteback Publishing

Richard Rashke, 2013, *Escape from Sobibor: Revised and Updated Edition*, Delphinium Books

Nicolas Righetti, 2014, *Transnistrie : Un pays qui n'existe pas*, Favre

Le Rubicon, 2022, *Ukraine : le choc de la guerre*, Éditions des Équateurs

William A. Schabas, 2013, *Kein Frieden ohne Gerechtigkeit?: Die Rolle der internationalen Strafjustiz*, Hamburger Edition（ウィリアム・シャバス、鈴木直訳『勝者の裁きか、正義の追求か——国際刑事裁判の使命』岩波書店、二〇一五年）

Marci Shore, 2018, *The Ukrainian Night: An Intimate History of Revolution*, Yale University Press（マーシ・ショア、池田年穂

訳『ウクライナの夜――革命と侵攻の現代史』慶應義塾大学出版会、二〇二二年）

Timothy Snyder, 2010, *Bloodlands: Europe Between Hitler and Stalin*, Basic Books（ティモシー・スナイダー、布施由紀子訳『ブラッドランド――ヒトラーとスターリン　大虐殺の真実』上下、筑摩書房、二〇一五年）

Timothy Snyder, 2015, *Black Earth: The Holocaust as History and Warning*, Vintage（ティモシー・スナイダー、池田年穂訳『ブラックアース――ホロコーストの歴史と警告』上下、慶應義塾大学出版会、二〇一六年）

Timothy Snyder, 2017, *On Tyranny: Twenty Lessons from the Twentieth Century*, Crown（ティモシー・スナイダー、池田年穂訳『暴政――二〇世紀の歴史に学ぶ二〇のレッスン』慶應義塾大学出版会、二〇一七年）

Timothy Snyder, 2018, *The Road to Unfreedom: Russia, Europe, America*, The Bodley Head（ティモシー・スナイダー、池田年穂訳『自由なき世界――フェイクデモクラシーと新たなファシズム』上下、慶應義塾大学出版会、二〇二〇年）

Jack Watling, Nick Reynolds, 2022. 02. 15, *The Plot to Destroy Ukraine*, Royal United Services Institute for Defence and Security Studies

Lucan Way, 2016, *Pluralism by Default: Weak Autocrats and the Rise of Competitive Politics*, Johns Hopkins University Press

Serhiy Zhadan, Translated from the Ukrainian by Reilly Costigan-Humes and Isaac Stackhouse Wheeler, 2023, *Sky Above Kharkiv: Dispatches from the Ukrainian Front*, Yale University Press

浅田正彦、玉田大（編著）『ウクライナ戦争をめぐる国際法と国際政治経済』東信堂、二〇二三年

朝日新聞取材班『現地取材四〇〇日で見えた　検証　ウクライナ侵攻一〇の焦点』朝日新聞出版、二〇二三年

池内恵、宇山智彦、川島真、小泉悠、鈴木一人、鶴岡路人、森聡『ウクライナ戦争と世界のゆくえ』東京大学出版会、二〇二二年

岡部芳彦『マイダン革命はなぜ起こったか――ロシアとEUのはざまで』ドニエプル出版、二〇一六年

岡部芳彦『本当のウクライナ――訪問三五回以上、指導者たちと直接会ってわかったこと』ワニブックス、二〇二二年

越智萌「国際刑事裁判所判例における「国際的に認められた人権基準」の機能と法的性質」立命館大学国際関係学会『立命館国際研究』三五巻四号、二〇二三年三月

吉川元『民族自決の果てに――マイノリティをめぐる国際安全保障』有信堂、二〇〇九年

木原正樹『国際犯罪の指導者処罰――国際刑事裁判所の理論と実践を中心に』法律文化社、二〇一一年

ア・クズネツォーフ、草鹿外吉訳『バービイ・ヤール』大光社、一九六七年

国末憲人『イラク戦争の深淵――権力が崩壊するとき、二〇〇二―二〇〇四年』草思社、二〇〇七年
国末憲人『ユネスコ「無形文化遺産」――生きている遺産を歩く』平凡社、二〇一二年
国末憲人『巨大「実験国家」EUは生き残れるのか？――縮みゆく国々が仕掛ける制度イノベーション』草思社、二〇一四年
国末憲人『テロリストの誕生――イスラム過激派テロの虚像と実像』草思社、二〇一九年
倉井高志『世界と日本を目覚めさせたウクライナの「覚悟」』PHP研究所、二〇二二年
黒川祐次『物語 ウクライナの歴史――ヨーロッパ最後の大国』中央公論新社、二〇〇二年
小泉悠『プーチンの国家戦略――岐路に立つ「強国」ロシア』東京堂出版、二〇一六年
小泉悠『現代ロシアの軍事戦略』筑摩書房、二〇二一年
小泉悠a『ウクライナ戦争の二〇〇日』文藝春秋、二〇二二年
小泉悠b『ウクライナ戦争』筑摩書房、二〇二二年
小泉悠「軍改革から探るウクライナ軍の強さ」『軍事研究』六八三号、ジャパン・ミリタリー・レビュー、二〇二三年二月
合六強「長期化するウクライナ危機と米欧の対応」『国際安全保障』第四八巻第三号、二〇二〇年一二月
国際経済連携推進センター（CFIEC）（編）『ウクライナ侵攻と世界――岐路に立つ国際秩序』産経新聞出版、二〇二二年
小山哲、藤原辰史『中学生から知りたいウクライナのこと』ミシマ社、二〇二二年
齋藤雅俊『自己責任という暴力――コロナ禍にみる日本という国の怖さ』未來社、二〇二〇年
佐藤圭史「「ウクライナ特別軍事作戦」に対する沿ドニエストル共和国政府の施策」ユーラシア研究所『ロシア・ユーラシアの社会』№一〇六六、二〇二三年一―二月号
佐藤史人「ヨーロッパ人権裁判所とロシア――憲法裁判所との協調と対立」小畑郁、江島晶子、北村泰三、建石真公子、戸波江二（編集）『ヨーロッパ人権裁判所の判例Ⅱ』信山社、二〇一九年
下谷内奈緒『国際刑事裁判の政治学――平和と正義をめぐるディレンマ』岩波書店、二〇一九年
杉田弘毅『国際報道を問いなおす――ウクライナ戦争とメディアの使命』筑摩書房、二〇二二年
角茂樹『ウクライナ侵攻とロシア正教会――この攻防は宗教対立でもある』河出書房新社、二〇二二年
高橋杉雄（編著）『ウクライナ戦争はなぜ終わらないのか――デジタル時代の総力戦』文藝春秋、二〇二三年
多谷千香子『戦争犯罪と法』岩波書店、二〇〇六年
鶴岡路人『欧州戦争としてのウクライナ侵攻』新潮社、二〇二三年

中井和夫『ウクライナ・ナショナリズム――独立のディレンマ』東京大学出版会、一九九八年
縄田健悟『暴力と紛争の〝集団心理〟――いがみ合う世界への社会心理学からのアプローチ』ちとせプレス、二〇二二年
日本弁護士連合会(編)『国際刑事裁判所の扉をあける』現代人文社、二〇〇八年
野村真理『ガリツィアのユダヤ人――ポーランド人とウクライナ人のはざまで【新装版】』人文書院、二〇二二年
服部倫卓、原田義也(編著)『ウクライナを知るための六五章』明石書店、二〇一八年
早坂真理『ウクライナ――歴史の復元を模索する』リブロポート、一九九四年
東野篤子「欧州国際秩序における中・東欧諸国――地域内のダイナミズムと外部アクターとの相互作用」『国際安全保障』第四八巻第三号、二〇二〇年一二月
平野高志『ウクライナ・ファンブック――東スラブの源泉・中東欧の穴場国』パブリブ、二〇二〇年
藤森信吉「未承認国家問題の再考――沿ドニエストルの発電問題を中心に」神戸学院大学経済学会『神戸学院経済学論集』四九(一―二)、二〇一七年九月
古谷修一「国際刑事裁判制度における被害者への賠償」早稲田大学法学会『早稲田法学』八三巻三号、二〇〇八年三月
保坂三四郎『諜報国家ロシア――ソ連KGBからプーチンのFSB体制まで』中央公論新社、二〇二三年
松嵜英也『民族自決運動の比較政治史――クリミアと沿ドニエストル』晃洋書房、二〇二一年
松里公孝『ポスト社会主義の政治――ポーランド、リトアニア、アルメニア、ウクライナ、モルドヴァの準大統領制』筑摩書房、二〇二一年
松里公孝『ウクライナ動乱――ソ連解体から露ウ戦争まで』筑摩書房、二〇二三年
真野森作『ルポ　プーチンの破滅戦争――ロシアによるウクライナ侵略の記録』筑摩書房、二〇二三年
宮嶋茂樹『ウクライナ戦記――不肖・宮嶋　最後の戦場』文藝春秋、二〇二二年
三好範英『ウクライナ・ショック　覚醒したヨーロッパの行方』草思社、二〇二二年
村瀬信也、洪恵子(共編)『国際刑事裁判所――最も重大な国際犯罪を裁く【第二版】』東信堂、二〇一四年
渡部悦和、佐々木孝博、井上武『プーチンの「超限戦」――その全貌と失敗の本質』ワニ・プラス、二〇二二年
渡部悦和「露宇戦争、ウクライナ軍善戦の理由」『軍事研究』六八三号、ジャパン・ミリタリー・レビュー、二〇二三年二月

国末憲人
1963年岡山県生まれ．1985年大阪大学卒．1987年に紀行「アフリカの街角から」でノンフィクション朝日ジャーナル大賞優秀賞を受賞．同年，パリ第2大学新聞研究所を中退し朝日新聞に入社．パリ支局長，GLOBE編集長を経て，2019〜2022年にヨーロッパ総局長(ロンドン駐在)を務め，同紙のウクライナ報道を主導した．現在，朝日新聞論説委員，東京大学先端科学技術研究センター客員上級研究員．

著書『ポピュリズムに蝕まれるフランス』草思社，2005年
　　『自爆テロリストの正体』新潮社，2005年
　　『イラク戦争の深淵』草思社，2007年
　　『サルコジ』新潮社，2009年
　　『ミシュラン 三つ星と世界戦略』新潮社，2011年
　　『ユネスコ「無形文化遺産」』平凡社，2012年
　　『巨大「実験国家」EUは生き残れるのか？』草思社，2014年
　　『ポピュリズム化する世界』プレジデント社，2016年
　　『ポピュリズムと欧州動乱』講談社，2017年
　　『テロリストの誕生』草思社，2019年

ロシア・ウクライナ戦争　近景と遠景

2023年10月26日　第1刷発行

著　者　国末憲人《くにすえのりと》

発行者　坂本政謙

発行所　株式会社 岩波書店
〒101-8002 東京都千代田区一ツ橋2-5-5
電話案内 03-5210-4000
https://www.iwanami.co.jp/

印刷・三秀舎　カバー・半七印刷　製本・松岳社

ISBN 978-4-00-022244-0　　Printed in Japan